フランスの
医療福祉改革

小磯　明

日本評論社

はしがき

　筆者の医療政策論を受講した学部生はすでに承知していることなのだが、日本以外の国の医療制度と政策、福祉政策等の社会保障政策を国際比較することには意義がある。

　医療制度、福祉制度、または社会保障制度でもよいのだが、それらは歴史、経済、政治、風土、文化等の所産であり、各国の固有性が強く現れている。しかも、ファイナンスとデリバリーが結びつき1つの体系として成り立っているため、外国の医療制度や政策、福祉政策のある部分を取り出し無条件に自国に移入することは、政策の誤りを誘発する結果に陥りやすい。しかし、だからといって国際調査や国際比較を行うことは無意味なわけではない。比較の目的や視座が明確であれば、有益な示唆を得ることができる。医療制度・政策、現在では介護と福祉政策でもよいが、国際調査と比較を行うことの意義は大きい。

　まず、自国の医療制度・政策、福祉政策等の社会保障政策の特徴を認識するのに役立つだけでなく、その優位性や欠点を評価することができる。医療制度・政策の場合には、医療の質、アクセス、コストという世界共通の評価基準があるので、この基準に照らし自国のパフォーマンスを相対評価することができる。より正確にいえば、医療制度・政策の絶対評価は困難であり、相対評価にならざるを得ない。福祉政策については少し事情が違うように思われるが、外国の制度を知ることはわが国の政策形成に役立つはずである。

　次に、我が国の改革に適用可能なアイディアが得られる場合がある。研究者は政策の選択肢を幅広く知ることができる。視野を自国だけに限定すると既成概念に囚われ斬新なアイディアが浮かびにくい。したがって、政策のヒントを得ることを目的として外国の医療制度と政策、福祉政策等の研究が行われる。

　さらに、他国で採られた政策の成果や失敗の原因を評価し分析することは、

我が国で採ろうとしている医療政策・福祉政策の実現可能性や問題点を考察する上で有用であろう。今日、医療制度・福祉政策は国民の生活に組み込まれている。我が国で採ろうとする政策が外国で実施されている場合、その成否は貴重な参考情報となる。さらに、他国で実際に生じた問題点等を分析すれば、我が国における対処の仕方をあらかじめ検討することも可能である。

　以上のことは、世界の高齢社会のフロントランナーを現在走り続ける日本においても同じであり、他国から注目されていることを理解すべきである。ヨーロッパ諸国に視察調査に出かけると、どの国の機関や研究者、実務者からも日本の情報を非常に知りたがるのは同じ事情からである。

　さて、本書は、2016年10月のフランス・パリの高齢者ケア視察調査の結果をまとめたものである。雑誌へ投稿した6本の論考と研究誌への4本の投稿論文を編集し構成されている。長い時間をかけて研究し歴史的に展開した研究書というわけでなく、いわば断面を切り取った著作となっている。

　視察調査後、論文・論考作成にあたって、現場で収集した資料等を整理しながら、文献調査を続けてきたが、フランスの医療制度は日本と似ていることもあって、参考になる点も多々あり、日本と比較しながら研究することは何かと楽しかった。フランスは日本とは違い緩やかに高齢社会になった国である。これから高齢社会をどう乗り切るのか、興味は尽きない。日本がフランスの高齢者ケア政策を学ぶ意義は、既述したように、我が国の医療福祉政策・制度改革のヒントを何かしら得られるのではないかとの思いからである。その意味で本書は、フランスで実践されている医療福祉政策の現在を切り取った研究書である。

　本書が医療福祉政策の研究者や高齢者ケアに携わる実務者に役立ち、そして何か示唆を与えられるならば、筆者として望外の喜びである。

2019年2月

小磯　明

目 次

はしがき………*i*
図表・写真目次………*xii*
略語一覧………*xv*

―― 序　章 ――
研究の背景と課題の整理、本書の概要 …………………………………………1

第 1 節　研究の背景 ……………………………………………………………1
第 2 節　視察調査の概要、課題の整理と研究方法 …………………………2
　　1.　視察調査の概要 ……………………………………………………2
　　2.　調査から得られた所見と課題の整理 ……………………………3
　　3.　研究の方法と限界 …………………………………………………4
第 3 節　本書の概要 ……………………………………………………………5

―― 第1章 ――
フランスの医療保険制度と病院に関する研究
―― CROIX-ROUGE FRANÇAISE HÔPITAL HENRY DUNANT
Centre de Gérontologie の事例 ………………………………………………13

第 1 節　医療保険制度の変容 ………………………………………………13
　　1.　普遍的医療保障制度の実施 ……………………………………13
　　2.　補足医療保険の普及 ……………………………………………14
第 2 節　医療保険制度と病院 ………………………………………………15
　　1.　フランスの医療保険制度 ………………………………………15
　　　（1）医療保険制度等　　15
　　　（2）医療施設　　16
　　　（3）医療従事者　　17
　　2.　フランスの病院 …………………………………………………17
　　　（1）公立病院　　17
　　　（2）民間非営利病院　　17
　　　（3）営利病院　　18
　　　（4）医療機関数及び病床数　　20
　　3.　非営利法人 ………………………………………………………20
　　　（1）非営利法人の概要　　20

　　　　（2）非営利団体への税制措置　22
　　4．本章の目的 ……………………………………………………………22
　第3節　フランス赤十字社アンリ・デュナン病院老年学センター ………23
　　1．施設0階（rez-de-chaussée，地階）の概要 …………………………23
　　2．急性期・亜急性期病棟と人員体制 …………………………………24
　　3．長期療養病棟とターミナルケア ……………………………………26
　　4．政策に合わせた病院経営 ……………………………………………27
　　5．マンパワーの充足と病院経営 ………………………………………28
　第4節　フランスの医療保険制度と病院に関する研究のまとめ …………29
　　1．戦略目標とマネジメント ……………………………………………29
　　2．クオリティ・アシュアランス ………………………………………31
　　3．在宅への政策誘導 ……………………………………………………32

―第2章―
フランスの訪問看護に関する事例研究
――開業看護師による在宅看護の実際 ……………………………………39

　第1節　フランスの訪問看護 …………………………………………………39
　　1．医療と介護の連携の重要性を再認識 ………………………………39
　　2．医師の処方にもとづき看護行為を提供 ……………………………40
　第2節　訪問看護制度の概要と課題の設定 …………………………………41
　　1．保健医療福祉制度の概要 ……………………………………………41
　　2．3種類の在宅看護とホームヘルパー ………………………………41
　　　（1）開業看護師による訪問看護　42
　　　（2）在宅訪問看護・介護事業所のサービス事業所による
　　　　　訪問看護　43
　　　（3）在宅入院制度による訪問看護　44
　　　（4）訪問看護の教育制度　44
　　　（5）ホームヘルパーの家事援助など生活支援　45
　　3．本章の課題 ……………………………………………………………46
　第3節　開業看護師の在宅看護の実際 ………………………………………46
　　1．看護師数と種類、自由開業の規制 …………………………………46
　　2．ラセール，クリストフ氏の事例 ……………………………………47
　　3．ビタルカード …………………………………………………………48

  4. 在宅維持の看護行為 …………………………………………… 49
  5. 診療報酬、連携、看取り ……………………………………… 51
 第4節 フランスの訪問看護に関する事例研究のまとめ ……………… 53
  1. 終末期医療 ………………………………………………………… 53
   (1) 在宅ターミナルケア 53
   (2) グループ診療 54
   (3) ナーシング 55
  2. 開業看護師 ………………………………………………………… 56
   (1) 開業希望者は多いのか 56
   (2) 地域区分と訪問に要する時間評価 57
   (3) 開業看護師数の地域間格差 57
  3. 看護行為 …………………………………………………………… 58
   (1) 看護行為の範囲 58
   (2) 急変時の対応 60
   (3) オブザベーション 61
  4. おわりに …………………………………………………………… 62

第3章

フランスの在宅入院制度に関する研究
——在宅入院全国連盟(FNEHAD)の活動と課題 ……………………… 65

 第1節 在宅入院制度の概要 ……………………………………………… 65
  1. 在宅入院制度の歴史 ……………………………………………… 65
  2. 在宅入院制度の定義 ……………………………………………… 66
  3. 本章の構成 ………………………………………………………… 67
 第2節 在宅入院制度の概要と議論の整理 …………………………… 68
  1. 在宅入院制度の概要 ……………………………………………… 68
   (1) HADの人員 68
   (2) 調整担当医師（またはコーディネート・ドクター）と
     調整看護師（または管理看護師）、病院勤務医による
     積極的関与 69
   (3) 在宅入院実施の手続き 70
  2. 在宅入院制度をめぐる議論 ……………………………………… 71
   (1) 医療ニーズの高い患者を在宅で受ける 71

　　　　(2) 在宅生活へ軟着陸させるシステム　72
　　　　(3) 先を見越した在宅医療・介護システムを検討　73
　　　　(4) 在宅療養環境の整備　73
　　　　(5) おおむね導入に前向きの議論　74
　　3. 本章の目的 …………………………………………………………… 74
第3節　在宅入院全国連盟（FNEHAD） ………………………………… 75
　　1. フランスの在宅入院全国連盟の活動と課題 ……………………… 75
　　　　(1) 組織形態と活動　75
　　　　(2) 在宅入院の目的　77
　　　　(3) 患者の軌跡と平均在院日数・割合　78
　　2. HADの設置状況 ……………………………………………………… 80
　　　　(1) フランス全土　80
　　　　(2) パリ市内　81
　　　　(3) Certification（認定）　82
　　3. 在宅での院内感染とアセスメント ………………………………… 84
　　　　(1) 在宅での院内感染　84
　　　　(2) アセスメント　86
　　4. 在宅入院の医療費と疾患 …………………………………………… 86
　　　　(1) 医療費総額の推移　86
　　　　(2) HADが扱う対象疾患　88
　　　　(3) 取り扱い患者数　89
　　5. 在宅入院制度の課題 ………………………………………………… 91
　　　　(1) 支払い方式　91
　　　　(2) 診療報酬改定　92
　　　　(3) HADの認知度を高める　94
　　　　(4) 開業医がやりたくない部分をどのように改善すべきか　95
第4節　在宅入院制度の考察 ……………………………………………… 95
　　1. 調査から得られた疑問 ……………………………………………… 95
　　　　(1) 在宅入院部門を病院本体から切り離す必要性　95
　　　　(2) 日本では在宅入院制度は有名だが、
　　　　　　なぜフランスでは知られていないのか　97
　　　　(3) どのようなケースで在宅入院制度を介入させるべきか　97
　　2. 新たな試み …………………………………………………………… 98
　　　　(1) 誰に何をアピールするか　98
　　　　(2) トライアル　99
　　　　(3) HADの高齢者施設での活動状況　100

3. 日本への示唆 ··· 101
　　　（1）在宅入院の効果　101
　　　（2）HAD が終末期の看取りを推進するか　102
　　　（3）日本への HAD 導入の可能性　103
　　　（4）結論　107

第4章
フランスの在宅入院の事例研究
——サンテ・セルヴィスの実践と戦略 ··· 115

　第1節　サンテ・セルヴィスを事例とする意味と研修の概要 ············· 115
　　1. サンテ・セルヴィスを事例とする意味 ································· 115
　　2. 研修の概要 ··· 116
　　3. 本章の構成 ··· 117
　第2節　在宅入院制度に関する課題の設定 ······································· 117
　　1. 在宅入院制度の現状 ·· 117
　　　（1）在宅入院の良い面　117
　　　（2）HAD を含む在宅介入機関　118
　　　（3）在宅入院は病院で行っていることと同じ　118
　　2. 多職種連携 ··· 119
　　　（1）HAD には入院環境が重要　119
　　　（2）コーディネート・ドクター　119
　　　（3）頻回介入する人たち　120
　　3. 在宅入院制度の現状と課題 ··· 120
　　　（1）HAD の費用抑制　120
　　　（2）支払方式の課題　121
　　4. 本章の目的 ··· 123
　第3節　サンテ・セルヴィス ··· 123
　　1. サンテ・セルヴィスの組織 ··· 123
　　　（1）主な指標　123
　　　（2）予算と主な疾患、スタッフ数　124
　　　（3）組織と活動　126
　　2. 実際の流れと具体的なケア ··· 130
　　　（1）患者の流れ　130
　　　（2）経営管理　132

　　　　（3）ユマニチュード（Humanitude）　137
　　3.　HADのメディカル……………………………………………… 138
　　　　（1）在宅サービス提供者と患者　139
　　　　（2）サンテ・セルヴィスの医療活動　143
　　　　（3）コーディネート・ドクターとは何か　146
　　　　（4）複雑ガーゼ交換　149
　　　　（5）在宅での治療　151
　　　　（6）終末期ケア　155
　　4.　薬局と物流……………………………………………………… 159
　　　　（1）薬局と薬剤倉庫　159
　　　　（2）体制・スタッフ　160
　　　　（3）トレーサビリティ　162
　　　　（4）ミキシング　163
第4節　フランスの在宅入院の事例研究のまとめ………………………… 164
　　1.　日本での政策選択は可能か …………………………………… 164
　　2.　HADは病院入院よりなぜ安いのか…………………………… 166
　　3.　改めて日本での在宅入院制度は可能かを考える …………… 167

第5章

自立と包括的ケアのためのネットワーク（MAIA）
——パリ西地区のMAIA、CLIC、Réseauxの活動……………………………173

第1節　MAIAの概要と本章の研究視覚………………………………… 173
　　1.　MAIAの概要………………………………………………… 173
　　2.　本章の研究視覚……………………………………………… 174
第2節　MAIAに関する課題の設定 ……………………………………… 175
　　1.　CLICの役割………………………………………………… 175
　　2.　MAIAの役割………………………………………………… 175
　　3.　本章の目的…………………………………………………… 177
第3節　パリ西地区のMAIA、CLIC、Réseauxの活動 ………………… 177
　　1.　Réseaux de Santé Paris Ouest
　　　　（パリ西地区の健康ネットワーク）………………………… 177
　　　　（1）パリを6つの区域に分ける　177
　　　　（2）3つのチーム　178

（3）患者状態をアセスメント　179
　　　（4）223人の高齢者と213人のターミナルケアの
　　　　　患者を診る　180
　　　（5）連絡はどこからくるか　181
　　　（6）かかりつけ医と病院医師など669人にコンタクト　181
　　　（7）カオスからシンプルが目的　182
　　2. CLIC（クリック）……………………………………………182
　　　（1）CLICは社会医療施設の位置付け　182
　　　（2）管轄区域の4人に1人が60歳以上高齢者　183
　　　（3）CLICのミッション　183
　　　（4）アセスメント　184
　　3. MAIA（マイア）……………………………………………187
　　　（1）MAIAはシンプル化し在宅維持を継続させる　187
　　　（2）ケースマネジャー　189
　　　（3）MAIAが取り扱うケース　190
　　　（4）MAIAの介入効果　191
　第4節　自立と包括的ケアのためのネットワーク(MAIA)のまとめ…………192
　　1. それぞれの役割分担……………………………………………192
　　2. 認知症国家戦略…………………………………………………192
　　3. 2016年末には355のMAIA……………………………………194

―第6章―

フランスの高齢者をめぐる住環境と高齢者住宅
　――Abbaye - Bords de Marne - Cité Verte Domicile & Servicesの事例…………199

　第1節　背景としての高齢化…………………………………………199
　　1. フランスの人口高齢化…………………………………………199
　　2. フランスの2060年までの人口推計……………………………199
　第2節　高齢者をめぐる住環境と高齢者住宅の課題…………………201
　　1. 高齢者を取り巻く家庭・居住環境……………………………201
　　2. 高齢者住宅の種類とケア………………………………………202
　　　（1）高齢者住宅の概要　202
　　　（2）高齢者の多様な住まい　203
　　　（3）高齢者の死亡場所　205
　　3. 本章の目的………………………………………………………206

第 3 節　高齢者住宅 ABCD ……………………………………………………… 207
　　1. ABCD の概要 …………………………………………………………… 208
　　　（1）3つの経営理念　208
　　　（2）地域住民、子供たちとの交流　208
　　　（3）外の人たちを取り込む　209
　　　（4）入居者の部屋　210
　　2. 課題 ……………………………………………………………………… 211
　　　（1）人員配置　211
　　　（2）財源　212
　　　（3）サービス　213
　　　（4）ケアマネジメント　214
　　　（5）入居基準　214
第 4 節　高齢者をめぐる住環境と高齢者住宅の考察 …………………………… 215
　　1. 居住費の負担をどう考えるか ………………………………………… 215
　　2. パブリックとプライベートの違い …………………………………… 219
　　3. 介護人材の不足 ………………………………………………………… 221
　　4. 日本への示唆と研究の限界 …………………………………………… 222

あとがき………228
初出一覧………232
索引（事項・人名）………234

図表・写真目次

●第1章
- 表1-1　医療施設数・病床数・構成割合……………………………………16
- 表1-2　医療機関数及び病床数（2010～2014年）……………………19

●第2章
- 表2-1　主な医療・看護行為（AMI）の点数（抜粋）……………………40
- 表2-2　フランスの訪問看護サービス………………………………………45
- 写真2-1　端末機……………………………………………………………49
- 写真2-2　患者情報…………………………………………………………49
- 写真2-3　抗癌剤治療をしているところ………………………………………51
- 図2-1　地域別の人口10万人当たり開業看護師数…………………………59

●第3章
- 図3-1　フランスの在宅入院制度（HAD）……………………………………69
- 表3-1　HADの組織形態と活動量（2015年）…………………………………76
- 表3-2　HADの組織形態の推移（2007～2015年）…………………………76
- 図3-2　La trajectire des patients en HAD（患者の軌跡）………………80
- 図3-3　NIVEAUX DE CERTIFICATION V2010 APRÉS DÉCISION FINALE DES 85 ÉTABLISSEMENTS D'HAD AUTONOME （2010年度HAD所管病院施設認定比率）…………………83
- 表3-3　RÉSULTATS DU TABLEAU DE BOAD DES INFECTIONS NOSOCOMIALES（院内感染の結果表）……………………85
- 表3-4　Une progression significative sur la dernière décennie（10年間の推移）……87
- 表3-5　HADの病床数、利用者数、延べ利用日数………………………88
- 表3-6　Les principales prises en charge（主にサポートされているサービス）………90
- 図3-4　Le modèle tarifaire dépassé à réformer sans tarder （改革すべき時代遅れの料金モデル）………………………93

●第4章

表4-1	サンテ・セルヴィスの主な指標（2015年度）	124
表4-2	予算と構成割合（2015年度）	125
表4-3	主な疾患（2015年度）	125
表4-4	スタッフ総数（2015年度）	126
図4-1	サンテ・セルヴィスの組織機構	127
表4-5	サンテ・セルヴィスのプロパーのメディカル・スタッフ	128
表4-6	サンテ・セルヴィスの提携・連携施設と事業所	128
表4-7	Nombre de journées 2015 par statut hospitaler（設立主体別の紹介：2015年）	129
表4-8	Repartition des journées EHPAD par prescripteur-2015（要介護高齢者滞在施設の処方配布：2015年）	129
写真4-1	サンテ・セルヴィスの3つのエリア	133
図4-2	エリア組織図	134
図4-3	5つの在宅サービス提供者	139
図4-4	コーディネート・ドクターのコーディネート範囲	141
表4-9	21 modes de prise en charge（21種類をサポート）	143
図4-5	サンテ・セルヴィスの医療活動	145
写真4-2	薬局の倉庫	160
写真4-3	搬送用レーンにたどりつく前の棚に収容される薬剤等	161
写真4-4	翌朝トラックで運ばれる予定の荷物	161
写真4-5	清掃中のアイソレーター	164

●第5章

図5-1	パリの6クリック	179
表5-1	管轄区域	179
表5-2	管轄区域の高齢者人口	183
図5-2	L'EVALUATION SOCIALE（社会的アセスメント）	185
図5-3	L'EVALUATION PSYCHOLOGIQUE（心理的アセスメント）	186
図5-4	L'EVALUATION ERGOTHERAPIQUE（運動療法アセスメント）	187
図5-5	MAIA（マイア）	188
図5-6	Le gestionnaire de cas（ケースマネジャー）	189
図5-7	ケースマネジャーの使命	190
図5-8	Organisation de la mission générale de coordination（調整組織図）	193
図5-9	L'EVALUATION PLURIDISCIPLINAIRE（集学的評価）	194

●第6章
表6-1　世界の高齢化（国際比較）･･････････････････････････････････200
表6-2　フランスの人口予測 ･･200
表6-3　65歳以上高齢者における持ち家率････････････････････････････202
表6-4　不動産所有率（2002年）･････････････････････････････････････202
表6-5　高齢者入所・居住施設・収容キャパシティ（2006年）･･････････205
表6-6　高齢者の死亡場所（2006年）･････････････････････････････････206
表6-7　ヴァル・ド・マルヌ県の高齢者住宅の料金表（2016年3月1日現在）･･････216
表6-8　高齢者の介護に関連する費用･････････････････････････････････218

（写真の出所は、視察調査日に筆者が許可を得て撮影したものである。）

略語一覧

ACOSS（agence centrale des organisms de sécurité sociale, 社会保障組織中央機構）
ADL（activities of daily living, 日常生活動作）
AIS（Acutes Infirmière Soin, 看護・生活技術）
ALD（affectation de longue ducée, 長期慢性疾患）
ALS（Amyotrophic lateral sclerosis, 筋萎縮性側索硬化症）
AMI（Acutes Medico Infirmière, 医療・看護技術）
ANAES（agence nationale d'accréditation et D'évaluation en santé, 全国医療評価機構）
APA（Allocation Personnalisée d'Autonomie, 個別化自律手当または高齢者自助手当）
APHP（Assistance publique-Hôpitaux de Paris, パリ公立病院協会（連合））
ARH（Agence Régional Hospitalisation, 地方病院機構）
ARS（Agence Régionale de Santé, 地方健康庁または地方圏保健庁）
ASH（Aide sociale à l'hébergement, 宿泊施設の社会扶助）
CLIC（Centre Local d'Information et de Cordination gérontologique, 地域インフォメーション・コーディネートセンター）
CMU（Couverture Màladie Universelle, 普遍的医療ガバレッジ（給付）制度）
CNAMTS（Caisse Nationale d'assurance Maladies des travailleurs salariés, 全国被用者医療保険金庫）
CNSA（Caisse nationale de solidarité pour l'autonomie, 全国自律連帯金庫）
CP（Clinical Psychologist, 臨床心理士）
CSA（contribution de solidarite pour l'autonomie, 自律連帯拠出金）
CSG（contribution sociale généralisée, 一般社会拠出金）
CSMF（Confédération des Syndicats Médicaux Français, フランス医師組合連合会）
CT（Computed Tomography, コンピュータ断層撮影法）
DEAS（Diplôme d'Etat d'aide soignante, 医療系介護士）
DPC（Diagnosis Procedure Combination, 診断・行為・組合せの略で、診断群分類区分によって決められる1日当たりの定額支払い方式）
DRG（Diagnosis Related Group, 診断群分類包括評価）
DSI（Démarche de Soins Infirmiers, 看護ケア過程）

EHPAD（Établissements d'hébergement pour personnes âgées dépendantes, 要介護高齢者滞在施設）
FNEHAD（Fédération Nationale des Établissements d'Hospitalisation à domicile, 在宅入院全国連盟）
HAD（L'hospitalisation à domicile, 在宅入院制度）
HAS（Haute Autorité de Santé, 高等保健機構）
HCFA-DRG（Health Care Financing Administration-Diagnosis Related Groups, 連邦病院財政庁DRG）
HCH（hospital care at home,（英国の）在宅入院制度）
HID（Handicaps-Incapacités-Dépendance, ハンディキャップ－障害－依存）
HITH（hospital in the home,（オーストラリアの）在宅入院制度）
HPST法（Loi n° 2009-879 du 21 juillet 2009 portant réforme de l'hôpital et relative aux patients, à la santé et aux territoires, 2009年7月21日に制定された病院改革と患者、保健医療及び地域に関する法律）
ICA-BMR（Indicateur composite de maitrise de la diffusion des Bactéries Multi- Résistances, 多剤耐性菌指標）
ICALIN（Indicateur composite des Activités de lutte contre les infections Nosocomiales, 院内感染症対策指標）
ICA-LISO（Indicateur composite des Activités de lutte contreles infections du Site Opératoire, 手術室感染対策指標）
ICATAB（Indice composite de bon usages des antibiotiques, 抗生剤使用指標）
ICSHA（Indicateur de Consommation des Solutions Hydro-Alcooliques, ハイドロアルコール生成物消費指標）
ICU（Intensive Care Unit, 集中治療室）
IFD（Indemnité forfaitaire de déplacement, 訪問ごとに請求可能な固定の交通費）
IK（Indemnité kilométrique, 移動距離に応じて変動する交通費）
IK（Indice de Karnofsky, カルノフスキー指標）
INSEE（Institut National de la Statistique et des Études Économiques, フランス国立統計経済研究所）
JV（Joint Venture, ジョイントベンチャー。合弁事業、建設業界等における共同企業体）
MAIA（Méthode d'action pour L'intégration des services d'aide et de soins dans le champ de L'autonomie, 自立と包括的ケアのためのネットワーク）
MAPAD（Maison d'Accueil pour Personnes Agees Autonomes et Dépendantes, 自立・非自立老人ホーム）
MARPA（Maison d'Accueil Rurale pour Personnes Agées, 地方老人ホーム）
MBA（Master of Business Administration, 経営学修士）

MG France（Fédération française des médecins généralistes, フランス一般医組合）
MPA（Modes de Prise en charge Associe, 協力者（補助者）ケアモード）
MPP（Modes de Prise en charge Principal, 主要者ケアモード）
MRI（Magnetic Resonance Imaging, 核磁気共鳴画像法）
NPO（secteur privé à but non lucratif（don't espic）, プライベートのNPO = Non Profit Organization）
PCA（Patient Controlled Analgesia, ポンプモルヒネ＝自己調節鎮痛法）
PCH（prestation de compensation du handicap, 障害補償給付）
PSD（prestation spécifique dépendance, 特定介護給付）
PTH（parathyroid hormone, 副甲状腺ホルモン）
QOL（Quality of life, 生活の質）
SARM（Staphylococcus aureus Résistant à la Méticilline, ブドウ状菌抵抗指標）
SNCF（Société Nationale des Chemins de fer Français, フランス国有鉄道）
SROS（Schéma régional d'organisation sanitaire, 地方医療計画）
SSIAD（Service de soins infirmiers à domicile, 在宅訪問看護・介護事業所のサービス。看護介護事業団）
T2A（Tarification à l'Activité, 医療行為別入院診療報酬＝CASEMIX-BASED HOSPITAL PROSPECTIVE PAYMENT SYSTEMS）

序　章

研究の背景と課題の整理、本書の概要

第 1 節　研究の背景

　フランスの社会保障制度は、基本的に社会保険を中核にする。医療保険が医療需要に対応するが、法定給付に対する上乗せ給付を実現するシステムとして、共済組合などの補足給付組織が浸透している。フランスの住民は、職業に応じてなんらかの公的医療保険制度に加入することが義務付けられている。

　一般制度は無保険者の受け皿にもなっている。つまり、職業別の医療保険制度のいずれにも加入できない人々には、一般制度に任意加入することが認められてきた。さらに、2000 年から普遍的医療給付制度が実施されたことにより、フランスに安定的に居住する全ての住民は、公的医療保険制度に加入することが義務付けられ、無保険者は一般制度に加入することになった。公的医療保険の給付率の低さを補うために、共済組合などが提供する民間の補足医療保険が広く普及しており、2000 年代以降、90％以上の住民が補足医療保険に加入しており、最終的な患者自己負担が低く抑制されている。

　人々が自由に医療機関を選択できるフリーアクセスを保障されているのは日本と同じだが、外来部門では患者が医療機関に全額費用を支払った上で、自分で加入している医療保険の保険給付の申請を行う償還払い制であった。かつては医師から受け取った領収書を郵送していたが、現在では医療機関が IC カード式の保険証（carte Vitale）を用いて、償還手続きを行うことが可能となった。

　公的医療保険の財源には原則的に労使の社会保険料が用いられてきたが、

1990年代に社会保険料から一般社会保障税への財源の切り替えが進められた。2012年には公的医療保険（一般制度）の財源構成割合は、社会保険料と一般社会保障税を筆頭にした税負担とがほぼ半分ずつとなっている。1990年代以降、フランスの医療保険制度は社会保険料を財源とした労働者のための医療保険から、税財源も用いて全住民を対象とした医療保険へと変容したのである。

第2節　視察調査の概要、課題の整理と研究方法

1.　視察調査の概要

　筆者は、2005年11月に、パリ公立病院協会所属在宅入院機関（L'hospitalisation à domicile, HAD）と在宅看護・介護事業所（soins infirmiers à domicile）の活動についてまとめ、「フランスの24時間在宅ケアシステム」として著述している（小磯明 2016：349-360）。そして本書は、2016年10月に実施された「フランス・パリの高齢者ケア調査」をもとに著述している。

　以下、視察調査の概要を簡単に述べ、印象的な発見を述べておく。今回の視察調査先と面会者は、次の通りである。尚、視察調査順に述べており、本書掲載順ではない。また、本書に論文として収めていない調査は省略した。

　調査初日は、ABCD（Abbaye - Bords de Marne - Cité Verte Domicile & Services）というパリ近郊マルヌ県に所在する、公立の高齢者住宅の視察であった。2日目は、パリ市中心に所在する赤十字社アンリ・デュナン病院老年学センターの視察とディスカッション、そして、開業看護師の実践についてのレクチャーとディスカッションであった。3日目は終日、在宅入院最大手のサンテ・セルヴィス（Foundation Santé Service）での特別研修であった。内容は、HADの現状と経営について、在宅医療と介護の多職種連携についての説明であり、施設視察で見た薬剤と医療資材等の物流センターは圧巻であった。4日目は、在宅入院全国連盟（FNEHAD）本部から、ノアレ, ニコラ（Noiriel, Nicolas）連盟代表がホテルまで来て説明をしていただいた。そして午後は、日本の地域包括ケアシステムに当たる、MAIA（地域包括ケアの拠点）とCLIC、Réseaux（ネットワーク）と呼ばれる組織の実際の活動等の説明を

受けた。MAIA について少し補足すると、2009 年に第三次アルツハイマー・プランによってトライアルが開始され、2011 年より全国展開された。これまで医療・介護の分野には様々な制度、プレイヤーがあり、混沌としていたものを、シンプルにすることが目的で設置された。2016 年末には 355 カ所が設置され、これでフランス全土がカバーされることになった。MAIA は、（高齢者障害者）全国自律連帯金庫（CNSA）の指示によって、各県の地方健康庁（ARS）が、MAIA の実行組織を公募して設立された。各 MAIA は指名されたパイロットが運営し、Gestion de Cas というケアマネジャー的な役割の人が 2〜3 名配置されている。MAIA や Gestion de Cas はすべての要介護のケースを扱うわけではなく、困難事例を扱う。

　今回の視察調査では、高齢者を支えるフランスの在宅ケアの取り組みについて学ぶ機会を得ることができたことは幸いであった。

2. 調査から得られた所見と課題の整理

　視察調査で筆者が驚いたことの第一は、2005 年調査で初めて知った在宅入院のことであった。2005 年時点から今日まで、サンテ・セルヴィスでの研修から、在宅入院の規模は拡大し内容が充実していることがわかり、フランス政府の在宅入院への期待が大きいことがわかった。しかし同時に驚いたのは、在宅入院全国連盟本部のノアレ, ニコラ氏によると、在宅入院はフランス国内であまり知られていないとのことであった。しかも医療者の中でも知られていない実態があるとのことであった。筆者はこのことを聞いたとき、大変意外であった。フランスの在宅入院は、ある程度国民合意の政策との思い込みがあったことを反省した。考えてみれば、日本でも訪問看護事業を知らない人もいるだろうと考えると、フランスでも在宅入院を知らなくても不思議ではない。さらにいうと、機能強化型訪問看護ステーションなどは、国民はほとんど知らないと思った。

　第二に、新たな発見として、日本の地域包括ケアステーションに似た組織として、MAIA、CLIC、Réseaux が配置されていることであった。これらの組織がパリ市内 20 区すべてをカバーするように配置することが決まっていた。住民に近いところで、政策が実行されている点は、日本の地域包括ケアシステム・ネットワークとの共通点があった。

第三に、納得したのは、開業看護師の活動であった。第一と第二の中間に位置するのが、開業看護師である。在宅入院は、病院と変わらない高度医療を在宅で提供する。MAIA等は、住民生活に近いところで、介護や認知症の人への対応など、生活援助も担う。そして、開業看護師は、レベルの差はあるが、その中間を担うという三層構造ができていた。2005年調査時にはMAIA等がなかったので、在宅入院と開業看護師の二層構造であったが、MAIA等が設置されたことで、三層構造ができあがった。これらは住民ニーズの変化に鑑みれば当然と思われるが、政策がうまくいくかどうかは、やはり今後の動向を注目すべきと考える。

　第四は、フランス生まれの新しい認知症ケアの手法＝ユマニチュードは、母国フランスではあまり普及していないことも今回の視察の発見であった。「あまりにも当たり前すぎる」（サンテ・セルヴィスの説明）ことが理由である。この点は、日本の方が少し騒ぎすぎかもしれない。

　本書は史的研究ではなく、断面調査に基づく著書である。第一の課題は、フランスの医療と介護、及び在宅入院制度等の制度と実際について理解するとともに、実践事例から現状の成果と課題を得るという、視察調査から得られた結果を論述して、フランスの状況を述べることである。そしてもう1つの課題は、フランスの経験から日本への示唆を得ることである。

3.　研究の方法と限界

　本書は、視察調査から得られた結果と所見、帰国後の文献調査を踏まえて記述した。そして、医療福祉政策的アプローチによる事例調査法を採用した。したがって本書の構成は体系だったものではなく、あくまで視察調査にもとづく研究である。

　フランスの医療・介護制度に馴染みがない方は、フランスの医療保険の仕組みや介護保険ではない介護手当（Allocation personnaliisée d'Autonomie, APA）、そして総合診療医（GP）と専門医のことなど、基本的なことから知りたいという方がおられるかもしれない。そのようなテーマの論文は日本でも多数紹介されているので、本書では取り上げていないことに留意されたい。

　フランスの断面調査による結果より、フランスの医療と介護及び在宅入院制度の実際について理解を深めることを課題としてあげたが、どこまでこの

課題に近づけたかは読者の判断を仰がなければならない。そして2つ目のフランスの経験から日本への示唆を得るという課題に関して、筆者の力量不足は否めない。この点はご寛恕を請う次第である。

　本書は、フランスの医療と介護と在宅入院制度に関する6つのテーマを取り上げて、事例調査により著述した研究書であるが、フランスの医療制度を体系的に述べるなどの作業をしていないため、そのような研究は別の機会に譲ることを述べておきたい。そして本研究は、フランスの経験といっても、パリとその近郊の事例を取り上げている。それ以外の地域の調査はしていない。この点は、本研究の限界であり、今後の課題である。

第3節　本書の概要

　「第1章　フランスの医療保険制度と病院に関する研究——CROIX-ROUGE FRANÇAISE HÔPITAL HENRY DUNANT Centre de Gérontologieの事例」は、次のように概要を述べることができる。

　第1節の「医療保険制度の変容」においては、普遍的医療保障制度の実施と補足医療保険の普及によって、フランスの医療保険制度は社会保険料を財源とした労働者のための医療保険から、税財源も用いて全住民を対象とした医療保険へと変容したことについて述べている。第2節の「医療保険制度と病院」は、フランスの医療保険制度と病院について述べているが、フランスの医療保険制度の中の医療施設と医療従事者について述べた後、とりわけフランスの病院の設立主体を、公立病院、民間非営利病院、営利病院について分けて述べ、設立主体別医療機関数及び病床数（2010～2014年）の推移を述べた。そして、非営利法人についての概要と税制措置について記述し、本章の目的が、フランスの医療制度と病院の概況を踏まえて、視察調査の結果から、わが国への示唆を得ることであることを述べた。

　第3節の「フランス赤十字社アンリ・デュナン病院老年学センター」は、2004年に着工して2006年に新しく建て直された病院である。建て直したときに、それまでの一般病院から老年学（gerontology）の専門病院になった。施設0階（rez-de-chaussée）の概要、急性期・亜急性期病棟と人員体制、長

期療養病棟とターミナルケア、政策に合わせた病院経営、マンパワーの充足と病院経営等の病院の概要について、視察調査の結果について詳細に述べている。第4節の「フランスの医療保険制度と病院に関する研究のまとめ」は、視察調査から得られた所見として、アンリ・デュナン病院老年学センターの戦略目標とマネジメント、クオリティ・アシュアランス、在宅への政策誘導について、それぞれまとめとして述べている。

「第2章 フランスの訪問看護に関する事例研究——開業看護師による在宅看護の実際」は、次のように概要を述べることができる。

第1節の「フランスの訪問看護」においては、2003年夏にヨーロッパを襲った猛暑が、フランス国内の在宅虚弱高齢者や老人ホームの入所者などを含む15,000人の死者を出し、そのうち8割が75歳以上の高齢者であったことから述べている。不幸にも夏のバカンス中であり、医療従事者が手薄い状況であったことも事態を深刻化させた。このような状況を察知して、いち早くバカンスを切り上げて現場に駆け付けたのは、開業看護師であった。開業看護師は地域におけるプライマリーケアの担い手であり、医療サービスだけでなく、相談、助言、多職種との調整など、日本のケアマネジャーの役割を担っている。フランスでは多くの医療行為は一般看護師が行っている。あらためて高齢者医療と介護の連携の不十分さが指摘され、事態を重くみたフランス政府は、医療と介護を包括した介護制度の見直しに着手した。

第2節の「訪問看護制度の概要と課題の設定」は、訪問看護サービスに関連するフランスの諸制度について述べている。フランスの保健医療福祉制度の概要について述べた後、3種類の在宅看護とホームヘルパーの内容と違いについて、それぞれ開業看護師による訪問看護、在宅訪問看護・介護事業所による訪問看護、在宅入院制度による訪問看護、訪問看護の教育制度、ホームヘルパーの家事援助など生活支援について述べた。そして、本章の課題として、フランスの開業看護師はどのような活動をしているのか、フランスで果たしている役割を明らかにした。また、日本の訪問看護師との違いは何か、といった点についても考察している。第3節の「開業看護師の在宅看護の実際」は、看護師数と種類、自由開業の規制について述べた後、ラセール, クリストフ氏の事例について詳細に述べている。ビタルカードや在宅維持の看護行為、そして診療報酬、連携、看取りについて述べた。

第4節の「フランスの訪問看護に関する事例研究のまとめ」は、終末期医療としての在宅ターミナルケア、グループ診療、そしてナーシングについて述べた。開業看護師については、開業希望者は多いのか、地域区分と訪問に要する時間評価、そして開業看護師数の地域間格差について述べた。看護行為については、看護行為の範囲、急変時の対応、オブザベーションについて、まとめとして述べている。

「第3章 フランスの在宅入院制度に関する研究――在宅入院全国連盟の活動と課題」は、次のように概要を述べることができる。

第1節の「在宅入院制度の概要」は、在宅入院制度の歴史、在宅入院制度の定義、そして本章の構成について述べた。第2節の「在宅入院制度の概要と議論の整理」は、在宅入院制度の概要として、HADの人員、調整担当医師（またはコーディネート・ドクター）と調整看護師（または管理看護師、コーディネート・ナース）、そして病院勤務医による積極的関与について述べた上で、在宅入院実施の手続きについて述べた。在宅入院制度をめぐる議論では、医療ニーズの高い患者を在宅で受けること、在宅生活へ軟着陸させるシステムであること、先を見越した在宅医療・介護システムを検討していること、在宅療養環境の整備について、そして我が国の在宅入院制度に関する議論は、おおむね導入に前向きの議論であることを述べた。本章の目的は、以上の先行研究の議論を踏まえて、やはり事例研究ではあるが、ノアレ, ニコラ連盟代表のプレゼンテーションから、HADが国の中でどのように活動しているかについて、述べることである。本章のテーマが「在宅入院制度に関する研究」としている点は、在宅入院制度の日本への改良導入を目的とするよりも、在宅入院制度とはどのような仕組みなのか、問題点は何か等、検討する機会とすることを狙いとしている。地域包括ケアシステムがわが国の方針として位置付けられ、平均在院日数の短縮化と在宅への復帰が至上命題化する中で、フランスの在宅入院制度がにわかにクローズアップされてきているようである。それは、病院退院後の患者の在宅復帰問題が背景にあることは論を俟たない。何らかの改善の必要性を感じている。この課題に対して、フランスの在宅入院制度から示唆を得ることは可能と考えた。

第3節の「在宅入院全国連盟（FNEHAD）」は、フランスの在宅入院全国連盟の活動と課題として、組織形態と活動、在宅入院の目的、患者の軌跡と

平均在院日数・割合のうち、患者の軌跡とHADの平均在院日数・割合について述べた。HADの設置状況は、フランス全土とパリ市内について述べ、Certification（認定）について説明した。そして、在宅での院内感染とアセスメントについて述べた。在宅入院の医療費と疾患については、医療費総額の推移、HADが扱う対象疾患、取り扱い患者数について述べた。在宅入院制度の課題は、支払い方式、診療報酬改定、HADの認知度を高めること、開業医がやりたくない部分をどのように改善すべきか、このような点について検討した。

　第4節の「在宅入院制度の考察」では、調査から得られた疑問として、次の3つについて述べた。在宅入院部門を病院本体から切り離す必要性について、日本では在宅入院制度は有名だが、なぜフランスでは知られていないのか、どのようなケースで在宅入院制度を介入させるべきかについて、そしてHADの高齢者施設での活動状況について述べた。新たな試みとして、誰に何をアピールするか、トライアルについて、HADの高齢者施設での活動状況について述べた。日本への示唆では、在宅入院の効果について、HADが終末期の看取りを推進するかについて、日本へのHAD導入の可能性について述べ、最後に結論を述べた。

　「第4章　フランスの在宅入院の事例研究——サンテ・セルヴィスの実践と戦略」は、次のように概要を述べることができる。

　第1節の「サンテ・セルヴィスを事例とする意味と研修の概要」は、サンテ・セルヴィスを事例とする意味はフランス最大手のHADの1つとされるからである。そして、現地での研修の概要と本章の構成について述べた。第2節の「在宅入院制度に関する課題の設定」は、在宅入院制度の現状について、在宅入院の良い面、HADを含む在宅介入機関、在宅入院は病院で行っていることと同じであることについて述べ、そして多職種連携については、HADには入院環境が重要であること、コーディネート・ドクターと頻回介入する医療者について述べた。在宅入院制度の現状と課題については、HADの費用抑制について、支払方式の課題について、そして本章の目的について述べた。

　第3節は「サンテ・セルヴィス」の事例研究である。サンテ・セルヴィスの組織について、主な指標と、予算と主な疾患、スタッフ数について述べた。

組織と活動については、それぞれ組織（部門）、人員・職種・提携、連携先と紹介数について述べ、実際の流れと具体的なケアについて、患者がどのように紹介されてくるのか、アセスメントはどのように行われるのか、HADを退院する時と申し送りについて述べた。経営管理については、ケア・クオリティ・ディレクターについてと3つの担当エリアでは各エリアで500人の患者をみること、そしてクレーム処理について述べた。日本人向けの話として、ユマニチュード（Humanitude）は、フランスではあまり知られていないこと、認定がないとユマニチュードの教育はできないことについて述べた。HADのメディカルについては、在宅サービス提供者と患者について5つの在宅サービス提供者、コーディネート・ドクターの役割、HADの対象になる人、21種類の疾病をサポートしていることについて述べた。サンテ・セルヴィスの医療活動については、サンテ・セルヴィスの主な治療、HADはセカンドラインであること、新生児在宅治療のケースについて述べた。コーディネート・ドクターとは何かについては、コーディネート・ドクターが介入するケースとバックステージで構えているのがコーディネート・ドクターであること、そしてかかりつけ医とコーディネート・ドクターの立場について述べた。複雑ガーゼ交換については、複雑ガーゼ交換とは何かについてと術後1日目のガーゼ交換について述べた。在宅での治療については、在宅リハビリ、在宅ケモテラピーの実際、アクセプトとリフューズ、不測の事態への緊急対応について述べた。終末期ケアについては、ターミナルケアの3つのステージ、リビングウィル（living will）、患者教育、2つのmustについて述べた。薬局と物流については、薬局と薬剤倉庫について、体制とスタッフについて、トレーサビリティとミキシングについて、現場から得られた所見をもとに記述した。

　そして、第4節の「フランスの在宅入院の事例研究のまとめ」では、日本での政策選択は可能なのか、HADは病院入院よりなぜ安いのか、改めて日本での在宅入院制度導入は可能かを検討した。

　「第5章　自立と包括的ケアのためのネットワーク（MAIA）——パリ西地区のMAIA、CLIC、Réseauxの活動」は、次のように概要を述べることができる。

　第1節の「MAIAの概要と本章の研究視覚」は、MAIAの概要と本章の研

究視覚について述べた。第 2 節の「MAIA に関する課題の設定」は、CLIC と MAIA の役割について述べ、本章の目的を述べた。

第 3 節の「パリ西地区の MAIA、CLIC、Réseaux の活動」については、Réseaux de Santé Paris Ouest（パリ西地区の健康ネットワーク）について述べたものであるが、パリを 6 つの区域に分けて 3 つのチームが患者状態をアセスメントすることについて述べた。当時、223 人の高齢者と 213 人のターミナルケアの患者を診ていること、連絡はどこからくるのか、かかりつけ医と病院医師など 669 人にコンタクトしたこと、カオスからシンプルが目的であることについて述べた。次に CLIC については、社会医療施設の位置付けであり、管轄区域の 4 人に 1 人が 60 歳以上高齢者を対象としていることを述べた。CLIC のミッションとアセスメントについても述べた。MAIA については、シンプル化し在宅維持を継続させること、ケースマネジャーのこと、取り扱うケースについて、そして MAIA の介入効果について述べた。第 4 節の「自立と包括的ケアのためのネットワーク（MAIA）のまとめ」では、それぞれの役割分担について、認知症国家戦略について、そして 2016 年末には 355 の MAIA が創設されたことを述べた。

「第 6 章　フランスの高齢者をめぐる住環境と高齢者住宅──Abbaye - Bords de Marne - Cité Verte　Domicile & Services の事例」は、次のように概要を述べることができる。

第 1 節の「背景としての高齢化」では、フランスの人口高齢化の状況と 2060 年までの人口推計について述べた。第 2 節の「高齢者をめぐる住環境と高齢者住宅の課題」については、高齢者を取り巻く家庭・居住環境と高齢者住宅の種類とケアについて述べたが、高齢者住宅の概要と高齢者の多様な住まいについて、そして高齢者の死亡場所について述べ、本章の目的について述べた。

第 3 節の「高齢者住宅 ABCD」は事例研究である。ABCD の概要として、3 つの経営理念、地域住民と子供たちとの交流、外の人たちを取り込むこと、入居者の部屋について述べた。課題として、人員配置、財源、サービス、ケアマネジメント、入居基準について述べた。第 4 節の「高齢者をめぐる住環境と高齢者住宅の考察」は、居住費の負担をどう考えるか、パブリックとプライベートの違い、介護人材の不足、日本への示唆と研究の限界について述

べた。

　尚、本書のフランス語・英語・日本語の表記にあたっては、各章ごとにどの言語を当てるかは章のテーマ、前後の文脈によって変えてあることに留意されたい。これは、人名と事項の両方においてそのようにしてある。理由は、日本語表記に無理に統一すると、ある文脈においては適訳とならずかえってわかりにくくなる場合があると気付いたためである。もともと各章は独立した論文であることからも、日本語での統一は難しかった。いくつかの単語についてはチャレンジも試みているが、うまく文脈に嚙み合っているかどうかはわからない。またもう一つ表記上の留意点として、フランス語・英語の略語については、正式な表記をしたうえで、コンマで区切り略語を記述した。日本語訳が必要と判断した場合にも、やはりコンマで区切り、日本語表記したことも留意されたい。

文献──────────────────────
小磯明『高齢者医療と介護看護──住まいと地域ケア』御茶の水書房、2016年。

第1章

フランスの医療保険制度と病院に関する研究

CROIX-ROUGE FRANÇAISE HÔPITAL HENRY DUNANT
Centre de Gérontologie の事例

第1節　医療保険制度の変容

1. 普遍的医療保障制度の実施

　フランスの社会保障制度は、基本的に社会保険を中核にする。したがって、医療保険が医療需要（ファイナンス）に対応するが、法定給付に対する上乗せ給付を実現するシステムとして、共済組合などの補足給付組織が浸透している。「法定給付について社会保障法典（Code de la sécurité sociale）が、補足給付組織については、社会保障法典、共済組合法典および保険法典が法的根拠となる。また医療供給については、公衆衛生法典（Code de la santé publique）が医療組織や医療従事者に関する規制根拠となっている」（加藤智明・松本由美 2015）。

　フランスの住民は、職業に応じてなんらかの公的医療保険制度に加入することが義務付けられている。最大の制度は、商工業部門労働者（とその扶養家族）が加入する一般制度（régimes général）であり、住民の90％が加入している。「鉱夫、船員、国鉄職員等の特殊職域の被用者を対象とする特別制度（régimes spéciaux）、自営業者を対象とする制度（régimes non salariés）、農業従事者を対象とする制度（régimes agricoles）に大別される」（砂川知秀・中村岳 2007）。

　一般制度は無保険者の受け皿にもなっている。つまり、職業別の医療保険

制度のいずれにも加入できない人々には、一般制度に任意加入することが認められてきた。さらに、2000年から普遍的医療ガバレッジ（給付）制度（普遍的医療保障制度）（Couverture Màladie Universelle, CMU）が実施されたことにより、フランスに安定的に居住する全ての住民は、公的医療保険制度に加入することが義務付けられ、無保険者は一般制度に加入することになった。そして、低所得者は保険料負担を免除される。こうして公的医療保険の未適用者の問題が解決された。なお、被保険者は退職後も現役時代に加入していた医療保険に加入し続けるのは、日本とは異なる点である。

人々が自由に医療機関を選択できるフリーアクセスを保障されているのは日本と同じだが、外来部門では患者が医療機関に全額費用を支払った上で、自分で加入している医療保険の保険給付の申請を行う償還払い制であった。かつては医師から受け取った領収書を郵送していたが、現在では医療機関がICカード式の保険証（carte Vitale）を用いて、償還手続きを行うことが可能となった。

2. 補足医療保険の普及

「給付率は医療行為によって異なっており、外来の診察料は70％、一般的な医薬品は65％、代替不可能な医薬品は100％、入院費用は80％、糖尿病など一定の長期疾患は100％などとなっている。公的医療保険の給付水準は他の西欧諸国と比べて高いとは言えない。また、一部の医師には公的料金を上乗せして超過料金の請求を行う権利が認められており、この場合には公的医療保険の給付率がさらに低くなる。このように償還払い制や超過料金が存在してきた背景には、医師の組合が医療保険によって診察料を決定されることに反対し、医師と患者による料金の自由な取り決めを要求してきたという歴史的経緯がある」（尾玉剛士2015）。

公的医療保険の給付率の低さを補うために、共済組合などが提供する民間の補足医療保険として広く普及している（小西洋平2017）。先述の普遍的医療保障制度の実施に伴い、低所得者は補足医療保険の保険料を公費によって肩代わりしてもらうことが可能になった。2000年代以降、90％以上の住民が補足医療保険に加入しており、最終的な患者自己負担が低く抑制されている。

「公的医療保険の財源には原則的に労使の社会保険料が用いられてきたが、1990年代に社会保険料から一般社会保障税への財源の切り替えが進められた。2012年には公的医療保険（一般制度）の財源構成割合は、社会保険料と一般社会保障税を筆頭にした税負担とがほぼ半分ずつとなっている」（尾玉2015）。

　尾玉（2015）は、「1990年代以降、フランスの医療保険制度は社会保険料を財源とした労働者のための医療保険から、税財源も用いて全住民を対象とした医療保険へと変容したのである」と指摘する。

第2節　医療保険制度と病院

1.　フランスの医療保険制度
（1）医療保険制度等

　「法定制度として職域ごとに強制加入の多数の制度があり、各職域保険の管理運営機構として金庫（Caisse）が設置されている。具体的には、被用者制度（一般制度、国家公務員制度、地方公務員制度、特別制度（フランス国有鉄道〔Société Nationale des Chemins de fer Français, SNCF〕、パリ市民交通公社、船員等））、非被用者制度（自営業者）等の様々な制度があるが、このうち一般制度に国民の92％が加入している。これら強制適用の各制度の対象とならないフランスに常住するフランス人及び外国人は、2000年1月から実施されている普遍的医療カバレッジ（給付）制度（CMU）の対象となるため、現在、国民の99％が保険制度でカバーされている」（厚生労働省2017：137-139、〔　〕内筆者）。

　「このほか、共済組合や相互扶助組合等の補足制度がある。補足制度は任意制度であったが、2016年1月より、使用者が一定の費用負担を行った上で、被用者を加入させることが義務となった。一方、フランスには、日本の国民健康保険のような地域保険がないため、退職後も就労時に加入していた職域保険に加入し続けることになる」（厚生労働省2017：139）。

表 1-1　医療施設数・病床数・構成割合

(件・床・%)

供給主体	2010年構成割合		2012年	2015年		2015−2010(構成割合)	
	施設数	病床数	施設数・割合	施設数	病床数	施設数	病床数
公　立　病　院	(35.3)	(65.0)	928 (34.9)	1,389 (45.0)	253,364 (62.0)	(＋9.7)	(−3.0)
民間非営利病院 (社団、財団、宗教法人)	(64.7)	(35.0)	688 (25.9)	1,700 (55.0)	154,881 (38.0)	(−9.7)	(＋3.0)
民間営利病院 (個人、会社組織)			1,041 (39.2)				
民　間　計	―	―	1,729 (65.1)	―	―	―	―
合　　　計	(100.0)	(100.0)	2,657 (100.0)	3,089 (100.0)	408,245 (100.0)	(0.0)	(0.0)

(資料) IEM's Economic Note 2010; Bacchus Barua and Nadeem Esmail 2015; DRESS 2017. より作成。

(2) 医療施設

　保健医療行政機関は、中央集権的な仕組みで、連帯・保健省が出先機関である地域圏保健庁（Agence Régionale de Santé, ARS）を統括している。地域圏保健庁は各地域圏ごとに設置されている。

　医療施設を見ると、公立病院、民間非営利病院（社団、財団、宗教法人）、民間営利病院（個人、会社組織）、診療所（個人）がある。病院の施設数・病床数については、2015年において、公立病院が1,389施設、253,364床、民間病院が1,700施設、154,881床となっている（DREES 2017）。

　病院数については、2012年において、公立病院が928施設、民間非営利病院が688施設、民間営利病院が1,041施設である（Bacchus Barua and Nadeem Esmail 2015）。2010年には公立病院は施設数で35.3％であるが、病床数では65％を占めており、公立病院が大きなウェートを占めている（IEM's Economic Note 2010）。民間非営利病院の3分の2は、公的病院活動として、救急医療や教育を提供している（原田啓一郎 2016）[1]（表1-1）。

(3) 医療従事者

医療従事者を見ると、「医師については国家試験がなく、大学卒業資格である医学国家博士号の取得により医師の資格を得る。現役の医師の数（海外県を含む）は開業医 130,449 人、勤務医 91,701 人の合計 222,150 人（2015 年 1 月）」(INSEE 2015) であるが、将来的には医師不足が見込まれ、近年は医学生数の枠を増加させる措置を講じている。また、医師数には地域差や診療科ごとの差があるという問題もある。医師の職業団体としては、全員強制加入の医師会と、職種又は政治的主張ごとに組織される医師組合があり、代表的な医師組合としては、フランス医師組合連合会（Confédération des Syndicats Médicaux Français, CSMF）とフランス一般医組合（Fédération française des médecins généralistes, MG France）がある（厚生労働省 2017：140）。

2. フランスの病院

(1) 公立病院

公立病院には 3 種類のタイプがある。① 33 の地域中央病院（centres hospitaliers régionaux）は高度な専門性とより複雑なケースに対応する能力を持つ。地域病院の多くは大学と連携し教育病院としても運営されている。② 802 の総合病院（centres hospitaliers）は、急性期のケア（内科、外科、産科）、フォローアップ、リハビリ、長期ケアをカバーする。精神ケアを提供することもある。③その他 88 の精神病院がある。これらの他に 24 の公的保健施設（主に画像診断や放射線治療センター）がある（ECONOMOU 2010）。

公立病院の例をみると、パリ公立病院連合（協会）（Assistance Publique-Hôpitaux de Paris, APHP）は、パリおよび郊外の 37 の病院を運営、92,000 人の職員を有する。2015 年の予算は約 73 億ユーロ（8,395 億円）である（公益法人 information 2013）。

(2) 民間非営利病院

民間非営利病院は宗教団体、相互保険組合、赤十字社（Criox-rouge）、社団法人、財団法人などによって運営される。「がんセンター、中期療養施設、長期療養施設が主なものであるが、共済組合が経営している病院には外科や産科に特化したものもある」（フランス医療保障制度に関する研究会編

2017：54)。

(3) 営利病院

営利病院数は先進国のなかでも多く、収益性の高い分野（外来手術や透析、リスクの低い分娩など）に特化している傾向を持つ。「多くが Clinique と総称される短期入院施設で、待機手術を中心とした外科病院が多い。ただし、最近の動向として外科技術の向上により、高度な手術を行う外科センター的な民間営利病院が増加している」(フランス医療保障制度に関する研究会編 2017：54)。

設置主体は個人、有限会社、株式会社（一施設に複数企業の関与がある場合もある）など様々である。有限会社、合資会社という形態をとり、外科や産婦人科の診療に特化した小規模病院が代表的である。株式会社設立の大規模病院もあるが、例外的に少数存在するのみである。営利法人設立にあたっては商法の適用を受ける。

ほぼ全ての営利病院が、疾病金庫との契約（入院費の日額単価ベース）により、公的医療保険の適用を受けている。例外的に、疾病金庫との契約を結ばず、高額な自由診療サービスを提供する病院が少数存在する。

民間営利病院の例を挙げるなら、Ramsay Générale de Santé がある。オーストラリア資本の国際的な民間病院グループである。Ramsay Health Care は、2005 年にインドネシアの既存現地病院を買収することで初のアジア展開をしている。2013 年にマレーシアの現地企業と JV (Joint Venture, ジョイントベンチャー。合弁事業、建設業界等における共同企業体) を設立してマレーシアにも進出している。オーストラリア、フランス、イギリス、インドネシア、マレーシアで合計 220 以上の病院を有する (Ramsay Health Care, "Overview")。

フランスにおいては、2010 年に病院を買収し、Crédit Agricole Assurances 社とともに、40 病院のグループとなった。その後、Générale de Santé 社の経営権を獲得し同社の 75 病院を統合した。現在では、110 病院を含む 124 施設を経営するフランス最大の病院グループとなっている。フランスにおける職員数は 23,000 人以上である。

表1-2　医療機関数及び病床数（2010～2014年）

（件・床・％）

病院の区分	2010年 病院	割合	完全入院	部分入院	2012年 病院	割合	完全入院	部分入院	2014年 病院	割合	完全入院	部分入院	増減(2014-2010) 病院	割合
総数	2,710	100.0	416,710	63,115	2,660	100.0	414,840	68,049	3,111	100.0	410,921	72,536	401	0.0
公立病院	956	35.3	260,642	37,761	931	35.0	258,158	40,132	1,416	45.5	256,229	41,657	460	10.2
地方病院センター・大学病院センター	33	1.2	75,903	8,663	32	1.2	74,783	9,287	182	5.9	73,585	9,939	149	4.6
一般病院センター	810	29.9	154,182	14,319	789	29.7	153,456	15,847	973	31.3	146,403	16,703	163	1.4
精神病院センター	90	3.3	26,849	14,350	99	3.7	26,707	14,579	97	3.1	25,667	14,609	7	−0.2
地区病院・その他	23	0.8	3,708	429	22	0.8	3,212	419	164	5.3	10,574	406	141	4.4
民間非営利病院	707	26.1	58,436	11,359	699	26.3	58,137	12,342	683	22.0	57,176	13,393	−24	−4.1
癌センター	19	0.7	2,918	737	18	0.7	2,889	856	21	0.7	2,813	953	2	0.0
その他	688	25.4	55,518	10,622	681	25.6	55,248	11,486	662	21.3	54,363	12,440	−26	−4.1
民間病院	1,047	38.6	97,632	13,995	1,030	38.7	98,545	15,575	1,012	32.5	97,516	17,486	−35	−6.1
中期療養・リハビリ施設	321	11.8	24,774	1,819	324	12.2	25,999	2,308	344	11.1	28,157	2,876	23	−0.8
急性期病院・集学的治療を行う病院	561	20.7	60,111	11,249	542	20.4	59,458	12,133	514	16.5	55,934	13,083	−47	−4.2
精神病院	140	5.2	11,333	860	140	5.3	11,735	1,037	145	4.7	12,947	1,386	5	−0.5
長期療養施設	12	0.4	508	—	12	0.5	508	24	6	0.2	303	24	−6	−0.2
その他	13	0.5	909	67	12	0.5	845	73	3	0.1	175	117	−10	−0.4

注1）海外県を含む。在宅入院を除く。部分入院の病床数にはその他の病床を含む。
注2）2013年以降、公立病院数は法人単位ではなく、複数の地域に病院を有している場合、別々にカウントするようになった。
（資料）DRESS 2012, p.81; DRESS 2014, p.83; DRESS 2016, p.37.
（出所）フランス医療保障制度に関する研究会編（2017：176）を一部改編。

(4) 医療機関数及び病床数

　改めて、DRESS（2012；2014；2016）から、公立病院、民間非営利病院と営利病院の病院区分と機能別病院の数と構成割合、そして病床数（完全入院と部分入院）を示したのが**表1-2**である。この表を見るとわかるように、2010年から2014年までの5年間の推移は、公立病院が増加し、民間非営利病院と民間営利病院の病院数が減少する結果となっている。表の注1にあるように、「海外県を含む。在宅入院を除く。部分入院の病床数にはその他の病床を含む」。「注2）2013年以降、公立病院数は法人単位ではなく、複数の地域に病院を有している場合、別々にカウントするようになった」ことから、公立病院数のカウントの仕方が変わったことが2014年の公立病院数が増加した要因と考えられる。

　2010〜2014年の病院増加総数401にもかかわらず、公立病院の増加数は460であることから、カウントの仕方が変わったことが大きな要因であると推測できる。しかし一方、民間非営利病院数がマイナス24であり、民間営利病院数もマイナス35であることを考えると、公立病院数のカウントの仕方が変わったとしても、民間非営利・営利病院数が減少したことは事実として指摘できる。

3. 非営利法人
(1) 非営利法人の概要

　アソシアシオン（association）とは、恒常的な形で2人以上の者が、利益の配分以外の目的のためにその有する知識と活動を共同のものとする合意である（「1901法（1901年7月1日法）」第1条）。また、許可なしにかつ事前の届出をせずに、自由に設立できる（同法第2条）。

　非営利団体は主に社団（associations）、財団（foundations）、互助団体（mutual societies）、協同組合（coopérative）、労働組合（syndicat）に分けられる。これらの中で日本の公益法人に当たるものとして、社団と財団が挙げられる。「1901法」によって設立される非営利社団には、非届出アソシアシオン（associations non-déclarées)、届出アソシアシオン（associations déclarées）、公益認定アソシアシオン（associations reconnues d'utilité publique）がある。届出や認可は必要とされず、非届出アソシアシオンには法人格がない。団体の名によって

契約の主体になることはできず、税制上の優遇措置はほとんどない。

　届出アソシアシオン活動は広範囲に渡り、中でも文化やレクリエーション分野におけるアソシアシオンが多いと言われている。届出アソシアシオンが解散する場合、その残余財産を社員で分けることを社員総会にて決定することは認められないが、出資した社員にその額を返還することは違法にならない。届出アソシアシオンに対しては、本来の事業収入が非課税になる税の優遇措置がある。また、寄附（endowment）についての優遇措置は、原則的には「公益認定アソシアシオンのみに認められているが、『1987年7月23日法（いわゆる「メセナ振興法」）』によって、福祉、科学、医学研究、文化等に対しては、届出アソシアシオンにも認められるようになった」（公益法人 information 2013）。

　届出アソシアシオンが一定の要件を満たし公益性の高いものとして認定されると、公益認定アソシアシオンになることができる。申請には、概要、定款、役員名簿、社員名簿、財務諸表、予算書等の必要書類を内務省に提出し、同省がアソシアシオンの公益性を判断する。「その審査を経て国務院（Conseil d'État）に答申され、デクレ（décret）によって認定される。審査には国務院のモデル定款に従っていること、3年以上の活動実績があること、社員が200名以上いることなどが含まれる」（公益法人 information 2013）。

　公益認定アソシアシオンが収益事業を行う場合には、会計報告書を課税庁に提出する。「同アソシアシオンが総会で解散を決議した場合には、内務省へ解散のための申請手続を行い、デクレの取消しの承認を国務院から受けることになる。残余財産については、定款に定められたとおりに処分することになるが、定款に定めがない場合、公共団体か類似の公益団体又は公益財団に譲渡する。なお、公益認定アソシアシオンに寄附した個人又は法人に対しては、寄附金控除や損金算入が認められている」（公益法人 information 2013）。

　公益認証を受けるかどうかは原則任意だが、非営利の一定の事業は、認定を受けて活動をしなければならない。「さらに、例えば、幼稚園、保育所、高齢者向け住宅、障がい者向け教育等の事業については、事業内容の質を確保する観点から、許可を受けることを要する」（公益法人 information 2013）。

(2) 非営利団体への税制措置

　フランス税法は、法人格を取得した非営利団体の本来事業の収入に対して課税しない措置を取ることで、団体の活動に対し支援を行っている。非関連の収益事業に対しては、標準の法人税が課せられる。「また、非営利団体のうち、公益認定アソシアシオン、公益財団、贈与・遺贈を受けることができる文化や慈善を目的とした届出非営利アソシアシオンなど公益性の高い団体に寄附をした場合には、一定の控除が認められる」（公益法人 information 2013）。

4.　本章の目的

　フランスの医療保険制度に関しては、次のような業績・文献を挙げることができる。

　医療保障の制度体系と給付の実態に関しての業績は江口隆裕（2011）がある。医療供給のコントロールを、病院を中心として分析した業績には松本由美（2015）がある。医療制度の動向を分析した業績には笠木映里（2007）がそれぞれ挙げられる。また、保険者と供給者の連携マネジメントを分析した研究に松田亮三（2016）がある。

　バルビエ, ジャン・クロード、テレ, ブルーノ／中原隆幸他訳（2006）は、フランスの医療システムを理解するのによい文献である。フランスの医療制度改革を学ぶための文献としては松田晋哉（1996；2013）、加藤智明・松本由美（2015）がよくまとまった文献として挙げられる。そして、フランスの医療と医療政策に関しては、真野俊樹（2013）がある。

　患者負担の動向を分析した文献として加藤智明（2012）、笠木映里（2008）が挙げられる。民間医療保険の動向は中村岳（2006）が詳しい。医療の適正化と医療費のコントロールに関しては、清水直人（2002）が挙げられる。また、医療・医薬品等の医学的・経済的評価に関する調査研究には、健康保険組合連合会（2014）がある。

　このような業績・文献を参考にすることができるが、本章では、フランスの病院を訪問調査しての結果から述べることとする。

　本章は、これまで述べてきたフランスの医療制度と病院の概況を踏まえて、視察調査の結果から、わが国への示唆を得ることを目的とする。

第3節　フランス赤十字社アンリ・デュナン病院老年学センター

　本章で取り上げる CROIX-ROUGE FRANÇAISE HÔPITAL HENRY DUNANT Centre de Gérontologie（フランス赤十字社アンリ・デュナン病院老年学センター）は、2004 年に着工して 2006 年に新しく建て直された病院である。建て直したときに、それまでの一般病院から老年学（gerontology, ジェロントロジー）の専門病院になった。

1.　施設 0 階（rez-de-chaussée, 地階）の概要
　アンリ・デュナン病院老年学センターでは、ラボ（検査）と画像診断部門はすべて外部委託している。委託会社が病院内のスペースで運営しているので、その家賃は病院の収入になる。そして、検査や画像診断の収入は委託された会社の収入になる。
　単純撮影のレントゲン装置や CT（Computed Tomography, コンピュータ断層撮影法）スキャナ[2]、骨密度測定装置[3]、マンモグラフィー（mammography）[4]、MRI（magnetic resonance imaging, 核磁気共鳴画像法）[5]がそれぞれ 1 台ずつある画像診断センターである。特に骨密度装置は、高齢の女性に必要な検査なので、検査センターが入ってくれたことで、院内外で利用が多いという。心エコー室、療養病棟の受付、読影室があり、リウマチ科の診察室・処置室を視察した。
　リウマチ科では、関節痛のためにヒアルロン酸注射（ヒアルロン酸の関節内注射）をしたり、硬膜外ブロック注射[6]も打ったりする。外来は高齢者だけではなく、若い人でも「膝が痛い」といってきたらここで診る。また、加齢により背骨が圧迫されて縮んでいくが、その治療もここで行う。その他に股関節骨折を防ぐためのプロテクターを着けたり、ビタミン D を投与したりする。
　整形外科は隣にあった。診察室はシンプルである。副甲状腺ホルモン（parathyroid hormone, PTH）のパラトルモン（parathormone）[7]が入っている注射を 18 カ月間打つ。100％とはいえないが、かなり高い治療効果がある。骨密度も高くなり、姿勢がよくなるということであった。

臨床心理士（Clinical Psychologist, CP, サイコロジスト）はメモリーテスト（認知機能テスト）を行う。メモリーテストの診断は3つである。1つ目は、スキャナで脳の海馬を見る。2つ目は血液検査であり、3つ目は面談で色々な質問のやりとりを行う。
　この病院には、地域のかかりつけ医から紹介があった患者が訪れる。他の病院からも紹介がある。「老年学専門の病院に転換した理由は、政策が変わったから」とのメディカル・ディレクターのドクター・チー（Dr.Tir）の答えであった。
　ビタルカード（ICカード式保険証）と家族の情報を入院受付で入力し、入院の手続きをする。入院はかかりつけ医や一般病院からの紹介の他に、他の病院の救急外来に行ったがベッドの空きがないときもこちらへの紹介になる。紹介による入院以外はなく、入院日数の制限はない。患者は地域のかかりつけ医にかかっているので、かかりつけ医からの紹介が約90％である。
　「何となく記憶がおかしい」とか、家族から「少しまだらぼけが始まった」などというようなことがあると、この病院のメモリー外来にかかるようにかかりつけ医が紹介状を書く。紹介状なしに直接来院した場合でも、外来で顔と名前が一致したら、直接入院することもあり得る。入院受付担当の男性に「1日何人くらいみていますか」と聞くと、「1日5～6件くらい」との答えであった。

2. 急性期・亜急性期病棟と人員体制

　1階（日本では2階に相当）は内科の急性期一般病棟である。一般といっても高齢者が対象で24床ある。ここに入院するための条件は70歳以上の患者で急性期症状があった場合である。平均在院日数は一般の急性期病床の平均在院日数より少し長い11日間である。最も医療度が高くて、医師が2人、看護師が1人、看護助手が1人である。看護部長が出迎えてくれた。
　2階と3階（日本では3階と4階に相当）が56床の亜急性期病棟である。出迎えてくれた女性は管理栄養士であった。彼女がすべての病院食をプログラムしている。うまく咀嚼できない人や誤嚥する人のための食事、糖尿病の人の食事、それから骨折をしたあとの人の、あるいは骨密度が下がってきている人などのカルシウムやビタミンDなど多く含んだメニューを彼女が決

栄養を自力で摂れなくなった場合には、はじめは経管栄養法（tube feeding）[8]を行う。胃瘻（gastrostoma）[9]の患者もいる。経鼻から経管栄養を行うと、どうしても高齢者は自分の手で外そうとするので、長期間になってくると十二指腸からの腸瘻（intestinal fistula）[10]になる。しかし、1年に2～3件くらいなので少ないということであった。

　病棟の処置室は電子化されており、コンピュータが中央にあり、薬在庫があった。処方箋がコンピュータの画面に表示されるので、それを確認しながらカートに配薬していく。看護師が服薬を確認したことを入力する。訪問時に、ちょうど看護師と医学生が実習中であった。食事はケータリングで、全食に名前がついており、エレベーターで上がってきたものを病棟で暖めて部屋に配る。そんなに元気のある人たちではないため、食事は部屋でとる。

　医師のオフィスもあった。コンピュータ化されており、すべての記録は電子化されている。そして、部屋番号が書かれた棚にはエコーや検査の結果がファイルされていた。紙カルテはバグが発生したときのために残しているとのことであった。フランスの赤十字病院は全病院が電子化されているという。

　ナースコールをしてもなかなか行けないときには、家族がナースステーションに直接来てドアを叩くという。「別にテレビを観ているわけではないんですよ」と書かれた張り紙はとてもユニークであった。階を上がったところにも、やはり食事ルームがあった。

　各部屋にクーラーはない。暑い日は、食事ルームに来て涼む。以前、酷暑がヨーロッパを襲い、そのときの反省からクーラーをつけた。フランスは北海道とほぼ同じ緯度だと考えると、クーラーが病室についていないのも納得できる。亜急性期病棟は回復期・リハビリ期なので、患者は動けるので、食事ルームまで来て食事をする。感染症病棟もあったが、それほど重度の感染症ではないとのことであった。

　亜急性期の26人の患者を担当している医師と会った。2階は夫婦のための二人部屋が2つあるので30床だが、3階は26床である。亜急性期の平均在院日数は45日である。この病棟は整形外科の患者が多く、骨折患者が急性期の処置が終わった後に、リハビリのために来る。その他に、急性期の内科系、たとえば心臓の手術など外科系の手技（治療）が終わったので、亜急

性期病棟に来たというものである。

　体重計が置かれていた。1週間に2回患者の体重を量る日がある。病棟廊下では、リハビリスタッフと患者が歩行練習をしていた。

　亜急性期病棟を出た後はどうなるのか。患者が退院に向けての歩行訓練をしている間に、退院支援室のソーシャルワーカー（Social Worker）[11]は家庭状況、住居環境がどうなっているかを確認する。退院後独居になる場合はそのまま自宅に返すことはできない。その場合には、退院支援室がみて、開業看護師やSSIAD（シアッド, 在宅看護介護支援事業所）やHAD（在宅入院）をつけるなどして、家に返す（第2～4章で詳述する）。

　2階に看護師が1人、看護助手が3人配置されている。4～6階まで3フロアは長期療養病床で78床あり看護師2人で見る。フロアごとに、日中は3人の看護助手がいる。合計3人×3フロアで9人の看護助手がいるということである。夜勤体制は、急性期病棟は24床に看護師が1人、看護助手が1人である。2～3階の亜急性期病棟は看護師が1人、看護助手が1人である。そして4～6階の療養病棟では3フロア全部に、看護師が1人、看護助手が1人の体制である。医師は夜勤の医師1人がこの施設にいるだけとなる。

　医師の配置は、1階には2人いるが、フルタイム換算で1.5人になり、2～3階に医師は1人、4～6階の療養病棟には1.5人の医師がいる。合計で、日中は4人（1.5＋1.0＋1.5）の医師がいる。忙しい時間帯だったので、急性期病棟には行けなかった。外来診察の医師は3人で、2人は循環器系、1人がリウマチ科である。

3. 長期療養病棟とターミナルケア

　この病院の入院患者の平均年齢は88歳でほとんどが女性である。急性期、亜急性期、慢性期病床で多い疾患は心疾患、肺炎、そして転倒である。その他は股関節骨折と関節炎や神経痛などの痛みであり、日本と同じである。

　急性期と亜急性期は医療保険で賄われるが、長期療養病棟の自己負担額は毎月3,900ユーロ（448,500円。1ユーロ115円で計算）である。これはどの保険からも償還されない患者の自己負担額である。ちなみにパリ市内の高齢者住宅ABCDの自己負担額は2,000ユーロ（23万円）である（第6章参照）。アンリ・デュナン病院はパリ中心部の住宅街にあることもあって、2倍近い

額である。

　療養病床は78床ある。そのうちの5床は福祉のためのベッドであり、県の福祉費用から支払われる。どこにも行くあてがなく、2006年からこの病院に入院している患者もいる。自分の年金収入はすべて治療に当てて、さらに貯金も切り崩していく。子供がいて、家を売ってくる患者がほとんどである。病院の平均在院日数は無意味である。平均はなく、亡くなるまで入院するからである。

　患者の90％は何らかの認知症を合併している。入院している間に悪性のものが見つかることは決して稀なことではないが、だからといって転院するわけではない。入院患者はこの病院で看取られるので、ターミナルケアも事実上行っている。

　5階と6階が長期療養病棟であり、看護師に会った。アルツハイマー病棟になっていて、夜間は患者が自由に動き回れるようにしている。ただしエレベーターはコードがあるので下がることはできない（ロックされている）。看護師と看護助手2人と配食しているスタッフにも会った。病棟の奥から男性の叫び声が聞こえていたのが印象的であった。

　リハビリ室に行くと、転ぶ練習をしている患者がいた。転んだらどうやって起き上がるかの練習である。男性患者は、起立性低血圧（orthostatic hypotension）[12]であった。研修中のリハ学生は3年生だそうである。帰り際に、リハビリしていたおばあさんが「みなさん、フランスのよいご滞在を」と、私たちに言ってくれた。

4. 政策に合わせた病院経営

　メディカル・ディレクターのドクター・チーは、「入院の審査をするときに、私はあくまでも医師としてメディカルな側面をみる」と言った。経営ディレクターのシカー（Sicrd）氏が審査するのは患者の金銭面である。入院してくる患者は金銭的に何年耐えられるかを検討する。家を売るのか、家族がいるのか、家族の収入は何なのかを全部出してもらい、提出された書類から支払能力を審査して、それでOKとなったらメディカルな側面も加味して、病院に入院させる。

　そうでなければ福祉になる。中途半端だと、この病院には入院はできない。

ここは赤十字の病院であって、決して公立ではない。そのため、長期療養病棟で5床を福祉の人にあてる以外は、受け入れる義務はない。民間なので、他の施設を紹介することになる。

「ウエイティングリストはあるのか」を聞くと、亜急性期病棟にいた患者のほとんどが退院となったときに、自宅に戻ることを希望しない。その場合には長期療養病棟に来るので、ウエイティングリストはない。亜急性期病棟でウエイティングしているということである。

この病院の長期療養病棟に完全に外から入ってくる患者は、全体の8％である。92％は、2階と3階の亜急性期病棟からの転棟である。急性期に関しては70％が病院からの紹介であり、自宅から来院するのは30％である。ほぼ毎週、急性期は98％の満床率であり、亜急性期は95％の満床率である。そして視察月は死亡が多かったので、療養病床も95％の満床率であったが、それ以外は100％であるという。パリでは高額な入院費を払える人がそれだけいると推測できる。

満床率を100％にするためには、病床回転率[13]を良くしなければならない。急性期は単価も高いので病床稼働率[14]を良くすると一番利益になる。朝、患者を退院させて夕方にはそのベッドを埋めるようにしている。1床でも空いた日が1日あると、病院全体の収入の4％が減るという。

急性期があり亜急性期があり、そして療養病床が全部そろっているケアミックスであることが強みである。しかも外来があるのが強みである。たとえば療養病床にいる患者が、急変した場合には急性期に転棟する。亜急性期も同じことがいえるわけである。

パリでケアミックスの病院はここだけだという。どうして赤十字がケアミックスを始めようと考えたのか。それは、「やはり人口が高齢化し、国民の需要が変化したので政策も当然そちらに動くし、病院の経営としてもそのほうが患者がとれる」ということであった。

5. マンパワーの充足と病院経営

現在のスタッフでそういう対応が十分できるかを聞いてみた。前のディレクターから新しい経営ディレクターのシカー氏になってリクルートが強化されて、新しい看護師と看護助手をそれぞれ5人ずつ入れた。新たにリクルー

トすると費用がかかるので、院内のスタッフに休日返上で働いてもらった。実質的にスタッフの労働日を増やしたという。

　普通の一般病院の急性期病棟は1日8時間労働で三交替である。しかし、この病院は他とは違い、スタッフの勤務は1日12時間労働である。12時間労働をして6週間仕事をしたら、1週間は義務として必ず休ませなければならない。6週間働き1週間休む。だから1週間の短い連休がある感じである。それでは労働基準法違反になってしまうので、きっと労使協定くらいなのかもしれない。労働組合と話し合いをしなおして、「その1週間は少し多めに賃金を払うからきてくれないか」ということで、5人の看護師と看護助手を働かせている[15]。

　バカンス中は派遣会社のマンパワーを使う。夏休み中にみんなが休み出しても患者を減らすわけにはいかない。休日労働は100％アップして賃金は2倍になる。サルコジ政権の時にはこうしても税金がかからなかった。しかし社会党オランド政権になると、「そんなことはけしからん経営者だ」ということで税金がかかることになり、安く雇えなくなった。「当分の経営は大丈夫ですか」と聞くと、「反対です」との答えであった。この職業についている人は給料が低いので「働きますか」と聞いたところ、「喜んで」となったそうである。経営者が無理やり働かせているというより、スタッフが「働かせて欲しい」、「生計を立てるために収入をあげたい」と言っている。だから「病院の経営は大丈夫か」と再度聞くと、「黒字にしますよ。800万ユーロ（9億2,000万円）稼ぎます」とドクター・チーは言った。

第4節　フランスの医療保険制度と病院に関する研究のまとめ

1.　戦略目標とマネジメント

　院内を案内してくれたのは、メディカル・ディレクターのドクター・チーである。ひと通り院内を視察した後、経営ディレクターのシカー氏を交えて、ディスカッションした。シカー氏は、22年間この病院で勤務しており、年齢は56歳である。ヒューマンリソース（Human Resources）は彼が決めている。経営ディレクターのシカー氏とメディカル・ディレクターのドクター・

チーは1年間に4回、ストラテジー委員会を開催する。その中で、特に力を入れているのが満床率であり、彼は一生懸命ベッドを埋めなければならない。朝退院させたら夜には埋めるように、新しい患者をリクルートして入れる。

「第三者機能評価が2017年にあるので、いい成績でパスすることが目下の戦略上の目標だ」とドクター・チーは言っていた。第三者機能評価にパスするために転倒リスク、訴訟リスク、感染リスクなどのリスク管理に最大限の力を入れていると言った。

そして薬剤管理である。院内薬局が地下にあり、入院患者のための薬剤のリスク管理、飲み合わせなどの管理、薬の保管管理をする。すべてコンピュータ化されている。各階にも薬剤管理室があったので、ここにもある程度薬があるが、各階で使う薬剤と薬局で使う薬剤の両方を管理している。

「長期療養の患者負担額は3,900ユーロであったが、急性期の平均入院単価はいくらか」と聞くと、「すべての病気をおしなべて1日あたり600ユーロ（69,000円）」との答えであった。療養病床は全額自己負担であったが急性期病床は医療保険である。これは変わらないし、もちろん介護保険も使う。

「マネジメントはどうしているか」聞いてみると、「公衆衛生法典に書いてあるように、病院での結果の責任はディレクターにある。あくまで医師（ドクター・チー）と2人で一緒に同じ方向に向かっていかないとできないこと。だから彼の存在もありがたい」とシカー氏は言った。

彼がとった戦略は、78床の長期療養病床に力を入れるために、看護部長クラスの人に1人に去ってもらった。その代わりに看護助手を5人いれた。サラリーは少し増額しなければいけなかったが、回転は非常に良くなった。たとえば、朝10時に患者が退院したら14時に新患を入れられるようにと、ドクター・チーとシカー氏の2人で決めた。それを可能とするには人手が必要となるので、そのために看護師を入れたので回転率が良くなった。

さらに委託しているケータリングサービスや掃除などのアウトソーシングの会社全部と契約価格を見直して25％オフに成功した。たとえば、アウトソーシングの会社の仕事に、掃除や食事をするサービスと配薬カートがあった。配薬カートを地下に下ろして、院内薬局まで行って薬を入れてそれを各階に運ぶのに、1年に7万ユーロ（805万円）請求されていた。それを医師たちと話して、細かい無駄遣いをカットしていったという。

その2つで年間30万ユーロ（3,450万円）節約した。現在は3.4％の黒字である。医師がストラテジーをサポートしてくれるからできることだと経営ディレクターのシカー氏は言う。

「仕事で今一番悩んでいること、困っている次の問題は何か」をドクター・チーに尋ねた。「T2A[16]が毎年毎年、診療報酬改定のたびに下がっていく。包括予算も毎年下げられる。さらに、介護手当てが県から施設にでているがそれも下がっていく。そのようにどんどん収入が下がっていく。それが本当に困る。だから急性期病床に患者を入れるが、それでも診療報酬が下がっていくことが問題」だと述べた。

ドクター・チーは「この人はもう少しデイを使ったほうがよい」、「こういう患者が外来に来ているので、この人をデイに来させよう」などとメディカルなことを考える。デイに来ている患者をそろそろ急性期病床に入院させることが必要だとメディカルなことを言うと、シカー氏はそのために必要なスタッフをサポートする。2人はこのように連携している。

2. クオリティ・アシュアランス

「経営を促進することと、クオリティ・アシュアランス（Quality Assurance, 品質保証）は、相反するものである、どのようなことに留意しているのか」聞いた。クオリティのことも確かに気にしていて、責任者をおいた。院内感染予防の委員会を設置している。それから栄養状態が低下して食べられなくなる状態があるので、そのクオリティが下がらないように、栄養管理の委員会がある。そして疼痛管理（ペインコントロール）の委員会といった3つの委員会がある。さらにもう1つの委員会があり、患者代表や外の委員会に何か係争があったり、もめごとがあったときのクレームなどの処理にあたっている。これらの4つの委員会が常に動いている。

オーディット・ヴァリエーション（Audit variations）といって、自分たちで「事業価値の評価」をする、つまり「自己評価」をするわけである。それによって、カルテを抜き取って「この人は褥瘡の処置があるのを忘れている」などと、院内で常にコントロールしている。外部の第三者評価機構もあると言っていた。しかしそれだけではなく、定期的に院内で自己評価することで、常に改善のための動きがつくられている。

たとえば、あるとき患者から「母親が入院していたときに、下痢があって、尿路感染も起こしたが、何もしてくれなかった」という苦情が赤十字社の本部にはいった。しかし、カルテが電子化されており、記録がすべて残っていたので、疑いの余地がないほど完璧にケアされていたことが証明された。尿路感染を起こしていたけれども、病院はきちんと対応していたと言えるだけのクオリティが保たれる体制にしているという。

3.　在宅への政策誘導

　患者死亡率は年間8％で、100人いたら8人である。長期療養病床のほうは2006年から動かない患者がいるように、長生きリスクというのもある。103歳の入院患者や105歳の入院患者もおり、この間、3,900ユーロの自己負担を2006年から毎月払っていた105歳の患者が亡くなった。

　「3,900ユーロが毎月払えますか。何年間払えますか。あなたのお母様、お父様は80歳ですか、90歳ですか」と聞いた上で計算する。銀行のローンと同じである。「総額でこうなりますけれども払えますか。払えるなら証明してください」と聞き、証明したものを出してそれで十分な患者は受け入れるけれども、貧しい人は福祉でみる。そうでない患者は、たとえば郊外の高齢者住宅だともう少し安くなるので、何もパリの16区ではなくて、より遠くに行くことになる。

　住民がそれを理解しているか、気になるところではあるが、理解するというようなものではない。赤十字の病院には入れないと怒っても仕方ないことである。料金が高いと思うなら他があるわけなので、そちらに行くだけである。「ここは料金は高いほうか」を聞くと、「ここより高いところもあるけど、それはラグジュアリークラスである。ここはソーシャルセキュリティも使えて、標準的で高いほう」だとドクター・チーは述べた。

　長期療養病床というのはアパートの不動産契約をするのと同じである。都心のタワーマンションに住みたいといっても家賃が払えなかったら入居できない。その人はクレームをつけないはずである。福祉という観念でいえば、マンションとは少し違う。しかし、療養病棟は医療保険の病棟ではない。急性期と亜急性期は医療保険であるが、療養病床はまったくファイナンスではみない。

これから一生懸命在宅に送る方向に国は政策誘導するので、より在宅の受け皿のほうに力を入れることになる。

---

1) 公的病院活動をめぐる政策は、原田啓一郎（2016）に詳しい。少し長い引用だが、原田は次のように述べている。「入院医療を行う医療施設として、フランスでは、公的医療施設（公立病院）、私的医療施設（民間非営利病院と民間営利病院）、集団利益型私的医療施設が存在する。これら医療施設では、入院医療、病院外来、在宅医療の三形態の医療を提供している。医療施設は公的部門と私的部門に区分され、1970年の病院改革法により、公的部門に区分される公立病院と民間非営利病院の多くは『病院公役務』として、地域の中核的な病院医療や研究・研修体制を提供する役割を担っていた。こうした体制に大きな変化を及ぼしたのが、2009年7月21日に制定された病院改革と患者、保健医療及び地域に関する法律（Loi n° 2009-879 du 21 juillet 2009 portant réforme de l'hôpital et relative aux patients, à la santé et aux territoires.）である（HPST法）。これにより、病院公役務の概念が法令上廃止され、それに代わり『公役務的任務』（mission de service public）が規定され、医療施設の類型にかかわらず、医療施設は公役務的任務を引き受けることとなった。しかし、2016年1月26日に成立した保健医療システム現代化法により、『公役務的任務』は法令上廃止され、再び『病院公役務』が規定されるに至っている」（原田 2016）。
2) コンピュータ断層撮影（CT）は、放射線などを利用して物体を走査しコンピュータを用いて処理することで、物体の内部画像を構成する技術、あるいはそれを行うための機器のことをいう。
3) 骨密度測定検査は、骨の健康状態（骨粗鬆症の程度）をチェックし、骨密度の減少を早期に発見し、骨折の原因となる骨粗鬆症の予防や適切な治療を行うことができる。
4) マンモグラフィーは、乳癌の早期発見のために人の乳房をX線撮影する手法、またそのための乳房X線撮影装置のこと。mammographyとは、「乳房」＋「画像」から作られた造語である。
5) 核磁気共鳴画像法（MRI）は、核磁気共鳴（nuclear magnetic resonance, NMR）現象を利用して生体内の内部の情報を画像にする方法である。
6) 脳から背中の中に縦につながって通っている神経の束を馬尾神経といい、これらを包んでいる膜を硬膜という。そのまわりに局所麻酔薬を注射することで、神経の伝達を遮断して腰痛や足の痛みを和らげる治療法のことをいう。
7) パラトルモン（パラソルモン）とは副甲状腺（上皮小体）から分泌される84アミノ酸から構成されるポリペプチドホルモンである。副甲状腺ホルモン（PTH）、上皮小体ホルモンとも呼ばれる。パラトルモンは、血液のカルシウムの濃度を増加させるように働き、逆に甲状腺から分泌されるカルシトニンはカルシウムを減少させるように働く。パラトルモンは、血中のカルシウム濃度を増加させるが、パラトルモン受容体（PTH

受容体）は骨、腸、腎臓の3箇所の臓器に発現が見られる。
8）「経管栄養」とは、経口摂取が不可能あるいは不十分な患者に対し、体外から消化管内に通したチューブを用いて流動食を投与する処置である。広義には、チューブを介した栄養という意味で高カロリー輸液も含めることがある。その場合、流動食を用いたものは経腸栄養もしくは経腸経管栄養と呼ばれる。
9）「胃瘻」とは、身体機能の低下などにより口から食事をすることが困難になった人が、胃から直接栄養を摂取するための医療措置のこと。
10）「腸瘻」とは、嚥下障害や認知症によって経口摂取が難しい場合に腸に穴を開け、そこから栄養を直接入れる「経管栄養法」のひとつである。誤嚥や窒息などを防ぎつつ、栄養や水分を摂取できるようにすることで、健康状態を回復させる目的がある。口からの栄養補給ができない期間が短期間の場合には、鼻に管を通す「経鼻栄養補給」が行われる。
11）ソーシャルワーカーまたは社会奉仕家とは、生活する上で困っている人々や、生活に不安を抱えている人々、社会的に疎外されている人々に対して、関係を構築し、問題解決のための援助を提供する専門職の総称である。
12）起立性低血圧は、低血圧の一種で、安静臥床後起立した際に血圧の低下（一般的には起立後3分以内に収縮期血圧で20mmHg以上、拡張期血圧で10mmHg以上の低下）が見られるものをいう。急に立ち上がった時に起こる症状として、ふらつき、めまい、頭痛、複視または視野狭窄・眼前暗黒感、四肢あるいは全身のしびれ（異常感覚）、気が遠くなるなどで、まれに血管迷走神経反射性失神を起こすこともある。すべて血圧維持が不充分なために脳血液灌流量が不足する結果起こる症状である。
13）石井孝宜らは、「平均在院日数は別の見方をすると、病床の回転率とも考えられます。つまり、平均在院日数が30日の病棟は病床が平均的に1カ月に1度回転したことになります。15日では2回転、60日では1/2回転です」と述べている（石井・西田2016：74）。
14）病床稼働率とは、運用病床数に対し患者がどのくらいの割合で入院していたかを示す指標であり、病床稼働率が高いことは、ベッドを効率的に運用していることを表している。分子は「延べ入院患者数（＝当日末在院患者数＋退院患者数）」、分母は「運用病床数×日数」で計算する。
15）「時短」先進国として知られるフランス。欧米主要国の中で突出して短い「週35時間制」が2000年に導入された。背景には10％を超す高失業率があった。有識者の残業時間分の仕事を新規雇用に回せば失業率は下がる。ワークシェアリングの発想で、当時の社会党内閣が時短にかじを切った。だが、制度は行き詰まった。導入後、一時は10％を下回った失業率は再び10％を超えた。「仏経済政策調査機関代表のミシェル・ディディエ（ディディエ，ミシェル）氏は、『雇用が創出されるとの考えは誤りだった。能力の高い従業員の労働時間を、能力の低い従業員の雇用で補えなかった』と分析する」（『読売新聞』2018年4月25日、6面。（　）は筆者）。「労働コストが上昇し国際競争力が低下した」と語るのは、仏経団連の元副会長で再保険会社『スコール』最高経営責任者（CEO）のドゥニ・ケスレール（ケスレール，ドゥニ）氏だ」（『読売新聞』2018年4月

25 日、6 面。（　）は筆者）。制度では、労働時間を減らしても給与は維持した。企業は安価な労働力を求めて生産拠点を国外に移転した。「ケスレール氏は『労働法制の柔軟化に動いた欧州各国との競争で大きな障壁になった』と解説する」（『読売新聞』2018 年 4 月 25 日、6 面）。フランスではその後、2004 年に法定残業時間（「法定労働時間」を超えて行われた残業のことを「法定時間外労働」という）の上限が 180 時間から 220 時間に引き上げられ、2008 年には企業が個別に労使協定を結ぶことを認める法律が成立した。労働者への配慮から「週 35 時間制」の看板は掲げられているが、労働時間の延長を事実上可能にする法改正が繰り返され、制度は形骸化している。

16) T2A とは、英語では、CASEMIX-BASED HOSPITAL PROSPECTIVE PAYMENT SYSTEMS であり、日本で言う、DPC による支払い方式、米国で言う DRG/PPS にあたる。T2A 導入のポイントは、それまでは総額予算制であったという点である。そのために、T2A は、公立病院では予算制から広い意味での出来高払いになったといえる。なお、なぜ T2A と略すかは、後半の A が 2 回あるから 2 つの A という意味である（真野 2011）。

文献

Bacchus Barua and Nadeem Esmail, *FOR-PROFIT HOSPITALS AND INSURERS In Universal Health Care Countries*, 2015.

Barbier, Jean-Claude et Theret, Bruno., *LE NOUVEAU SYSTEM FRANCIS DE PROTECTION SOCIALE*, 2004.〔バルビエ、ジャン・クロード、テレ、ブルーノ／中原隆幸他訳「第 5 章　医療、限定的民営化と普遍的保障」『フランスの社会保障システム』ナカニシヤ出版、2006 年、pp.79-93。〕

CENTRE DE GERONTOLOGIE HENRY DUNANT - MCO SSR
　（https://pourvous.croix-rouge.fr/centre-de-gerontologie-henry-dunant-mco-ssr）.
　（MCO：Médecine Chirurgie obstétrique. SSR：Soins de suite et de réadaptation.）

CROIX-ROUGE FRANÇAISE（https://pourvous.croix-rouge.fr/）.

CSMF（http://www.csmf.org/）.

Crédit Agricole Assurances（https://www.ca-assurances.com/en）.

DRESS（仏調査研究政策評価統計局）-Le panorama des établissements de santé édition 2012.

DRESS-Le panorama des établissements de santé édition 2014.

DRESS-Les établissements de santé édition 2016.

DRESS-Les établissement de santé 2017.

ECONOMOU, Charalambos. *Health systems in transition. Health*, 7.12.2010.
　（http://www.euro.who.int/__data/assets/pdf_file/0011/297938/France-HiT.pdf）.

IEM's Economic Note, *Non-profit health care hospitals in France*, July 2010.

INSEE, "Médecins suivant le statut et la spécialité en 2014", *Professions de santé en 2015*.

MG France（http://www.mgfrance.fr/）.

Ramsay Générale de Santé（http://ramsaygds.fr/）.

Ramsay Health Care, *Overview*（http://www.ramsayhealth.com/About-Us/Overview）.

SNCF（https://www.sncf.com/fr）．
石井孝宜・西田大介『病院のための経営分析入門 第2版』じほう、2016年。
江口隆裕「論説　フランス医療保障の制度体系と給付の実態――基礎制度と補足制度の関係を中心に――」『筑波ロー・ジャーナル』10号、筑波大学法科大学院、2011年10月、pp.1-50。
尾玉剛士「2　フランス」土田武史編『社会保障論』成文堂、2015年、pp.326-334。
笠木映里「医療制度――近年の動向・現状・課題――」『海外社会保障研究』No.161、国立社会保障・人口問題研究所、WINTER 2007年、pp.15-25。
笠木映里「フランスの医療制度――受診時の患者自己負担と私保険の特殊な役割――」『クォータリー生活福祉研究』Vol.17、No.1、明治安田生活福祉研究所、April 2008年、pp.1-16。
加藤智明「特集I：公的医療保障制度の患者自己負担をめぐる政策動向　フランスにおける患者負担の動向」『健保連海外医療保障』No.96、健康保険組合連合会、2012年12月、pp.8-16。
加藤智明・松本由美「第2章　フランスにおける医療制度改革」松本勝明編『医療制度改革――ドイツ・フランス・イギリスの比較分析と日本への示唆』旬報社、2015年、pp.99-189。
健康保険組合連合会「医療・医薬品等の医学的・経済的評価に関する調査研究」医療保障総合政策調査・研究基金事業、2014年6月。
公益法人infomation「公益法人制度の国際比較概略――英米独仏を中心にして――」2013年8月1日掲載（https://www.koeki-info.go.jp/pictis_portal/other/pdf/20130801_kokusai_hikaku.pdf）．
厚生労働省「2017年　海外情勢報告」2017年。
小西洋平「訳者解題　現代フランスの共済組合と補足的医療保険制度」ミシェル・ドレフェス／深澤敦・小西洋平訳『フランスの共済組合　今や接近可能な歴史』晃洋書房、2017年、pp.151-171。
砂川知秀・中村岳「第2章　公的医療制度下の民間保険の国際比較」田中滋・二木立編『医療制度改革の国際比較』勁草書房、2007年、pp.31-45。
清水直人「医療の適正化と医療費のコントロール――フランス医療制度における『拘束力のある医療指標（RMO）』に関する考察」『会計検査研究』No.25、会計検査院、2002年3月、pp.219-241。
中村岳「フランスにおける民間医療保険の動向」『損保ジャパン総研クォータリー』Vol.46、損保ジャパン日本興亜総合研究所、2006年12月、pp.39-53。
原田啓一郎「特集：諸外国における診療報酬制度　フランスの診療報酬制度」『健保連海外医療保障』No.111、健康保険組合連合会、2016年9月、pp.12-19。
フランス医療保障制度に関する研究会編「フランス医療保障制度に関する調査研究2016年版」一般財団法人医療経済研究・社会保険福祉協会医療経済研究機構、2017年3月。
松田晋哉「フランスの医療制度とその動向」『医療経済研究』Vol.3、医療経済研究機構、1996年、pp.143-156。

松田晋哉「3　フランス：ジュペプランを中心に、NHS 的な制度への志向」及び「補論 2　フランスにおける医師養成システムと偏在問題」『医療のなにが問題なのか』勁草書房、2013 年、pp.38-49, pp.171-187。

松田亮三「フランス州圏保健医療庁をめぐる歴史的文脈・組織・機能」かんぽ財団平成 27（2015）年度研究助成「『フランスにおける地方圏単位での医療統治機構の展開──保険者と供給者の連携マネジメントを中心に』報告書」2016 年 8 月。

松本由美「特集 1：病院を巡る動向　フランスにおける医療供給のコントロール──病院を中心に──」『健保連海外医療保障』No.108、健康保険組合連合会、2015 年 12 月、pp.9-16。

真野俊樹「フランス医療制度から日本への示唆：日本に近い制度を持つ国からの学び」『共済総合研究』第 63 号、共済総合研究所、2011 年、pp.64-81。

真野俊樹「第 7 章　フランスの医療と医療政策」『比較医療政策──社会民主主義・保守主義・自由主義──』ミネルヴァ書房、2013 年、pp.214-256。

『読売新聞』2018 年 4 月 25 日、6 面。

第2章

フランスの訪問看護に関する事例研究

開業看護師による在宅看護の実際

　本章は、「開業看護師による在宅看護の実際」について、事例研究として述べることが目的である。

第1節　フランスの訪問看護

1. 医療と介護の連携の重要性を再認識

　2003年夏にヨーロッパを襲った猛暑は、フランス国内の在宅虚弱高齢者や老人ホームの入所者などを含む15,000人の死者を出した。そのうち8割が75歳以上の高齢者であった。不幸にも夏のバカンス中であり、医療従事者が手薄い状況であったことも事態を深刻化させた。あらためて高齢者医療と介護の連携の不十分さが指摘された。

　このような状況を察知して、いち早くバカンスを切り上げて現場に駆け付けたのは、開業看護師であった。開業看護師は地域におけるプライマリーケアの担い手であり、医療サービスだけでなく、相談、助言、多職種との調整など、日本のケアマネジャーの役割を担っている。医療と介護の連携が不十分な中でフットワークの軽い開業看護師が存在することで、個別のケースでは総合的なサービスが提供されている。本件でも開業看護師のタイムリーかつ柔軟な対応があらためて評価された。

　事態を重くみたフランス政府は、医療と介護を包括した介護制度の見直し

表 2-1　主な医療・看護行為（AMI）の点数（抜粋）

医療・看護行為（抜粋）	AMI※	金額（ユーロ：円）
皮下注射	1	3.15　（378）
筋肉注射	1	3.15　（378）
小児皮下注射・筋肉注射	2	6.3　（756）
静脈注射	1.5	4.725　（567）
採血	1.5	4.725　（567）
気管切開口処置・吸引・管交換	2.25	7.087　(850.44)
抜糸（10 針未満／10 針以上）	2/4	6.3/12.6　(756/1,512)
潰瘍・皮膚移植処置	4	12.6　（1,512）
尿道カテーテル挿入（男／女）	4/3	12.6/9.45　(1,512/1,134)
尿道カテーテル交換（男女同じ）	1.25	3.93　（471.6）
在宅医師への報告（書類作成）	5	15.75　（1,890）

注1）※ 1AMI ＝ 3.15 ユーロ。1 ユーロ ＝ 120 円で計算。
（出所）篠田道子（2011：表 6）を一部改編。

に着手した。2004 年 6 月 30 日に成立した「高齢者と障害者のための連帯法」は、祝日を 1 日減らし営業日（国民連帯の日）にし、その日の売り上げ相当額を、介護手当負担金として APA（後述）の財源に組み入れるものである。

2. 医師の処方にもとづき看護行為を提供

　フランスでは多くの医療行為は一般看護師が行っている。篠田道子（2011）は、「開業看護師が行う看護行為には、一つひとつに看護点数が決められている。注射や創処置など医療行為を評価する『医療・看護技術』（Acutes Medico Infirmière, AMI）とケアプラン作成や清拭など『看護・生活技術』（Acutes Infirmière Soin, AIS）の 2 種類に分かれており、それぞれ単価が定められている」と述べている。1AMI は 3.15 ユーロ（378 円）、1AIS は 2.65 ユーロ（318 円）である（後述）。

　これらは出来高払いで請求できる、開業看護師に対する報酬であり、病院勤務の看護師は算定できない。篠田の文献から、表 2-1 に主な AMI を示した（篠田 2011：表 6）。篠田（2016）は「急性期病院の平均在院日数が 5.2 日と短いため、患者は早めに退院し、抜糸や注射などの処置は在宅入院また

は開業看護師が実施している」と述べる。

第2節　訪問看護制度の概要と課題の設定

ここでは、訪問看護サービスに関連するフランスの諸制度について述べる。

1. 保健医療福祉制度の概要

フランスでは、保健医療サービスは医療保険によって提供され、介護を含む福祉サービスは租税を財源として提供される。

フランスの医療保険制度は、職域ごとに分化されているが、国民のほぼ100％をカバーしている。日本の国民健康保険のような地域保険は存在しないため、退職後に保険者が変わることはない。またフランスでは非営利の共済組合形式の補足制度が発達しており、こちらは医療サービスの利用に伴う自己負担金をカバーしている（小西洋平 2017 が詳しい）。

一方の介護サービスの利用については、60歳以上の要介護高齢者を対象とした所得制限のない普遍的な介護給付として、個別化自律手当（高齢者自助手当）（Allocation Personalisée d'Autonomie, APA）が 2002 年より導入された。個別化自律手当（APA）の財源は、県（département）の一般財源、一般社会拠出金（contribution sociale généralisée, CSG）や自律連帯拠出金（contribution de solidarite pour l'autonomie, CSA）などからなり、ホームヘルプサービス（service d'aides a dimicille）や要介護高齢者滞在施設（Établissements d'hébergement pour personnes âgées dépendantes, EHPAD）の利用に伴う費用を賄う。

2. 3種類の在宅看護とホームヘルパー

フランスの訪問看護は3種類に分けられる。①開業看護師による在宅看護（Soins à domicile par les infirmiers libéraux）、②在宅訪問看護・介護事業所による在宅看護（Service de soins infirmiers à domicile, SSIAD）、③在宅入院機関（L'hospitalisation à domicile, HAD）が提供する高度医療サービスに特化した短期間の在宅看護である。各サービスは医療保険を財源としながらも、サービスの実施主体、支払方式、サービス内容等で異なり、重層的な訪問看護提

供体制が築かれている。

　②のSSIADについては小磯明（2016：349-360）で事例として記述した。そして、③の在宅入院については第3章・第4章で詳細に述べるので、ここでは在宅入院の概要を簡単に述べる。その上で、「開業看護師による在宅看護の実際」について、第3節で詳しく述べる。以下、3種類の在宅看護と教育制度、ホームヘルパーについて述べる。

（1）開業看護師による訪問看護

　フランスは、コ・メディカルの開業を広く認めている。もちろん看護師も自宅等で開業することも認められており、医師の処方にもとづいて、訪問看護サービスを提供することができる。全国被用者疾病金庫医療職者台帳（2015年1月1日付け）によれば、フランスの看護師数は600,170人、開業看護師数は98,249人であり、全看護師数の16.4％を占める（篠田2016）。ちなみにわが国の訪問看護師数は、2012年は33,649人であり、全看護職の2％にとどまる（厚生労働省2014）。

　「開業看護師の資格要件は臨床経験3年以上である。地方公衆衛生局に届け出ると開業できる。専門看護師ではないが、医師の処方箋に基づいて療養ケアだけでなく、点滴や注射など医療行為も単独で実施できる」（篠田2008）。

　開業看護師が提供するサービスは、注射や創処置などの医療行為（AMI）、身体の清拭や褥瘡予防などの保健衛生的なケア行為（AIS）、ケアプランなどを策定する看護ケア過程（Démarche de Soins Infirmiers, DSI）に区分され、医療保険の保険者である疾病金庫から各行為の点数に応じて出来高払いで支払われる。費用の支払いは疾病金庫から1件当たり定額で支払われる。開業看護師が行う看護行為には、一つひとつに看護点数（診療報酬に該当）が決められている。前述した、注射や創処置など医療行為を評価する「医療・看護行為」（AMI）と、入浴や排泄ケアなど「看護・生活行為」（AIS）の2種類に分かれており、それぞれ単価が定められている。

　「また開業看護師は訪問看護の交通費も請求することができ、その金額は、訪問ごとに請求可能な固定の交通費（Indemnité forfaitaire de déplacement, IFD）と移動距離に応じて変動する交通費（Indemnité kilométrique, IK）を

合計することによって決定される」(キャンサースキャン 2014：69)。

開業看護師が行うすべてのサービスは、あくまで医師の処方にもとづいて実施される必要があり、病院に勤務する看護師であれば独自の判断で行うことができる療養上の世話などのケア行為（AIS）に関しても、医師の指示が必要とされる。

開業看護師は自宅を事業所として開業し、医師の処方箋と並んでプライマリーケアの担い手であり、医療サービスだけでなく、相談、助言、教育指導、カウンセリング、他機関との調整など日本のケアマネジャーに近い役割を担っている。

(2) 在宅訪問看護・介護事業所のサービス事業所による訪問看護

1975 年から始まった在宅看護サービスは、医師の処方にしたがって、看護師や医療系介護士（Diplôme d'Etat d'aide soignante, DEAS）が、注射や創処置などの医療行為（AMI）や身体の清拭や褥瘡予防などの保健衛生的なケア行為（AIS）を提供する。

「在宅看護サービス（SSIAD）は、高齢者を主な対象とした医療福祉サービスの一つとして位置付けられており、財源は、要介護高齢者滞在施設（EHPAD）と同様に、医療保険の疾病金庫より全国自律連帯金庫（Caisse nationale de solidarité pour l'autonomie, CNSA）を通して各州保健庁（Agence Régionale de Santé, ARS）に配分される。また在宅看護サービスの支払いは、各事業者の定員の規模にもとづく人頭払い方式であったが、2012 年より患者のニーズに応じた 1 件当たりの包括払い方式に変更された。なおサービス提供事業者のほとんどは、非営利法人もしくは地方自治体であるが、必要に応じて地域の開業看護師を雇用することが可能である」(キャンサースキャン 2014：70)。

在宅看護サービス事業所による訪問看護は、日本の訪問看護ステーションに該当する。看護師が介護職（医療系介護士）とチームを組んで在宅看護・介護サービスを提供している。サービスは開業看護師と同様に、「医療・看護行為」（AMI）と、入浴や排泄ケアなど「介護・生活行為」（AIS）の 2 種類に分かれており、医療系介護士は看護師の指示のもとで、「介護・生活行為」（AIS）を行っている（篠田 2016 参照）。

SSIAD の利用者は、APA を利用している高齢者が多く、「医療・看護行為」（AMI）は少なく、「介護・生活行為」（AIS）がほとんどである。また、看護師は人数も少ないうえ、コーディネート業務や記録等に忙殺されるため、「医療・看護行為」（AMI）を開業看護師に依頼しているのが現状である。
　このようにフランスでは、急性期の高度医療に特化した在宅看護は在宅入院（HAD）が担い、状態が安定したら開業看護師と在宅訪問看護・介護事業所（SSIAD）に引き継ぐという役割分担ができている。

（3）在宅入院制度による訪問看護

　1970 年から導入された在宅入院制度（HAD）は、入院が必要な患者の自宅において、予め決められた期間（患者の状態により変更可能）で、継続的な治療を多職種が協働して提供するサービスであり、患者の入院を避けたり遅らせたりすること、または入院日数の短縮化を目的としている。在宅入院制度は、医療保険を財源として、非営利の在宅入院機関もしくは病院の在宅入院部門によって提供され、その支払い方式は、1 日当たりの定額制と定められている（表 2-2）。
　「在宅入院サービスで提供される医療には、化学療法、抗生物質投与、疼痛緩和、人工栄養法、ガーゼ交換各種、治療経過観察、術後経過観察、リスクを伴う妊娠産前観察、産後観察、患者および家族への教育、作業療法、理学療法、人工呼吸、家庭復帰訓練、輸血、終末期における看取りなどが含まれており、医師、看護師、理学療法士、作業療法士、栄養士、薬剤師、臨床心理士、ソーシャルワーカーなど多職種が関わる」（キャンサースキャン 2014：70）。

（4）訪問看護の教育制度

　看護師免許を取得するには、高校卒業後の看護学校で 3 年間の教育を受け国家試験に合格する必要があるが、免許の更新はない。また開業看護師となるためには、病院における 2 年間の臨床経験が条件とされる。2012 年より看護学校のディプロマは学士に相当すると認められるようになり、公的病院等に勤務する看護師の給与改善などが期待されている（キャンサースキャン 2014：71）。

表 2-2　フランスの訪問看護サービス

	開業看護師による訪問	在宅看護サービス（SSIAD）	在宅入院制度（HAD）
財源	医療保険	医療保険	医療保険
実施主体	開業看護師	非営利法人、地方自治体	在宅入院機関／病院
支払方式	出来高払い	1件当たり包括払い	1日当たり定額性
サービス内容	ケア行為（AIS） 医療行為（AMI） ケアプラン（DSI）	ケア行為（AIS） 医療行為（AMI）	多職種協働の治療やケア（癌患者の在宅化学療法、脳梗塞後在宅リハビリ等）

（資料）Chevreul k. et al.（2010）、松田晋哉（2006）、医療経済研究機構（2012）、キャンサースキャン（2014：70）を参考に作成。

　一方の介護職には、看護師の指導の下で保健衛生的なケア行為（AIS）を提供する医療系看護師（Aide soignant）と身体介護や家事援助を提供する福祉職の国家資格として社会生活介護士（Auxiliaire de Vie Sociale）がある。特に、医療系介護士（DEAS）は、在宅看護サービスや施設介護の中心的な担い手となっており、看護師との連携が重要視されている（キャンサースキャン 2014：71；藤森宮子 2010；労働政策研究・研修機構 2014：115 を参照）。

（5）ホームヘルパーの家事援助など生活支援

　ホームヘルパーには特別な資格は義務付けられていない。「1988 年からは条例により、250 時間の研修と 120 時間の実習を修了し、『在宅援助資格証明書』を取得することが義務付けられた」（松田晋哉 2000）。しかし、「資格取得率は 20％ と低いのが現状である」（シルバー新報 2003）。主なサービスは炊事、買物、掃除などの家事援助、話し相手、相談、見守りなどの生活支援が中心である。

　ホームヘルパーの費用は低所得者については社会扶助から、一般高齢者については老齢保険金庫から拠出される。サービス提供主体は、県が所轄する非営利団体や市町村福祉センターなどである。

3. 本章の課題

このように重要な役割を果たす開業看護師であるが、実際の活動については、これまでも報告されているものの、3つの在宅看護における役割分担面での報告は少ないように思われる。本章では、フランスの開業看護師はどのような活動を実践しているのか、フランスで果たしている役割を明らかにする。また、日本の訪問看護師との違いは何か、といった点についても考察する。

第3節　開業看護師による在宅看護の実際

2016年10月のラセール, クリストフ（Lasser, Christophe）氏の説明から述べることとする。

ラセール氏は、2000年に看護師免許を取り、現在16年目となる（2016年視察調査当時）。免許取得後、パリの大きな公立病院のICU（Intensive Care Unit, 集中治療室）[1]に4年間勤務した。ICUでの勤務では何ごとにも変えられないたくさんの経験をした。その後、病院を退職し、船で大西洋往復の旅をした。その1年間の人生の休息期間を終えて、フランスに戻って来た時、病院に戻ることはせず、自由開業することを決めた。

開業して12年目になる（2016年調査時点）。彼のステーションは25年前から存在している。3人体制で運営しており、他の2人は彼にとって先輩の姉に当たる。彼から、「フランスの看護師とはどういう職種か」について説明を受けた。

1. 看護師数と種類、自由開業の規制

2015年データによると、フランスの看護師数は638,248人である[2]。そのうち、322,396人は公立病院勤務看護師である。そして69,438人が民間医療機関で働く看護師である。民間医療機関で働く看護師は、たとえば健康センター、企業の産業医室、学校や大学、母子健康保健センター、そして高齢者施設およびハンディキャップ（障害者）施設で働く看護師たちなどである。

フランスでは3年間の看護専門学校は大学と同等資格とみられている。そ

して 24 カ月間の病院勤務歴が必要になる。看護師免許を取得したということは、一般看護師の免許を取ったことをいう。その後に、特定看護師の種類がいくつかある。新生児看護師が 19,074 人、麻酔看護師が 9,709 人、オペ室看護師 7,225 人、以前は精神科看護師が特別にあった。そして約 10 万人が自由開業している開業看護師で、その内の 84％が女性である。

　中央フランスは比較的人口当たり開業看護師数が少なく、南仏では人口当たり開業看護師数は多い。看護師の開業は、以前はまったくの自由であったが、現在はある程度の規制が加わった。看護師が過剰にいるところに、新規に開業することは自由にできない。開業したい場所の事業所で一緒に働くか、その人が活動をやめるまで（退職するまで）待たなくては、新規に開業することはできない。あるいはその事業所を買い取れば開業することができる。一方、過疎地域での開業の場合は、年間 3,000 ユーロの補助金が 3 年間出る。それに加えて社会保障拠出金の負担が軽減される。

2. ラセール, クリストフ氏の事例

　パリ市内は、東京の山手線の内側とほぼ同じ面積といわれている[3]。ラセール氏はあくまでもその中の何丁目規模の小さい単位で活動している。開業しているステーションの周りのいくつかの地区で活動を行っている。それによって移動に無駄な時間が取られないように効率よく回ることができる。

　彼が、1 日どのような活動をしているか、典型的な例をあげてみる。

　朝の 7 時の患者回診から始まり 13 時まで訪問する。どんな年齢の患者であっても構わない。新生児から百歳の高齢者までの患者が対象である。リストからしなければならない行為を見て、順番に患者宅を回っていく。徒歩、自転車、スクーターで回っている。車が必要な距離ではない。

　13 時から 14 時に一度事業所に戻り、必要な仕事をこなすのだが、その時に患者が来院するので処置を行う。13 時から 14 時まで次々来院してくる患者の処置をした後、昼時間を利用してカルテの記入やプランニング、支払の事務処理、留守電に入っているメッセージへの対処をする。14 時半から午後の訪問が始まり、17 時半に終える。日によっては、15 時半から 18 時半か 19 時まで、午前の訪問から戻ってきてやらなければならない事務処理をしたり電話メッセージに対処したり、退院する患者の処置を行う。

そして19時から夜の訪問が始まる。普通に仕事を終えて家に帰ってきた患者は夜にしか訪問し治療できない。終わるのは0時である。朝の7時から0時まで休み無く仕事をしている。訪問自体は22時半から23時頃に終わる。23時に事業所に戻ってきたら、今日したことを明日の人へ申し送りをして終わるので0時まで休み無く働く。

パリのアパートメントはすごく古い建物が多いので、必ずエレベーターがあるわけではない。エレベーターがなく5階6階に住んでいる患者もいるので、そういったところでは階段で昇り降りする。ハードワークではあるけれども、特にすごく忙しい日でなくても、1日の労働時間が14時間である。1日平均扱い患者数は55人だったが、現在は77人となっており、最高で94人の患者をみた日もある。さすがにその日はへとへとに疲れたと言っていた。1日平均扱い患者数77人の内、来院患者数は15〜20名で、残りが訪問の患者である。

事業所は猫の額の狭さである。ここで注射や包帯交換や色々な処置をする。事務手続きも色々なメッセージへの対処もする。処置ベッドが置いてあり、抜糸や注射や点滴といった処置を行う。そして狭い待合室があるだけである。

3. ビタルカード

端末機に患者のビタルカードを入れ、自分のプロフェッショナルカードを同時に差し込むことによって、患者のデータが見られ、アクセスしたのはラセール氏だとわかる（写真 2-1）。

ビタルカードに患者の保険情報を入力し、それから医師からのプリスクリプション（prescription, 処方箋・指示箋）を入力する。指示箋に、「1日3回、あるいは週に3回を2週間、または2カ月間行う」ということが書いてあるとしたら、それをコンピュータに入力する。入力すると、やらなければいけない曜日がでてくる。それをもとにプランニングして、「何日の何時にこういうことをしなければいけない」とコンピュータの画面にオンタイムで出てきて、そのプランニングをプリントアウトする。プリントアウトした紙を見ると、患者の氏名、住所、訪問しなければならない曜日と時間が書かれている。電話番号とコード番号が入っていて訪問が始まる。しなければいけない処置内容も書いてある（写真 2-2）。

写真 2-1　端末機

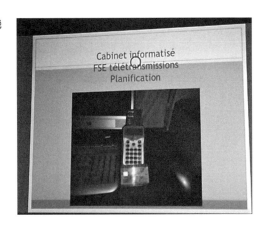

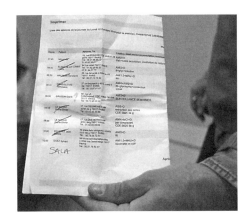

写真 2-2　患者情報

　プリントアウトしたプランニングをポケットに入れて、徒歩やバイクや自転車で回る。それは、できるだけ同じ住所や近いところを、同じ時間帯に訪問するためのプランニングである。同じマンションならA棟、B棟など棟ごとに優先して、地理的条件で選ぶので、効率よく回れる。

4.　在宅維持の看護行為

　訪問看護師は採血検査をすることが多い。臨床ラボラトリー（検査所）と一緒に仕事をしており、ラボに行けない人の血液を訪問看護師が在宅で採っ

て来る。皮下注射、筋肉注射、そして静脈注射、すべて訪問看護師が行っている。インシュリン治療も訪問看護師の仕事である。自分で血糖値コントロールができない患者、高齢者は、血糖値を計ってインシュリンを打って、あるいは食事の教育をしたりするのも、すべて訪問看護師の患者教育も含めた処置の一部である。

　アルツハイマーなどの認知症の人やパーキンソン病の人などの患者への投薬、これも看護行為の一つである。これらの人たちの在宅維持は世の中全体のキーワードになっているので、できるだけ長く在宅維持ができるように、訪問看護師が投薬管理をしている。政治的にも国民の声としても、高齢者を施設に入れると高くつくといわれている。しかもパリ市内は本当に高額で施設数も少ないので、できるだけ在宅維持が求められている。

　導尿留置の管理もしている。中心静脈カテーテルから栄養を入れることが多く、これだけで十分な報酬が得られるくらい開業看護師にとっては多い行為である。ラセール氏たちの事業所では色々なケアをするようにしている。中心静脈カテーテル管理ばかりでは単純で、ただひたすらカテーテルを付けて栄養を送って管理しての繰り返しである。需要があるので、こればかりしている開業看護師もいる。患者のほとんどはケモテラピー（chemotherapy, 化学療法）を受けていて、食欲がない患者である。食欲がないし食べられないので、栄養がとれなくなってどんどんやせ細っていく。そこで、夜の8時に訪問して治療をすることが多い。夜の8時にセットして、寝ている間に栄養を入れて、朝の訪問の時にはずすのである。

　写真 2-3 はラセール氏が、バクスター（Baxter International Inc.）[4]のインフュージョン・システム（infusion system）[5]を使って抗癌剤治療をしているところである。在宅で行うときはこのようなディスポの着衣で行う。

　術後管理や褥瘡管理も多い。使う薬は抗生物質、抗菌剤など色々あるが、患者によって合うものが違うので、医師が書く処方箋よりも毎日見て触っている看護師のほうがよくわかる。彼は、潰瘍化した足の写真を見せてくれた。初めは患部が全部ま黄色だったが、その黄色の部分を少しずつメスで削って落としていき、きれいに処置をして薬をつけて6カ月で完治した。

　病院の平均在院日数がどんどん短くなってきて、患者は早期に退院させられてしまう。手術が終わると超急性期病床か療養型病床に入院するが、超急

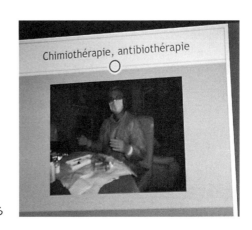

写真 2-3
抗癌剤治療をしているところ

性期の治療が終わったらさっさと出されてしまう。退院の時に、ドレーンを付けたまま中から分泌液がでている状態で退院してくる。それをきれいにするのも在宅での大きな役割となる。

　ラセール氏は、乳癌の手術後の患部の写真も見せてくれた。乳癌が見つかった時にはもう手遅れで、リンパまで転移していた。手術をしたが患部がどんどん大きくなって、ついに患部が開いてしまったケースだが、彼らは最期の看取りまでした。この時のガーゼ交換は本当に複雑で時間がかかったという。直腸癌の患者の人工肛門の管理などもよくあるケースである。

　ナーシングも行っている。ナーシングはそんなに多い項目ではなく、看護師があまりすることではないが、医療的処置にはかなりのテクニックが必要で管理が難しいので、比較的簡単なナーシングばかり行っている年配の訪問看護師もいる。ラセール氏たちも行うが、割合としてかなり少ない。患者がバスタブの中で安全にシャワーを浴びられるように、住宅改修をして、必要なマテリアルをリースしてきて設置してあげるところまで行う。

5. 診療報酬、連携、看取り

　2017 年 5 月 27 日の診療報酬改正から現状のままである。皮下注射、筋肉注射、両方とも 8.50 ユーロ（1,020 円）である。まだ縫い目が青々しい、術後の簡単なガーゼ交換は 15 ユーロ 10 セント（1,801.2 円）、そして潰瘍化した、

あるいはがんで患部が割れた際の複雑なガーゼ交換が20ユーロ10セント（2,401.2円）、そして最も単純な、だいたい1時間以内で終わるものが30ユーロ（3,600円）、点滴でもかなり複雑なもの、たとえば中心静脈カテーテルを使ったり、人工栄養を入れたりするのは50～60ユーロ（6,000～7,200円）である。

　保険診療のときにビタルカードとプロフェッショナルカードを入れて、データで送っている。そのときに保険情報だけでなく医師の指示箋がないと保険適用ができない。すべて保険と認めるためには、必ず医師の指示箋が必要である。その指示箋も伝送できるようになった。以前は紙でコピーを取って送るのに手間がかかったが、現在ではスキャナしてすぐに送れるようになった。

　2007年4月15日に法改正があり、色々なディスポ、衛生材料、ゾンデなどは看護師が保険購入することが可能になった。そしてこの仕事はチームワークが良くないと続けていくことはできない。継続的な治療を行うことが一番大切なので、「この日はできるけれどもこの日はできない」というわけにはいかない。そこで、常に色々な人たちとの連携が大切になる。たとえば入院していた病院、在宅入院のHAD、かかりつけ医、地域の薬局、その地域で開業しているリハビリ士たちと常にチームになって、お互いにコミュニケーションをよくして働いている。

　一人の患者にかかわる医師、セラピスト、看護師が、在宅でカンファレンスする機会はあるのだろうか。カンファレンスといっても、物理的に一緒にいるのか、メールやラインだけの場合もある。ラセール氏によると少し複雑なときは電話をしたりメールをしたりするけれども、みんなで集まって同じ時間を拘束し合うことはない。医師を呼ばなければどうしようもないときしか医師は呼ばない。

　こういうことを続けているうちに世の中が変わってきて、今まで扱っていた患者の中でも、だんだんターミナルケアが多くなってきた。ラセール氏たちは（筆者らの訪問時の）先々週に看取りをした。看取った患者は、自分が生まれた家で亡くなった。その患者も家族も自宅での死を望んでいて、「ここで死にたい」と言って、90歳で亡くなった。それは、ラセール氏たちがいなかったらどこかの施設に入れなければならなかったケースであり、ラセ

ール氏たち3人で順番に訪問することによって、看取りをすることができたケースであった。

第4節　フランスの訪問看護に関する事例研究のまとめ

　ラセール氏たちは、報酬のためだけに働いているわけではない。いつも新患の連絡が入って、実際に訪問してブザーを鳴らして部屋に入っていく瞬間が、「いったい僕に何が求められるのか、楽しみ」で、すごく興奮するそうである。彼の言葉を補足しながら、まとめておこう。

1.　終末期医療
（1）在宅ターミナルケア
　在宅ターミナルケアでは、カルテの書き方や毎日のバイタルチェックなど、特に決まりはない。フランスではこれらは「自由」であって、バイタルを書かなければならないなどの細かいことは法では決まっていない。どちらかというと、医師との話し合いで「絶対にこれだけは書こう」という合意が形成される。たとえば糖尿病の人なら血糖値といったことである。こういう具合なので、看護師によって、レベルがかなり違う可能性がある。細かくする熱心な人と手を抜く人との違いがでて、仕事のやり方に格差がでてくる。
　終末期の患者が、「自分はこれ以上はしてくれるな」という時に、リビングウィル（living will）や終末期宣言の習慣はない。何といっても医師の決定が一番大切であって、そういう患者のケースでは医師から話してもらう。医師と話し合ってもらい、合意が形成され治療をやめるとなった時に治療をやめることになる。訪問看護師は、その話し合いにかかわることはあるかもしれないが、決定はあくまで患者と医師、あるいは患者家族と医師の間でやることなので、訪問看護師はその場にはあまり関与しない。そこでもし治療を停止することが決まったら、訪問看護師はその通りにする。
　民間の会社で、死亡診断書ばかりを書く専門の医師が来る場合があるが、通常は患者のかかりつけ医が来て、死亡診断書を書く。それではじめて役所上の手続きができる。それから死亡した体を引き取りにくる会社を呼ぶこと

もできる。それなしには手続きをいっさい行うことができない。

　以上の調査結果を法的に補足すると次のようになる。

　終末期医療について、フランスは 2005 年に「患者の権利と生の終焉に関する 2005 年 4 月 22 日の法律」（いわゆるレオネッティ法）が成立し、「公衆衛生法典等を改正する形で、治療が認められない終末期の患者及びその後見人が治療の中止を求めた場合、医師はその結果を十分説明する義務があり、その上で患者がそれを望むのであれば、一定期間の後、治療を中止できること、そしてその経緯についてはカルテに記載すること、尊厳死を求められた医師がその判断に迷うときには他の医師団の意見を聞くこと、などといった手続きが示されている」（磯部文雄 2017）。ここで重要なことは、規定されているのは「人工的な延命治療」の中止であり、積極的な安楽死・自殺幇助ではないこと、である[6]。

　日本においても、このいわゆるレオネッティ法の主要点である①常軌を逸した執拗な治療等の禁止、②患者による治療の拒否は、医師により尊重される、③意思を表明できなくなった時のための事前指示書（advance directives, アドバンス・ディレクティブ）の作成等は、今後検討していくべき重要な課題と考えられる。

（2）グループ診療

　日本では「働き方改革」[7]が流行りだが、フランスではどうか。ラセール氏は 1 日 14 時間くらい働いていると言っていたが、週何時間働いているのか。彼は、「14 時間働く日を私はノンストップで 8 日間続けます」と言った。そして、「14 時間を 8 日間続けて、合計で 1 カ月 15 日間働けば十分です。1 カ月間を毎日 14 時間働いているわけではなくて、14 時間を 15 日間働けば、十分な報酬を得られるので、同僚の人たちと話し合って、15 日は僕が働くから 15 日はあなたたちが働いてね」といって、15 日間はひたすら毎日働くそうである。「ただ 5 日間、月・火・水・木・金を 14 時間働くと、土日は家のゴミ出しもできない。何もやりません。人間ですから」と言った。

　「どうしてそんな働き方をするのか。1 日、少しずつやったほうが効率的」と日本人は考える。しかし、フランス人はそう考えないようである。「1 カ月の間 1 日に 4〜5 時間毎日働くのであれば、15 日の間だけ 1 日に 14〜15

時間働いたほうがいい」とラセール氏は言う。もちろん「1日に4〜5時間を毎日働く」人もいるが、それは本人の自由である。ラセール氏のスタイルがあるというだけである。ただし絶対に、365日24時間対応しなければいけない応対義務（日本の応召義務）がある。その義務だけは法制上決まっていることである。クリスマスの日も正月の日も事業所は開いている。それをしなければいけないということを計算した上で、ラセール氏は、「現在の働き方が一番自分に合っている」と言った。しかし、「20年後くらいに会ったら、きっと違うこと言っているでしょうね」とも言った。

これは、3人の開業看護師がチームを組んでいるからできることである。1人で開業していたら絶対できない。もちろん1人ですることも法律違反ではないので、実際に行っている看護師もいる。ただし365日24時間の応対義務は無理なので、1人で独立開業する看護師は何をするかというと、自分が休みの日には、ラセール氏たちに患者を預けるそうである。「預けるところがあれば、1人で独立開業しても全然かまわない。一方大きいところだと8人や9人の体制で開業しているところもある。しかし平均的な人数でいえば2〜3人ではないか」とラセール氏は言った。

（3）ナーシング

高度な処置は診療報酬は高い（50〜60ユーロ：6,000〜7,200円）が、ナーシングは1回行っても17ユーロ（2,040円）である。ナーシングは体を洗ったり拭いたり、おむつを替えたりする、特に医療技術は必要ない行為である。だいたい20分のナーシングが17ユーロである。日本人的発想だと「入浴もそうか」と思うが、フランス人には入浴という習慣はなく、シャワーだけである。

訪問介護員（ホームヘルパー）が身辺ケアをして、看護師はあまりしないのが日本の訪問看護である。その介護員が身辺ケアをするのと、どう違うのか。看護師ではない看護助手やヘルパーがすると、15〜20ユーロ（1,800〜2,400円）である。それ自体は看護師とあまり変わらないが、大きく違うところは、保険が使えるか使えないかである。看護師は医師からの指示箋があって、ナーシングを行うから、その患者が17ユーロ払っても医療保険から返ってくるわけである。看護免許をもっていない人たちは、同じことをし

たとしても、体を拭いてもおむつを替えても、それは医療保険行為ではないので、完全に患者の自己負担となる。そこが違うところである。

2. 開業看護師
(1) 開業希望者は多いのか
　開業希望者は多いか少ないか。人気があるかどうか。「自由開業看護師は人気の職業ではある。この職業に就けば食い逸れることは絶対ないことは誰もが知っている。患者は必然的に病院から早く退院させられてきて、どんどん在院日数も短くされてくると、外科手術をした生傷が見えたままの人たちがたくさん在宅に来ることとなる。しかも在宅維持を長くせず、施設に入ろうとしたら多くの出費を覚悟しなければならないから、なるべくみんなが長く在宅にいようとする。要するに、ニーズ（需要）はたくさんある。だから、早く金儲けしようと思ったら、すごくいい仕事である。そういったモチベーションだけで来ると、かならずみんないつか壁にぶつかってしまう。金のモチベーションだけではやはり続かない。人気かどうか、やりたいかどうかといったら、答えはイエスである。しかし、それが5年10年、もっと長く続くかというと、続かない」とラセール氏は言った。

　中心静脈カテーテルで人工栄養を入れることばかりしている看護師がいると前述した。栄養バッグをもって、それだけで1日の活動が終わっているのはなぜかというと、単価が高く簡単だからである。その人に「簡単な注射だけ打って」と言ったら「自分でやって」と断るそうである。なぜなら皮下注射は8ユーロ（960円）である。患者自身、自分でできる人もいるができない人もいる。自分でするのは全然構わない。

　「長く続ける秘訣は何か。何が続けさせるのか」。「やっぱり好きだから、それにつきると思う。やっていて楽しい」とラセール氏は言う。彼は大変な熱意をもって仕事をしている。「もう注射器をもって死にます。あまりにも働いているから」と笑う。「ちょっとクリストフさん休んだら」と患者から心配されるという。「しかしそれで死ねたら本望だ」と、彼は述べた。

　人助けだということもある。1日に50～60人の患者を看ている。多い日は70～80人を看ている。そうすると、さすがにみんな良い人ばかりではなく、確かに難しい人もいる。でも普通はすごくハッピーに終わる。そうでな

いときもあるけれども、それを忘れるだけいい人が多い。それもまた彼の人徳と思われる。誕生日を覚えていてくれて、「今日はお誕生日ね」と言って、ささやかなパーティを用意してくれたりプレゼントをもらったりと、長く訪問している患者とは家族になってしまうそうである。「そういうことはなかなかないので、それが嬉しい」とも言った。

(2) 地域区分と訪問に要する時間評価

地域区分があるといっていたので、人口で区分しているのかと考えた。しかし、まったく法規制はなく、義務でもなく、自然発生的なものだそうである。「たとえば皮下注射を打つために、車を運転していって、駐車場を探して車を止めて、それでまた戻ってくることはしたくない」と言う。訪問で移動するのに一番効率のいい動き方を考え、歩く範囲でするとしたら自然とあの地域・区域になるので、政策的に人口何人のところに何人の看護師といったことではないそうである。

自由開業はできないといっていたことと矛盾する気がしたが、開業は県や自治体に新しく入る時の話である。新規に開業するときに、何々県に開業したいとする。でもその県に十分な看護師数があったら入れないということである。それも看護師数だけで、地域割りはしていない。人口と地域割りもあると思われるのだが、「そこまでは決めてない」と言う。

訪問に要する時間の評価はないかというと、法律はあるけれども守っている看護師は一人もいない。この処置には何分と法をリスペクトしていたら、とてもではないが多くの数は扱えないし、プランニングも立たない。たくさんの患者を断らなければならなくなる。法律はあるが守っていないということであった。

新生児から百歳までの多様な疾患の人たちをケアする。やはりトレーニングしなければ難しいと普通は考える。開業看護師たちはどのような研修をしたり、アップデートをしたりしているのか、またはしていないのか。これも義務があり、生涯教育を受けなければいけないプログラムがある。

(3) 開業看護師数の地域間格差

ラセール氏の説明では、「中央フランスは比較的人口当たり開業看護師数

は少なく、南仏では人口当たり開業看護師数は多い」と述べていた。このことをより正確に述べると次のようになる。

「人口10万人当たりの開業看護師数が地域別に表されており、色が最も濃い南東部では、人口10万人当たり228〜385人の開業看護師がいる一方、色が最も薄い中部やその周辺地域では、人口10万人当たり71〜98人の開業看護師がいることが示されている。したがって、人口10万人当たりの開業看護師数は、地域によって2倍以上の差があることがわかる。なお、このような地域間格差はより小さな行政単位である県（départment）別にみると、より顕著に現れることがわかっている」（図2-1）（キャンサースキャン2014：74）。

南仏に開業看護師が多いのは太陽に恵まれた、コート・ダジュールがあるからである。月平均の日照時間は1年を通して100時間を上回っており、6〜8月は300時間を超えている。冬場でも月平均140時間程度の日照時間があり、100時間を下回るパリなどと比べて日照時間は長くなっている。このように、より働けるからである。

3. 看護行為
(1) 看護行為の範囲

日本の看護師は、化学療法のミキシングを行えない。医師の仕事だからである。フランスの場合には、開業看護師のできる医療行為が、日本なら医師しかできない医療行為にまで広がってきたのかと思っていた。しかしそれは違っていた。フランスでは看護師が元からしていた仕事であった。以前は医師がしていた行為ということではない。

フランスではデクレで看護師ができる行為は決まっている。日本であれば、看護師と医師のできる医療行為の2つの輪がミックスしたグレーゾーンがあって、それはしてもしなくてもよく、指示があればするとか、明らかに医師の行為は看護師はしない。切り分けをしている。フランスは医師の指示がなくてもできる行為がデクレでかなり広く決まっているということである[8]。

患者が病院から早期退院してくるから、今までしていなかった処置もあるはずである。「2007年から衛生材料は処方してもいいこととなった」というように。たとえば中心静脈カテーテルの話で、中心静脈カテを作るのは当然

第 2 章 フランスの訪問看護に関する事例研究

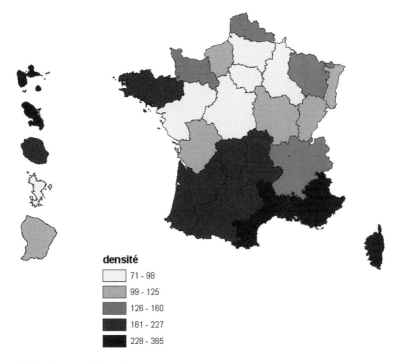

(出所) Sicart D. (2013：42).

図 2-1　地域別の人口 10 万人当たり開業看護師数

医師であって、病院で中心静脈カテを作ってきて、今度はそこに針をいれて注入していく。それは看護行為である。そして針を抜くのも看護行為である。それがもしもできないのであれば、患者を受け入れない。法律上は中心静脈カテを作るのは当然医師だけれども、そのあとの管理は全部看護行為である。そのように、できる医療行為の幅が元から確かに広いのである。

　2007 年の法改正でも薬の処方権についてはなかった。必要な衛生材料を自分たちで使えるということである。薬に関しては医師が処方箋を書く。「この患者さんの褥瘡には、こちらの薬のほうが効く」と思うことがあったら、ラセール氏が医師に電話をして「この薬はあまり効かないけれども、こちらの薬はどうでしょう」という聞き方はできるけれども、医師が書いた処方箋

59

でないものと違うものを使うことはできない。

(2) 急変時の対応

　急変時は実際に治療行為になるわけだが、たとえば高血糖時の処置については、インスリンを打ち血糖値を確認する。アレルギーを起こした患者がショック状態や非常に具合が悪くなったときには、当然全部考えてしないといけないが、それに対する不安や困ったときはどうするか。医師の書いた処方箋通りに処置して、そのときにアレルギーショック反応や何か急変があったとき、特にインスリンを打つ時には血糖値を測っているはずなので、食事の状態など看護師が判断しなければならないときがある。同じようにするべきか減らすべきか、その時の判断をどのようにしているのか。

　12年もたつと、パニックになることはまったくない。想定内のことで、よくあることだという。そういうときにはまず、その処方を出したかかりつけ医に連絡をいれる。同時に、救命救急車（SAMU, サミュー, 院外救急医療支援組織）に連絡をいれる。「今かかりつけ医と連絡をとっているところだけれども、診察中で連絡がとれない」。とれたらとれたでいいけれども、ともかく医師に指示をだしてもらう。

　ドアを開けたら真っ青な顔をした人がパタッと倒れたこともある。パニックを起こすこともなく自動的に体が動いて電話で救命救急車を呼んでいた。

　では診察に行く時、救命道具はある程度持っていくかというと、とても身軽である。動脈血採血キットはいつも持っていく。その他には血圧計、手袋、ヘパリン、アルコール、イソジン、注射器、注射針である。患者が3～4人と決めている日の鞄をラセール氏は見せてくれた。1日十何時間もするときにはもっと大きな鞄だそうで、色々入っている。ただ、普通は患者に必要なものは全部処方箋に書いて家においてある。救命道具はもって行かない。

　医師の指示にもとづいてすることで、むしろ症状にあった最善の処置は何か、医師への報告や相談は何カ月に1回報告するなど、義務があるのか。義務化されているとか規則化されていることはないけれども、写メールを送ったりメッセージを送ったりはすると、自由開業した先輩看護師が教えてくれた。「あなたの仕事は90％観察（オブザベーション）です。とにかくみなさい。変化があったらそれをみてとるのがあなたの仕事よ」と言われて育てられた

ので、何か変化があったらラセール氏は医師に報告をする。規則はないけれども、医師から電話がかかってきたら答えるし、ラセール氏から医師に電話をかけることもあるし、患者が医師にかけることもある。

　パリなど歩ける範囲に医師がいればいいと思うけれども、田舎のほうはやはり医師はいない。そういったところへの訪問は「キロメートル法」があるのでありがたい。患者の家に行って帰って来ると、皮下注射の報酬だけではなく移動費に十分手当がつく。それは大事なことである。日本のように全国一律では見合わないと思うならば、パリで開業するしかない。

(3) オブザベーション

　在院日数を短くして、手術が終わったら何日間かで退院するようになる。患者を早く退院させたとき、十分な受け皿があればいいが、それがないから在宅でとなる。在宅になったら開業看護師の数が圧倒的に必要になる。必要だけれども、会計検査院の白書によると、「開業看護師はもうけすぎだ」とマスコミを扇動して発表した。マスコミを通じて開業看護師が荒稼ぎをしているかのような悪いイメージを国民に植え付けている。

　看護学校の学生数を増やすことはできるけれども、開業するかしないかは本人の自由なので、それを増やす政策はない。看護師数を増やすという政策は学生数を増やすことだから、それはできる。卒業と同時に新卒の看護師が開業するかというとそうではなく、24カ月の期間が必要である。しかし24カ月が過ぎたらすぐに開業するかというと、それも経験不足である。患者はそういう人には当たりたくないだろう。

　日本でもがんの患者が多く、在宅でのペインコントロールが増えており、ポンプに麻薬を詰めて自分で押して疼痛管理をする（PCA 法。Patient Controlled Analgesia, PCA, 自己調節鎮痛法）[9]。そういうのも最近は増えてきているかを聞くと、パッチが多いという答えであった。

　日本の看護師はリハビリテーションの役割があり、乳癌の患者のリンパマッサージをしたり、呼吸器疾患の人の呼吸器リハビリのスクイージングをしたりする技術研修がある。日本では看護師がリハビリをしているが、フランスでは訪問看護師でなければ、どういう職種の人がしているかを聞くと、それは全部開業リハビリ士が行っているそうだ。たとえば、ラセール氏が毎日

みている患者であればオブザベーション中に、この人リハつけたほうがいいなと思ったら、その患者に「かかりつけ医に連絡をしなさい」と言うか、自分がそろそろリハをと連絡するという。

「吸入つけたほうがいいのではないですか、リハビリをつけたほうがいいのではないですか」といっても、医療保険にするためには医師が指示箋を書かなければならない。動けない医師によって患者が苦しんだら可哀そうである。だから観察をした上で、ラセール氏が連絡を入れる。ラセール氏には報酬は入らない。たとえば栄養状態が悪く、褥瘡予防のためにエアーマットを入れ保険適用させるためには、医師が指示箋を書かなければならない。「エアーマットにかえてあげたらいかがでしょうか」と連絡するのもラセール氏がよくすることだそうである。

4. おわりに

「70歳まで看護師を続けたい」。平均寿命も健康寿命も長くなっているので、仕事も長くしたほうがよいというのが、ラセール氏の考えである。「歳を取ったら朝もゆっくり、夕方も早めにひかせていただくかもしれない。朝の7時から夜の10時まではしないと思うけれども、できるだけ長く続けたいと思う」と述べた。

グループ開業して25年が経つ。先輩たちと3人のグループで一緒に12年やってきたわけだが、ラセール氏の1カ月の手取りは約7,000ユーロだそうである。月給7,000ユーロということは、15日で手取り84万円である。ただし、ラセール氏たちの事業所はかなり流行っているほうだという。

---

1) 集中治療室は、病院内の施設の一種である。呼吸、循環、代謝その他の重篤な急性機能不全の患者を24時間体制で管理し、より効果的な治療を施すことを目的とする。英語では Intensive Care Unit と呼び、日本でも ICU という略号が用いられる。
2) Dress の医療従事者数（Professions de sante en 2015）より（http://www.insee.fr/fr/themes/tableau.asp?ref_id=nattef06103）。前述した全国被用者疾病金庫医療職者台帳（2015年1月1日付け）の看護師数 600,170 人より 38,078 人多いが、出所の違いによるためである。
3) 東京23区の面積が619㎢なのに対して、パリ20区の面積は105.4㎢という数字をみ

4) バクスター（正式にはバクスターインターナショナルインク, Baxter International Inc., NYSE: BAX）は、米国イリノイ州シカゴ郊外ディアフィールドに本社を置く、医薬品、医療機器関連の世界的企業である。ニューヨーク証券取引所（NYSE）に上場している。世界中の総社員数は約 50,000 人、売上高は 106 億米ドル（2017 年）。1931 年に輸液メーカーとして創業。日本では 1969 年に事業を開始した。
5) infusion は、薬剤などの液体を血流に送り込む手技のこと。
6) フランスでは 1999 年に「緩和ケアを受ける権利に関する法律（Loi No.99-47）」が成立し、「その状態が緩和ケアと付き添いを必要とするすべての患者は、それらにアクセスする権利を有する」とされた。2002 年には、「患者の諸権利および保健衛生制度の質に関する法律」（kouchner 法）が成立し、患者が治療の拒絶あるいは中断を決定しうる権利などが定められた（磯部 2017）。
7) 首相官邸「働き方改革実現会議」（http://www.kantei.go.jp/jp/singi/hatarakikata/）。森岡孝二（2017）は、この改革では過労死はなくならないと主張する。
8) フランスの看護師の看護行為の範囲については、篠田（2011）に詳しく説明されているので、参照されたい。
9) PCA 法は日本語で「自己調節鎮痛法」ということもある。専用機器である PCA ポンプを医療従事者が設定し、患者が痛みのあるときに患者自身が操作して、安全かつ効果的な量の鎮痛剤をすぐに投与できる方法である。痛みは自分自身にしかわからない感覚なので、客観的な評価が難しい。PCA 法では痛みの状態を一番早く把握できる患者が、痛みを感じたときにすぐに鎮痛剤を使えるのが利点である。

文献

Chevreul K, Durand-Zaleski I, Bahrami S, Hernandez-Quevedo C and Mladovsky P., *France: Health system review. Health System in Transition,* 12（6）, 2010, 1-291.
CSA（https://www.service-public.fr/professionnels-entreprises/vosdroits/F32872）．
CSG（https://www.service-public.fr/particuliers/vosdroits/N17580）．
EHPAD（http://www.pour-les-personnes-agees.gouv.fr/choisir-un-hebergement/vivre-dans-un-etablissement-medicalise/les-ehpad）．
Sicart D., "Les professions de santé Au ler janvier 2013", SÉRIE STATISTIQUES, No.183, 2013.
磯部文雄「第 2 章　医療サービス」府川哲夫・磯部文雄『保健医療福祉行政論』ミネルヴァ書房、2017 年、pp.23-72。
医療経済研究機構『フランス医療関連データ集　2011 年版』2012 年。
株式会社キャンサースキャン「第 7 章　フランスの訪問看護制度」『諸外国における訪問看護制度についての調査研究事業　報告書』平成 25 年度厚生労働省老人保健事業推進費等補助金老人保健健康増進等事業、2014 年 3 月、pp.68-79。

小磯明『高齢者医療と介護看護――住まいと地域ケア』御茶の水書房、2016年。
厚生労働省「第1回看護職需給見通しに関する検討会資料『看護職員の現状と推移』」平成26年12月1日付け資料、2014年、p.3。
小西洋平「訳者解題　現代フランスの共済組合と補足的医療保険制度」ドレフェス，ミシェル／深澤敦・小西洋平訳『フランスの共済組合　今や接近可能な歴史』晃洋書房、2017年、pp.151-171。
篠田道子「特集：地域包括ケアシステムをめぐる国際動向　フランスにおける医療・介護ケアシステムの動向――在宅入院制度による集中的ケアマネジメントを中心に――」『海外社会保障研究』No.162、国立社会保障・人口問題研究所、Spring 2008年、pp.29-42。
篠田道子「特集：医師・看護師の養成と役割分担に関する国際比較　フランスにおける医師と看護師の役割分担――看護師の『固有の役割』を中心に――」『海外社会保障研究』No.174、国立社会保障・人口問題研究所、Spring 2011年、pp.30-41。
篠田道子「特集：超少子高齢社会における医療・介護のあり方　医療・介護ニーズの質的変化と地域包括ケアへの取り組み――フランスの事例から――」『社会保障研究』Vol.1、No.3、国立社会保障・人口問題研究所、2016年、pp.539-551。
シルバー新報「フランスの高齢者ケア事情」『シルバー新報』環境新聞社、2003年8月8日号。
働き方改革実現会議「働き方改革実行計画」2017年3月28日（http://www.kantei.go.jp/jp/singi/hatarakikata/）。
藤森宮子「日仏比較の視点から見る――フランスの介護職と人材育成政策」『京都女子大学現代研究』第13号、京都女子大学現代社会学部、2010年、pp.73-88（http://ponto.cs.kyoto-wu.ac.jp/bulletin/13/fujimori.pdf）。
松田晋哉「フランスの要介護高齢者対策（下）」『社会保険旬報』No.2080、社会保険研究所、2000年、pp.10-15。
松田晋哉「フランスにおける医療と介護の機能分担と連携」『海外社会保障研究』No.156、国立社会保障・人口問題研究所、2006年、pp.45-58。
森岡孝二「この『改革』で過労死はなくならない」『世界』2017年11月号、岩波書店、pp.153-161。
労働政策研究・研修機構『JILPT資料シリーズ　欧州諸外国における介護分野に従事する外国人労働者――ドイツ、イタリア、スウェーデン、イギリス、フランス5カ国調査――』No.139、2014年5月。

第3章

フランスの在宅入院制度に関する研究

在宅入院全国連盟（FNEHAD）の活動と課題

第1節　在宅入院制度の概要

1. 在宅入院制度の歴史

　フランスにおける在宅入院制度（L'hospitalisation à domicile, HAD）の歴史は古く、アメリカ・ニューヨークのモンテフィオーリ病院のブルーストーヌ医師が実施していた在宅入院と呼ばれるプログラムを自国に導入した1951年、結核在宅療養制度の時代にパリで誕生した制度である。この制度は、英国のHCH（hospital care at home）やオーストラリアのHITH（hospital in the home）と同様で、その目的もまた利用者にとって快適な空間である在宅において、病院と同等の質の高いケアの提供を保障することとされている。

　HADの対象患者は、ポストアキュート期（亜急性期）にあるとされ、HADによるサービス提供によって症状が安定すると「退院」し、自宅療養へと移行していく。このような患者に対して、HADが提供するケアには、主に3つの種類がある。それは、①回復できない患者に対する断続的な苦痛緩和治療（患者が死亡するまで提供可能）、②完全に回復する、あるいは改善できると思われる患者に対するリハビリテーションケア、③短期間にわたって一時的に提供されているが、特殊な技術を必要とする治療である。

　HADとは、1970年12月31日病院法によって導入されたもので、HADの当初の目的は、癌患者の急性期以後の医療を在宅で行うことで入院期間を

短縮し、癌治療の入院待ち患者数の減少と医療費の適正化を図ることであった。

その後、1986年5月12日保健省通達により、精神患者を除くすべての急性期以後の患者がHADの対象となり、1991年には病院の代替的な制度として位置付けられた。そして、2000年5月30日の雇用連帯省通達(以下「通達」)によって基本的な枠組みが定められて、入院制度の1つとして認められた。

フランス政府はHADの推進に積極的で、2000年の4,000床を8,000床まで増やす計画をしていた。そのためかつては1床のHAD創設は2床の一般病床閉鎖を必要としていたが、そのような規定が現在は廃止されている(松田晋哉 2015)。たとえば、2005年調査時には、パリ公立病院所属在宅入院機関では、当時820床であった在宅入院を2009年までに1,200床に増やすようにという目標値が示されていた(小磯明 2016：351)。奥田七峰子によると、「2006年のインフルエンザ・パンデミー・シミュレーションの際、従来の病院入院よりもフレキシブルな増床プランが可能であることが立証された」。また、「地域によっては、HADの周産期部門が、産科医師不足に応える形」となっていた(奥田 2008)。

周産期在宅入院医療について、2004年2月4日通達が出され、周産期における医療機関での入院に替わって在宅での高度医療を、保健省は推奨していた(奥田 2007)。

2. 在宅入院制度の定義

通達では「HADとは、患者・家族の同意のもと、病院勤務医および開業医により処方される患者の居宅における入院である。あらかじめ限定された期間に(ただし、患者の状態に合わせて更新可能)、医師およびコ・メディカル職のコーディネートにより、継続性を要する治療を居宅で提供されるサービス」と定義されている。

しかし、その他でも、奥田(2004)は「国の入院回避あるいは在院日数短縮化政策と、利用者側のQOL(Quality of life)の向上という両者の利が合致して生まれた『在宅高度医療』である」と述べている。また真野俊樹(2011)は、「フランス語で『自宅での入院』の意味である。この在宅入院は様々な

疾患を持つ急性期の患者を、HAD の医師等がコーディネートして多職種による最善の医療を受けさせるというもので、入院に数えられている」と述べている。さらに、篠田道子（2008）は、「患者の居宅を病床とみなし、医療ニーズの高い退院患者に対し、在宅入院期間が病院の医療チームと個人開業者との協働で、退院後も入院と同じレベルの医療サービスを提供するものである」と述べている。HAD の定義は、通達の通りであるが、実態としては奥田、真野、篠田の言う通りである。

　HAD は、医療ニーズの高い退院患者に対して、在宅入院機関が病院チームと地域の個人開業者と三つ巴の連携をしながら、在宅ケアへ軟着陸させるシステムであり、多職種チーム同士による集中的ケアマネジメントである。在宅入院機関は病診連携に中核的役割を担い、個人開業者らとの関係を強化し、家庭復帰を支援する。在宅入院の目的は、在院日数を短縮し、再入院を回避しつつ、患者の在宅生活を支援するものである。精神科を除くあらゆる診療科を対象とする。公立病院協会傘下の急性期病院は、在宅入院機関の支部を併設することが義務づけられ、地方健康庁（Agence Régionale de Santé, ARS）[1]は、病院の入院を代替する在宅入院をより一層発展させるよう通達している。

3. 本章の構成

　筆者は、2005 年 11 月に、パリ公立病院所属在宅入院機関を訪問し、拙著『高齢者医療と介護看護』（2016 年）で紹介している。あれから本書執筆の 2018 年 11 月時点で 13 年が経過した。2016 年 10 月に訪問したフランス・パリでの在宅高齢者ケア調査では、11 年ぶりに在宅入院全国連盟（Fédération Nationale des Établissements d'Hospitalisation à domicile, FNEHAD）について学ぶ機会を得た。在宅入院サービス最大手のサンテ・セルヴィス（Foundation Santé-Service）では 1 日コースの講習を受け、デリバリーシステムの視察を行った。在宅入院全国連盟については、ノアレ, ニコラ（Noiriel, Nicolas）連盟代表から説明を受けた。

　本章は、現地で得られた知見と帰国後の文献調査を踏まえて、在宅入院制度（HAD）の概要と議論の整理、課題の設定を行う。次に、調査結果として、フランスの在宅入院全国連盟の活動と課題について述べる。最後に、考察として、現地調査での疑問、在宅入院の効果、フランスの在宅入院制度の日本

への導入の可能性、そして結論を述べる。

第2節　在宅入院制度の概要と議論の整理

1. 在宅入院制度の概要
（1）HADの人員
　対象疾患の重篤性から、利用者の自己負担はゼロ、100％保険となる（在宅入院に導入される患者のケアが、在宅ケモ、周産期ケア等、フランスでは自己負担ゼロの疾患群のため）。HAD側は、病院での入院治療と同じ点数を保険請求する。純粋な医療費は同額であるが、病院という建物に関する諸費用が発生しない。より正確にいうと、「公的医療保険が80％負担し、患者負担は20％であり、これに加えて入院定額給付金（18ユーロ／日）がかかる。ただし、特定長期疾病については患者の自己負担はない。また、在宅入院の範囲で行われるかかりつけ医や専門医の報酬、薬剤費、在宅入院に関する検査費用などについては、それらの費用を前払いすることなく事後的に支払うこととされており、第三者支払方式を採用している」（片桐由喜2015）。

　HADの根拠法を示すと、「公衆衛生法典　L.第6121条-1, 2、R.第6121条-4、R.第3122-38、D.第6121条-8、D.第6124条-306」（奥田2008）である。

　在宅入院サービスは在宅入院組織により提供される。多くの場合、在宅入院組織は病院組織の一部として組織されており、Médecin coordonnateur（調整担当医師またはコーディネート・ドクター）と看護師、理学療法士、作業療法士、栄養士、薬剤師、臨床心理士、ソーシャルワーカーなど多職種から構成されている。医療チームは、医師、看護師、ソーシャルワーカー、薬剤師、理学療法士、作業療法士、看護助手、介護員、心理療法士など多職種で構成されている。

　公衆衛生法典では、HADの人員基準を次のように定めている。「HADの職員は、組織と契約を交わした者であるが、同じく契約を交わした個人開業医であってもよい。患者6名に対し、最低1名以上の常勤者を配置すること（ただし、この最低人員基準には、介護士またはリハビリスタッフを含めない）。

第3章　フランスの在宅入院制度に関する研究

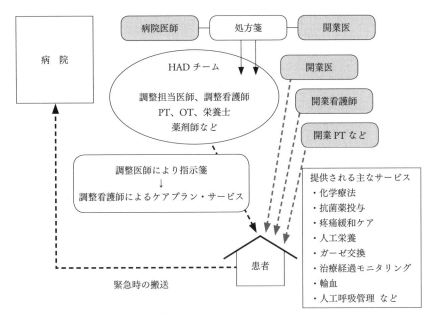

（出所）松田晋哉（2015）を参考に作成。

図3-1　フランスの在宅入院制度（HAD）

医師を除く全職員の半数以上は看護師資格保持者でなければならない。さらに、30床以上の許可を受けた組織は、管理看護師1名以上を配置すること」（篠田 2010）。

そして、フランスの在宅入院制度の概要を示すと、図3-1のようになる。提供される主なサービスも図3-1に示した通りである。HADにおいて中心的な役割を果たしているのは、調整担当医師（またはコーディネート・ドクター）と Infirmière coordinatrice（調整看護師または管理看護師）である。

（2）調整担当医師（またはコーディネート・ドクター）と調整看護師（または管理看護師）、病院勤務医による積極的関与

調整担当医師（またはコーディネート・ドクター）は、病院勤務医またはかかりつけ医から提出された治療方針をもとに、雇用連帯省通達にもとづい

て在宅入院の適応について検討する。HADの入院患者の医学的アセスメントに関与し、チームアプローチに協力する。サービス実施中は、病院勤務医とかかりつけ医との連携が義務付けられている。調整看護師（または管理看護師）は、日本のケアマネジャーに相当する役割を担う。ソーシャルワーカーとともに居宅を訪問しアセスメントを実施する。医師（病院勤務医またはかかりつけ医）の処方にもとづいてケアプランを作成する。患者・家族の同意を得てサービスの調整を行う。詳細な個別プラン（リハビリテーション計画や疼痛コントロール計画など）については、担当の職種が作成する。本人・家族、医師、コ・メディカルの調整役である。また、高齢者自助手当（Allocation Personnalisée d'Autonomie, APA）[2]が併給されている人については、開業看護師や介護サービス事業者と連携をとり、医療と介護が一体的に提供できるように調整する（篠田 2010）。

　調整担当医師になるには医学部を卒業し、医師としての初期研修を終えた後、大学で1年間の教育を受け大学ディプロマを取得しなければならない。現在、このディプロマを出しているのはパリ大学とグルノーブル大学の2カ所である（松田 2015）。他方、調整担当看護師になるための資格は現時点で特に定められていないが、その研修の制度化に向けて検討が行われている。

　フランスでも病院勤務医の病院連携や在宅医療への関与が低く、退院支援はHADに任せる傾向がみられた。しかし、前述した通達には病院勤務医の責務が明文化され、病診連携への積極的関与が義務付けられている。通達内容は次の通りである（篠田 2010）。

・在宅入院関連業務担当医師を病院組織から選出する。
・在宅入院コーディネート医師への情報提供、協力、連携を行う。
・在宅入院スタッフと共同で、治療方針、ケアプランを作成する。
・入院時および再入院時の患者のフォローを行う。
・癌、心疾患、神経疾患等の専門的治療について意見を述べる。
・プロトコールの指導。
・かかりつけ医、在宅入院スタッフへの教育。

(3) 在宅入院実施の手続き

　在宅入院を実施する手続きは次の通りである。まず、開業医および病院医

師から調整担当医師に在宅入院の処方箋が送られる。調整担当医師は患者の状況を分析した後、在宅入院の対象になると判断した場合、在宅入院の調整を行う。パリ公立病院協会の場合は、調整担当医師の指示箋を受けて調整看護師はHADが必要となる患者に対して、在宅入院のケアプラン作成、入院時からの退院調整、他の在宅サービスの調整、患者や患者家族の相談などを行う。

　在宅入院制度は検査前在宅入院（HAD a priori）と検査後在宅入院（HAD a posteriori）に区分される。前者の典型例としてはハイリスク妊婦を対象としたものがある。この場合、患者の在宅にモニター機器が持ち込まれ、それを遠隔で病院の医師・看護師が監視する。そして、リスクが高いと判断されたら通常入院になるというシステムである。後者は手術後の管理や癌患者の在宅化学療法、脳梗塞後の在宅リハビリなどを多職種の協働のもとで行う。現在、約50％の在宅入院は病院に所属する在宅入院部門によって提供されているが、残りの半分は非営利組織の独立した在宅入院事業者（ベッドを持たない）によって提供されている。

　HADは入院医療の一環であり、その病床数は地方医療計画（Schéma régional d'organisation sanitaire, SROS）によって規定されている。予定されたレベルまで病状が回復し、「入院医療」が必要ないレベルになると「退院」し、その後は必要に応じて開業医や開業看護師の往診や高齢者自助手当（APA）による在宅介護サービスを受けることになる。

2. 在宅入院制度をめぐる議論
（1）医療ニーズの高い患者を在宅で受ける

　宮島俊彦（2016）は、「これから急速に高齢化が進む日本の都市部、特に首都圏では、入院需要が増えてくるので、平均在院日数を短縮していくしかない。そうなると、当然、退院高齢者について、地域での受け皿が必要になる。それでは、在宅サービスで受けられるかとなると、介護サービス中心に組み立てられてきた今の在宅サービスでは、医療ニーズが高い退院患者を受け入れることは困難である。また、退院直後の重度者の在宅は24時間の訪問看護・介護サービスでないと支えられないが、今の在宅サービスでは対応できない」と明確に述べている。そして「フランスのような在宅入院制度が

あれば、少なくとも退院後1か月ぐらいは、居宅での継続的な療養生活も可能になる。そして、その間に、病状が安定し、要介護度も下がってくれば、通常の在宅での看護・介護サービスに移行する。また、重度者については、24時間訪問看護・介護サービスや小規模多機能サービスを検討する。いよいよ在宅が無理だとなったら、特養ホームなどの施設を検討するといった段階的な選択が可能になる」と述べ、選択肢が増えることを良しとしている。

善生まり子（2011）は、「わが国に、フランスのHADのような機関を単純に導入することは、困難であり、論外であると考えるが、入院施設から在宅移行に係る退院調整機能の充実には、看護師と社会福祉士の配置にとどまらず、HADのような組織図を描くことも必要ではないか」と、やはり選択肢の一つとすることもあり得ると提案している。

(2) 在宅生活へ軟着陸させるシステム

篠田（2010）は、「フランスでは長期入院を回避するシステムとして、在宅入院制度が効果をあげている。この制度の特徴は、病院チーム、在宅入院チーム、個人開業者による三つ巴連携により、退院を促進し、在宅生活へと軟着陸させるシステムである」。「特に医師同士の連携で、HADのコーディネート医師が果たす役割は大きい。入院から退院まで継続して関わり、さらにHADの利用期間中も病診連携の要として調整機能を発揮する」「病院勤務医の責任が明文化され、在宅入院関連業務担当医師を選出する、在宅入院スタッフと共同で治療方針やケアプランを作成するなど、病診連携への積極的な関与を義務付けている」と述べている。

また篠田（2008）は、「在宅入院制度を活用して、医療ニーズの高い患者への集中的ケアマネジメントや重層的な訪問看護により、在院日数を短縮化しつつ質の高い在宅支援を提供している」。「在宅入院制度に代表される、医療ニーズの高い患者への多職種・多機関の集中的ケアマネジメントや、重層的な訪問看護について、フランスならではの特徴があり、わが国への示唆に富んでいる」と述べ、「医療に特化したサービスを短期間集中的に提供し、早めに介護サービスに移行して在宅生活を長く続けてもらい、医療費を削減するのが政府のねらいである」と指摘している。

フランスでは、変化した医療・介護ニーズに対応するため「高齢化社会適

用法」が策定され、介護資格制度の再編が起こっている。地域包括ケアに舵を切ったことで、在宅入院をネットワークとして位置付けるなど、場所や制度を越えてサービスを提供する仕組みを整えている。しかしHADの利用が伸び悩んでいることを篠田は指摘している（篠田2016）。

（3）先を見越した在宅医療・介護システムを検討

松田（2009）は「現在増加している在宅医療の対象者の多くは診療所ベースの外来医療からの移行ではなく、病院の入院医療から在宅に移ってきている」と、病院の医療を在宅で引き継いでいる現状の見直しと、新しい在宅医療の基盤整備のための対策として、英仏の在宅入院制度の日本への導入可能性および必要性を示唆している。松田は、英仏の「入院医療の在宅導入（在宅入院）に関する効果検証」について、海外では「医療費適正化効果」等の経済効果は一定の結論が得られていないが、すでに「臨床的効果」「患者のQOLの視点」の2点については効果検証済であることを指摘している。松田の結論は、「在宅死の必然性を問われた時に、自宅でも十分な医療や介護が受けられるよう、開業看護師のような活動と、HADのように、柔軟かつ融通性をもって、サービス対象者の自宅を病床に置き換える等、発想の転換と先を見こした在宅医療・介護システムを検討していくことが求められていると考える」。さらに松田は、「今後医療ニーズの高い高齢者の在宅医療のニーズが増大する」ことから、「日本の地域包括ケア病棟は、将来的にこのような在宅入院サービスを行うべきである」と、一歩進めた考えを述べている（松田2015）。

（4）在宅療養環境の整備

筒井孝子（2015）は、在宅で病院と同程度の医療の質を担保し、患者を管理するという病院入院の代替としての機能を果たすフランスの在宅入院制度（HAD）の概要を紹介し、日本の地域包括ケアシステムにおける大きな課題である在宅療養環境の整備について考察するとともに、同システムの進展における看護職への期待を提示している。また筒井らは、これまで日本で紹介されることがなかった、実際にこのHADを運営してきたディジョン（Dijion）[3]のFEDOSAD（Fédération Dijonnaise des Œuvres de Soutien à Domicile）とい

う組織における地域での取り組みを紹介している。Dijion 市で創設された FEDOSAD は、地域の専門家と国、地方、県レベルの機関からの支援を受け、在宅ケアという、いわばベンチャー産業に挑んだ組織体である。HAD FEDOSAD 21 事業体の創設当時から、これまで直面してきた問題点、幸運な出来事、関係のある様々な専門家、プラクティスを定義する文書や、フランスにおけるこれらの制度の限界を紹介している（Terrade O, Tsutui T, and Cottencin A, 2012）。

（5）おおむね導入に前向きの議論

以上のように、主な先行研究をみると、国内の論者はおおむね前向きにわが国に導入する方向で在宅入院制度を肯定的に論じている。たとえば、篠田が述べているような、政府のねらいである医療費削減のために、長期入院を回避するシステムとして、在宅入院制度の効果をあげている。しかしこのことは、後述するように筆者らの調査では、医療費削減効果は確認できなかった。それどころか、多職種・多機関の集中的ケアマネジメントや、重層的な訪問看護について、フランスならではの特徴は認めつつも、多くのケースでうまく機能しているとは考えられず、課題が多く見てとれた。

宮島がいうように、在宅入院制度を選択肢の 1 つとすることを良しとしている点は一考に値するが、善生が指摘するように、「わが国に、フランスの HAD のような機関を単純に導入することは、困難であり、論外であると考えるが、入院施設から在宅移行に係る退院調整機能の充実には、看護師と社会福祉士の配置にとどまらず、HAD のような組織図を描くことも必要ではないかと考える」とは、在宅入院制度の改良を示唆している。

研究方法は松田を除き、パリ市等の在宅入院サービス提供組織の事例研究がほとんどであり、特段有効なエビデンスを得ているとは考えられない。そして、在宅入院制度を明確に否定する研究は見当たらない。

3. 本章の目的

本章は、以上の先行研究の議論を踏まえて、やはり事例研究ではあるが、ノアレ, ニコラ連盟代表のプレゼンテーションから、HAD が国の中でどのように活動しているかについて、述べることである。フェデレーション・ナ

ショナル＝全国連盟という組織について、次に、これからの政策の方向性について、最後に将来の展望の改善点等について、報告する。

　本章のテーマが「在宅入院制度に関する研究」としている点は、在宅入院制度の日本への改良導入を目的とするよりも、在宅入院制度とはどのような仕組みなのか、問題点は何か等、検討する機会とすることを狙いとしている。

　地域包括ケアシステムがわが国の方針として位置付けられ、平均在院日数の短縮化と在宅への復帰が至上命題化する中で、フランスの在宅入院制度がにわかにクローズアップされてきているようである。それは、病院退院後の患者の在宅復帰問題が背景にあることは論を俟たない。何らかの改善の必要性を感じている。この課題に対して、フランスの在宅入院制度から示唆を得ることは可能と考える。

第3節　在宅入院全国連盟（FNEHAD）

1．フランスの在宅入院全国連盟の活動と課題
（1）組織形態と活動

　Fédération Nationale des Établissements d'Hospitalisation à domicile（FNEHAD）は、在宅入院全国連盟である。フランス全国に在宅入院組織は色々あるが、1973年に創設され、それらを総括した組織である。フランス全国に300の組織が在宅入院という名前であり、その内の250がFNEHADの傘下に入っている。FNEHADへの加盟は義務ではない。在宅に特化した連盟はFNEHADだけだが、公立病院協会や私立病院協会、そして私立非営利病院協会といった医療ロビーがあり、5大ロビーといわれている。FNEHADに加盟していない50の組織は、どこの傘下にも入っていないかもしれないし、他の組織に入っているかもしれない。

　HADには、パブリック（secteur public）もあるが、プライベートのNPO（secteur privé à but non lucratif（don't espic））と営利の組織（secteur privé commercial）もある。つまり、パブリック、NPO、営利組織の3つがある。小さいHADはFNEHADに加入していないが、ほとんどの組織がFNEHADに加入している。2015年では組織全体の41％がパブリックであり、

表 3-1　HAD の組織形態と活動量（2015 年）

(N＝308)

	パブリック	NPO	営利組織	計
組織形態	41%	41%	18%	100%
活 動 量	26%	61%	13%	100%

（資料）FNEHAD, 2016, p.45.

表 3-2　HAD の組織形態の推移（2007〜2015 年）

	2007 (N=204)	2008 (N=231)	2009 (N=271)	2010 (N=292)	2011 (N=302)	2012 (N=317)	2013 (N=311)	2014 (N=309)	2015 (N=308)
営利の組織 （secteur privê commercial）	10%	11%	13%	15%	16%	18%	17%	17%	18%
プライベートの NPO（secteur privê à but non lucratif（don't espic））	44%	42%	43%	43%	42%	40%	42%	42%	41%
パブリック （secteur public）	46%	47%	44%	42%	42%	42%	41%	41%	41%

（資料）FNEHAD, 2016, pp.43-45.

アクティビティ（活動）は 26％である。NPO 組織も 41％であり、アクティビティは 61％である。そして営利組織が 18％であり、活動量でいうと全体の 13％となっている（表 3-1）。ちなみに、2007 年以降 2015 年までのそれぞれの構成割合の推移は表 3-2 の通りである。営利の組織は 9 年間で 8 ポイント増加し、NPO（非営利）は 3 ポイント減少し、パブリックは 5 ポイント減少した（FNEHAD 2016：43-45）。

　FNEHAD は、政府への、あるいは同業者へのロビー活動を行っている。政策側である厚生省（Ministère des Affaires sociales et de la Santé, 健康問題、および政府の社会政策の実施を担当）との交渉や診療報酬を改善して欲しいなどのロビー活動をしている。次に HAD として、医療職者だけでなく、病

院や患者団体など、一般の多くの人に向けて広く知らしめる意味でのロビー活動をしている。パリ市本部だけでなく、地方にも支部を置いており、地方でもそういった活動を行っている。そして何よりの強みは、フェデレーション＝連盟であることによって、持っている知識、技術、ノウハウをお互いに教え合う研修の場（プラットフォーム）ともなっている。病院の優れた取り組み（Good Practice, グッド・プラクティス）とは異なった在宅入院ならではのグッド・プラクティスの研修を行っている。インターナショナル HAD が「在宅入院協会の日」（在宅入院デー）を 12 月 7 日に設定し、ミーティングや勉強会を開催している。

　HAD というのはベッドの場所が、病院ではなく、患者宅のベッドになるということである。その間は患者が家で入院するわけである。入院という言葉に違和感を覚えるのが普通であろうが、家のベッドに入っている期間が当然決まっている。ずっと家にいることから、感覚が麻痺するかもしれないが、退院という日もあるわけである。「ここで終わります」と言う日が退院をする日である。このように入院の入口も出口もある。それからメディカルとコ・メディカルの両方をコーディネーションする。コーディネートされたメディカルとコ・メディカルの行為が在宅で行われる。

(2) 在宅入院の目的

　フランスでは、在宅訪問看護師のほか、リハビリなどの開業コ・メディカルが活躍している。そういった看護師を含むコ・メディカルが個別に提供する看護行為ではできない高度な技術と頻回なケアを必要とするのが在宅入院である。在宅入院の目的は、入院を回避する、または入院期間を短くすることである。グローバルなケアであり、医療的、看護学的なことだけではなく、もっと社会的な、患者の置かれた環境なども、色々な観点からケアする。

　訪問看護師や訪問介護士がやっていることも HAD の仕事であるというのは、最も誤解されやすい点である。HAD はあくまでも病院でしか行われない技術が在宅で行われることなので、予期せず発生してしまうことはあるかもしれないが、少なくともそれ以外必要がない人のところには行かない。つまり HAD の対象ではない。退院患者の 1% が HAD の対象患者である。

　在院日数を短くすることが HAD の一番の目的であり、退院の受け皿とな

ることである。次の目的は高齢者の治療であり、成人なら入院するかもしれないが、かなりの高齢なら家でという方向になりがちであり、HAD に向いている。高齢者のターミナルケアも、やはり一般成人のターミナルケアと異なるので、やはり HAD に向いている。

　HAD にはロジスティックのサポートが必要である[4]。とても訪問看護師や訪問介護士ではできると考えられず、やはり HAD でなければできない、そのような患者が HAD の対象になる。あるいは、超急性期が終わった後、24時間サーベイは必要なくなる。MRI や CT スキャナの撮影が必要なくなったときには在宅でいいので、病院から退院する。在宅に変わるとき、しかし病院の治療が必要なときに HAD に行く。ちなみに HAD を利用する患者の平均年齢は、全国でみると60歳である。

　繰り返して言うと、HAD は高齢者介護ではない。たとえば酸素を運ぶためのエア・リキード社（AIR LIQUIDE：世界シェア第1位の産業ガスの大手メーカー）がある。あくまでもマテリアルに限った家庭環境を整えるサービスはするが、これも HAD の仕事ではない。それは必要があれば手配はするが、それが競合するような患者ではない。非常に長く、そして頻回に介入しなければいけないようなケア、それは色々な多職種が連携してコーディネートされないといけないものである。

　ガーゼ交換でも30分以上かかるガーゼ交換がある。ナーシングでも2時間以上かかるナーシングがある。そういったものは HAD の対象である。テクニックや技術性の高いもの、たとえば、負圧をかけてのガーゼ交換や消化器系のアスピレーション（吸引）、新生児期、周産期、集中的なリハビリテーション、ケモテラピー、ペインコントロール、複雑な人工栄養、またはメディカルなことではなくソーシャル面でみなければいけないものである。看護師、リハ士、栄養士、臨床心理士、ソーシャルワーカー、こういった人たちも必要になってくる。病院に行くとみんな揃っているが、看護師だけだと、そういった人たちへの連絡がおろそかになる。

（3）患者の軌跡と平均在院日数・割合
①患者の軌跡
　頻回介入といっても、ものすごく急変期や進行期には、かなり呼ばれっぱ

なしになる。訪問看護師ではどうしても対応しきれなくなってしまう。それがHADなら色々な医療者がくることで何とかなる。24時間365日、何らかのケアが必要な患者もやはりHADの対象になる。

それから病院仕様に特定された薬がある。抗癌剤や劇薬、麻薬類といったものは街の薬局では買えない。たとえばポンプモルヒネ（Patient Controlled Analgesia, PCA, 自己調節鎮痛法）を使うのがHADである。

患者がどこからくるかというと、自宅からかかりつけ医の紹介でくるのが31％である。これは、いわゆる入院回避のほうである。次に、69％の患者が病院からの紹介で退院してくる。これは在院日数が短くなるので早期退院の場合である。そしてここで在宅入院に入り退院する。退院するとどこに行くかというと、自宅でそのまま在宅維持ができる場合（55％）、入院しなければならない場合も出てくる（34％）。そして自宅で亡くなるケースが11％である。11％の亡くなる患者はターミナルケアである[5]（図3-2）。

年齢は新生児から高齢者まで問わない。何歳でも在宅入院することができる。平均は60歳だが乳幼児、小児、成人、高齢者もいる。そして疾患が重篤な疾患であること、急性期であること、あるいは慢性期であること、いずれにしてもかなりの技術やコーディネーションが必要な重度の病気であること、そして家やアパートメントだけではなく老人ホームでもよい。高齢者施設、あるいは障害者の社会医療施設、そういったところも当該患者にとっての自宅であればそこに訪問する。

これは、「2007年からは、高齢者施設や高齢者住宅に入居している人もHADのサービスを利用できるようにするなど、対象者や利用要件を緩和し、在宅ケアを支えているからである」（篠田 2016）。

② HADの平均在院日数・割合

2012年の平均在院日数は25.2日（ただし、産後ケアおよびハイリスク新生児ケアを除いた場合は29.4日）である。これは2009年の23.7日（同28.5日）と比較すると、長期化している。その理由は、対象患者の高齢化と重度化のため、在宅看護・介護への移行に時間と手間がかかっているためである。在院日数割合は、10日未満が全体の51％を占めている。10日未満の主なサービスには、輸血や産後ケアなどが含まれている。次いで10日以上〜20日

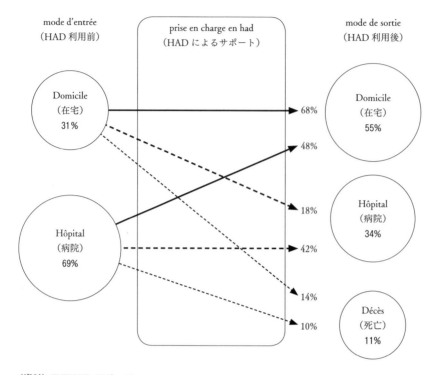

（資料）FNEHAD, 2016, p.53.
（出所）Fédération Nationale des Établissements d'HAD（FNEHAD），12 octobre 2016.

図 3-2　La trajectire des patients en HAD（患者の軌跡）

未満の 17% である。一方で、神経難病のリハビリテーションなどは 1 カ月以上の在院日数を要するなど、疾病やサービスによって差が大きくなっている（篠田 2016）。

2.　HAD の設置状況
(1) フランス全土
　HAD は、フランス全国津々浦々をカバーしている。地域をみると、医療過疎地と人口密度の低い地域もある。そういうところでも、HAD は十分に存在していて利益が出ている。HAD を 1 つ設置すると、そこにある程度の

患者が行くことによって、そのHADを経営している人たちも存続できる。

　ミニマムでも人口10万人当たり10人である。これでも何とか経営していけるそうである。マルティニーク（Martinique）[6]は10人、フランス東部のアルザス（Alsace）地方[7]も小さくて12人である。一方、海外県のグアドループ（Guadeloupe）[8]は人口10万人当たり81人、ギュイヤンヌ（Guyane）[9]は59人、コルシカ（Corse）[10]は28人、アキテーヌ地方（Aquitaine）[11]は27人など、大きいところもある。国内で大きいのはコルシカとアキテーヌである。グアドループの81は大きい数字なので驚くが、島に1つしか病院がない。グアドループはけっこう大きい島である。それから島民の風土として在宅志向があり、「病気になったときは在宅で」が定着している。病院にあまり行く環境にない、または敷居が高い。

　在宅入院は病院なので、当然認可が必要である。患者の自宅なので勝手に広げられるわけではなく、国からの認可をもらってはじめて設置できるので、人口が少ないところには認可を与えない。むやみに認可を与えてしまうと、一つひとつのHADが生きていけなくなる。耐えられなくなるような地域では認可をださない。北にある地方で、最大限頑張っているところは何をしているかというと、大きい病院が1つある。その大きい病院に6つのHADがあり、6つのHADが共倒れしないように、あるいは小さなHADが生き残れるように、6つでひとつの退院支援窓口を共同経営している。そして、そこには民間もあれば公立もあるが、ひとつにすることで患者をうまく配分している。

（2）パリ市内

　パリ市内のHADは3つの大手しかない。大きいところがあれば小さいところは明らかに勝てない。3つのシェアは99％である。クロワ・サン・シモン（Croix Saint-Simon）、サンテ・セルヴィス（Santé-Service）とパリ公立病院協会（Assistance publique-Hôpitaux de Paris, APHP）HADの3つである。パリで小さなHADができてしまうとやはり生きのびられない。ベアラブル（bearable, 耐えられる）でなくなってしまう。

　たとえば、田舎や山岳地方の人、あるいは1日当たりの料金よりも高くついてしまう治療が必要な患者がいたとする。そういう患者を断ることがない

ように、FNEHADは色々な活動をしている。しかし診療報酬は一律である。

　許認可で開設をコントロールするのは、病院のベッドを医療計画でコントロールするのと同じことである。現在ARSは、公立病院は病床数ではコントロールされておらず、活動量でコントロールされていて、同じロジックである。まったくの民間であれば通常自由のはずだが、それもコントロールされている。HADに限らず病院も開業もコントロールされている。

(3) Certification（認定）

　HADは家庭で入院するが、病院と同じ扱いである。許認可は病院と同じARSの認定が必要になる。たとえば、ベッドを設置するときに必ずARSからの認可が必要となる。次に第三者評価機構からのサーティフィケーション（CERTIFICATION）が必要になる。それがHAS（Haute Autorité de Santé、高等保健機構）である。

　HASは、2004年8月13日の法律により、2005年1月1日に設立された機関である。HASの法的位置付けや役割等は、社会保障法典（Code de la sécurité sociale）の第6部（給付及び治療に関する規定—医学的統制—社会的給付に対する監視）の第1章の2（HAS：高等保健機構）に規定されている（L161-37条〜L161-46条）。HASは法人格を与えられた科学的な性格を有する独立の公的機関であり、医療の質と効率性を確保するための中心的な役割を担っている。HASはジュペプラン[12]のもとで設立された「ANAES (agence nationale d'accréditation et D'évaluation en santé、全国医療評価機構)」の役割を継承し、その役割を拡大した組織ともいえる。HASは、すべての患者・利用者が、可能な限り効果的で安全かつ効率的な医療に、公平かつ持続的にアクセスできるよう、医療製品（医薬品・医療材料）や診療行為、医療・公衆衛生の組織を評価する役割を担っている（健康保険組合連合会 2014：22）。HASは、イギリスのNICE（National Institute for Health and Clinical Excellence）に似ている。

　第三者評価機構（HAS）からのCertification（認定）はRecommendation（推薦）ありの要観察という経過もあるが、だいたい通っている（図3-3）。1％だけサーティフィケーションが却下された（NON-CERTIFICATION）。
　無条件認定（CERTIFICATION SANS RECOMMANDATIONS）（39％）

第 3 章　フランスの在宅入院制度に関する研究

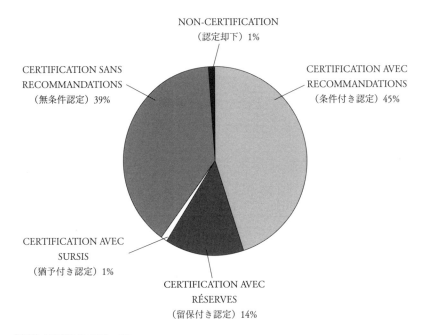

（資料）FNEHAD, 2016, p.57.
（出所）Fédération Nationale des Établissements d'HAD（FNEHAD），12 octobre 2016.

図 3-3　NIVEAUX DE CERTIFICATION V2010 APRÉS DÉCISION FINALE DES 85 ÉTABLISSMENTS D'HAD AUTONOME
（2010 年度 HAD 所管病院施設認定比率）

の有効期間は 4 年以内である。条件付き認定（CERTIFICATION AVEC RECOMMANDATIONS）（45％）は、病院は条件（勧告）の実現に取り組む努力をする。認定期間は 4 年以内である。留保付き認定（CERTIFICATION AVEC RÉSERVES）（14％）は、留保条件あるいは複数の条件付きの認定である。3 カ月から 12 カ月以内に結果書類を提出する。猶予付き認定却下（CERTIFICATION AVEC SURSIS）（1％）は、病院が受け入れできない状態であるため、HAS はその他の受け入れ病院を他の地方などで探す。

3. 在宅での院内感染とアセスメント
(1) 在宅での院内感染

在宅で院内感染をどうとらえるのか。スタッフが介入するときに菌をもってくる。それが同定できる。もともとなかったものが出てきたらそういうことである。

院内感染の結果表（表3-3）について説明すると、カテゴリーごとに、HADと施設はAからEの5つのパフォーマンスクラスに分けられる。ただしインディケーター（指標）が非該当は、HADだけのスコアである。クラスAは最高スコア（得点）をもつHADと施設で構成されている。この指標は良好な状況にある。同様に、クラスEは最低スコアをもつHADと施設で構成されており、この指標は良好でない（悪い）状況にある。クラスB、C、Dは、中間的な状況にあるということである。このようにA〜Eまでスコア（得点）でランク付けし、客観化して指標化している。DIはdonnées insuffisantes（不十分なデータ）である。そして、effectifは「実数」である。A〜DIの合計は100％となる。このことを踏まえて、保健省（Ministère de la Santé）によって設定された目標であるクラスAとBについて、少し詳しく見てみよう[13]。

ICALIN（Indicateur composite des Activités de lutte contre les infections Nosocomiales, 院内感染症対策指標）では、最大100％のところ、クラスAのscore HAD（在宅入院の得点）では66.7％、score general（一般的な得点：施設の得点）では79.5％という数値であり、施設の方が良好な状況である。そして、クラスBのscore HADでは24.6％、score generalでは11.7％という数値となり、HADの方が良好な状況である。

ICSHA（Indicateur de Consommation de Solutions Hydro-Alcooliques, ハイドロアルコール生成物消費指標）では、クラスAのscore HADでは65.0％、score generalでは56.9％という数値であり、HADの方が良好な状況である。これは、NOTE DE LECTUREで説明書きしている通りである。そして、クラスBのscore HADでは18.7％、score generalでは25.6％という数値となり、施設の方が良好な状況である。

ICA-LISO（Indicateur Composite des Activités de Lutte contre les Infections

表3-3 RÉSULTATS DU TABLEAU DE BOAD DES INFECTIONS NOSOCOMIALES
（院内感染の結果表）

		A	B	C	D	E	DI	EFFECTIF
ICALIN2 (2014)	score HAD	66.7%	27.6%	3.3%	0.8%	0.8%	0.8%	123
	score general	79.5%	11.7%	4.7%	2.0%	2.0%	0.1%	2760
ICSHA2 (2014)	score HAD	65.0%	18.7%	7.3%	8.1%	0.8%	0.0%	123
	score general	56.9%	25.6%	13.0%	3.4%	0.9%	0.2%	2663
ICA-LISO	score HAD	Non applicable					
ICA-BMR (2013)	score HAD	63.1%	18.9%	13.9%	4.1%	0.0%	0.0%	122
	score general	69.4%	20.4%	6.6%	2.3%	1.3%	0.0%	2348
ICATAB	score HAD	Non applicable					
SARM	score HAD	Non applicable					

NOTE DE LECTURE：65.0% des HAD atteignent un niveau A pour le score ICSHA2 contre 56.9% pour l'ensemble des établissements de santé.
（説明書き：ハイドロアルコール生成物消費指標（ICSHA2）のクラスAをみると、施設では56.9％だが、HADでは65.0％である。）
注1）A～Eはそれぞれのクラスを示す。
注2）DIは、Données insuffisantesで不十分なデータである。
注3）A～DIの合計は100.0％となる。
注4）EFFECTIFは実数。
（資料）FNEHAD, 2016, p.58.
（出所）Fédération Nationale des Établissements d'HAD (FNEHAD), 12 octobre 2016

du Site Opératoire, 手術室感染対策指標）はNon applicable（非該当）である。

ICA-BMR（Indicateur composite de maitrise de la diffusion des Bactéries Multi-Résistances, 多剤耐性菌指標）では、クラスAのscore HADでは63.1％、score generalでも69.4％という数値であり、HADの方が良好な状況である。そして、クラスBのscore HADでは18.9％、score generalでは20.4％という数値となり、施設の方が若干良好な状況である。

ICATAB（Indice composite de bon usage des antibiotiques, 抗生剤使用指標）はNon applicable（非該当）である。

SARM（Staphylococcus aureus Résistant à la Méthicilline, ブドウ状菌抵抗指標）

もNon applicable（非該当）である。

　以上のことから、ICSHA（ハイドロアルコール生成物消費指標）では、クラスAのscore HADでは65.0％、score generalでは56.9％という数値であり、HADの方が良好な状況であることは強調されるべきであり、HADでも院内感染を扱い、状況を把握しているところは大変興味深い。

　（2）アセスメント
　第三者からのプリスクリプション（Prescription, 処方箋）が必要なことは大事な点である。かかりつけ医でない他のドクターからのプリスクリプションで、「これは在宅入院の対象」と言われてはじめて家に患者が流れてくる。そして他の医療機関からの紹介があり、次のステップでアセスメントを行う。HADで本当に受け容れられるケースかをスタッフカンファレンスで一緒に話し合って決める。アセスメントでケアプランニングを立てて、本当に可能かどうかを検討して患者を受け入れる。一番大事なのはそのときのかかりつけ医の役割である。かかりつけ医に「いや、在宅はやっている時間はない」と言われたら、そこで終わりである。すると、その患者には在宅入院を導入することはできない。

4．在宅入院の医療費と疾患
　（1）医療費総額の推移
　人口10万人当たり19.2人（et 19.2 patients par jour pour 100000 habitants）の在宅入院対象者になる。2015年の利用者は、105,000人（Nombre de patients en : 105000）、平均在院日数が25日（durée moyenne du séjour：25 jours）で、医療費総額914億ユーロ（dépenses d'Assurance maladie consacrées à l'HAD：914M€）である（表3-4）。
　疾病金庫からの支払いは、在宅に限った部分でいうと0.5％と、在宅入院の914億ユーロは本当に少ない。病院での治療も全部入れると1％になるが、病院を利用しない、まったくの在宅の部分だけなら、医療費全体の0.5％である。しかし結局、病院も部分的に利用するので、それも入れると医療費全体の1％になる。

表 3-4　Une progression significative sur la dernière décennie（10 年間の推移）

	NOMBRE ES (施設数)	EVOL EN% (前年比)	NOMBRE JOURNÉES (延べ利用日数)	EVOL EN% (前年比)	NOMBRE SEJOURS COMPLLETS (入院件数)	EVOL EN% (前年比)	NOMBRE PATIENTS (患者数)	EVOL EN% (前年比)	VALORISATION BRUTE EN M€ (総収入〔百万€〕)	EVOL EN% (前年比)
2005	123		1,505,814		63,666		35,017		285,071,409	
2006	166	35%	1,948,210	29%	80,980	27%	46,022	31%	385,979,339	35%
2007	204	23%	2,379,364	22%	95,100	17%	56,287	22%	474,842,806	23%
2008	231	13%	2,777,900	17%	112,591	18%	71,743	27%	546,062,339	15%
2009	271	17%	3,298,104	19%	129,748	15%	86,674	21%	652,368,093	19%
2010	292	8%	3,629,777	10%	142,859	10%	97,624	13%	714,045,440	9%
2011	302	3%	3,901,637	7%	149,196	4%	100,100	3%	771,218,660	8%
2012	317	5%	4,207,177	8%	156,318	5%	104,960	5%	825,049,082	7%
2013	311	－2%	4,366,656	3.8%	156,638	0%	105,144	5%	859,148,360	4.1%
2014	309	－1%	4,439,494	1.7%	156,284	0%	105,923	0.7%	873,806,744	1.7%
2015	308	－0.3%	4,629,254	4.3%	160,793	2.9%	105,008	－0.8%	913,977,329	4.6%

（資料）FNEHAD, 2016, p.43.
（出所）Fédération Nationale des Établissements d'HAD（FNEHAD），12 octobre 2016.

　表 3-4 の 2005 年からみていく。国が HAD を増やそうと、プロモーションを行っていた頃は、総収入の前年比（EVOL, EN%）35%、23%、15%、19%と増やしていた。その頃は HAD をどんどん認可していた頃である。ところが「HAD もそんなに経済的ではない」ということになった。9%、8%、7%、4.1%、2014 年は 1.7%に絞られた。確かに医療費総額を 10 年スパンでみると 3 倍増にはなっている（913,977,329 ÷ 285,071,409 ＝ 3.2）。しかし、勢いよく増やしていた頃は終わり、黄金期は過ぎたことがわかる。2015 年は、また少し増やそうということで 4.6%になった。

　それほど安くもない診療報酬が減ったこと、それからある活動を減らされたことがある。たとえばハイリスク妊婦の分娩前サーベイが HAD にしてもいいところであったが、低リスク妊婦の管理までは HAD では認められなくなった。新しい技術が開発されて、そのテクノロジーが在宅でできるように

表 3-5　HAD の病床数、利用者数、延べ利用日数

(床・人・日)

	HAD の病床数	HAD の利用者数	HAD の延べ利用日数
2005	4,584	35,017	1,505,814
2006	5,931	46,022	1,948,210
2007	7,243	56,287	2,379,364
2008	8,456	71,743	2,777,900
2009	10,040	86,674	3,298,104
2010	11,050	97,624	3,629,777
2011	11,877	100,100	3,901,637
2012	12,679	104,960	4,207,177

(資料) FNEHAD, Assemblée Générale 2013 Dax, 2013.

なったときの2009年に、対前年比19％増えている。そして、HAD の扱い妊婦数がどんどん減っていく中で、2012年には対前年比7％に減ったのがそれである。

表3-4からは、施設数の推移と延べ利用日数、入院件数、患者数のそれぞれの推移もわかり、医療費総額の推移とほぼ同じ傾向であることがわかる（ただし2013～15年の施設数前年比マイナスは施設の統廃合による）。この点をより簡単にわかりやすくするために、表3-5を用意した。表3-4には記載のない「HAD の病床数」を新たに加えて、「HAD の利用者数」（表3-4の「患者数」）「HAD の延べ利用日数」（表3-4の「日数」）の3つの指標でみたものである（ただし、2012年までの推移）。

現在までの HAD の病床数をみると、2009年に1万床をやっと超えたものの伸び悩みがみてとれる。2010年までに HAD の病床を15,000にするという目標が2005年に提示されたにもかかわらず、2014年時点では目標はまだ達成されていない状況であり、これについては大きな問題であるとの指摘もなされている（Hubert E, 2014）。

(2) HAD が扱う対象疾患

最も多かった活動が複雑ガーゼ交換（27％：2015年）であり、ネガティブプレシオン（負圧）をかけてのガーゼ交換を複雑ガーゼ交換という。2番

目がターミナルケア（緩和ケア）（24％：2015年）である。3番目が重度のナーシング（10％：2015年）である（表3-6）。対象患者はどういった患者が多いかというと、活動量の3分の1は癌疾患の患者である。

HADの成人患者は、長期慢性疾患（affection de longue durée, ALD）が8割を占める。ALDとは、癌、神経性疾患、腎不全、糖尿病など長期療養が必要で、かつ医療費が高額になる疾病で、自己負担分が免除される疾患である（篠田2016）。

入院医療が一疾患の定額制であるため、病院側としては早期に患者を退院させるインセンティブが働く。パリ市内の急性期病床の平均在院日数は短縮化され、2010年では5.2日である。早すぎる退院を予防するために、入院後3日以内に退院させると、T2Aの60％しか保険給付されないという「最低入院期間」を設定している。しかし、最低入院期間を過ぎると、病院側は早期退院に拍車がかかり、すぐにHADにアクセスしてくる。HADのT2Aは、1日定額制であるため、早期に患者を確保したいというインセンティブが働く。病院側とHAD側の思惑が一致することから、コストが増大する傾向にある（篠田2016）。

(3) 取り扱い患者数

フランス国内で大きなHADは3つくらいしかない。まず、非営利NPOは1日当たり、最も平均的な取り扱い患者数が50人である。そして公立（パブリック）では1日当たりの取り扱い患者数が17人規模、そして営利プライベートでは1日当たりの取り扱い患者数は26人である。これが300あるうちの290くらいであり、平均的なサイズである。

普通のHADはほとんどのものがHAD組織として自立している。例外として、パリ公立病院協会（APHP）所属のHADがある（小磯2016：351-354）。独立した組織ではない。院内薬局をもっているのは大きいところだけになる。たとえばパリ公立病院協会所属のHADでは病院の中の薬局を使っている。そこを集中薬局にしている。サラリーマンオンリーで行っているHADもあるし、開業の人たちを使っているHADもある。両方もっているHADもある。

在宅入院は、本当は何でもやらなければならない。HADに期待されてい

表 3-6　Les principales prises en charge（主にサポートされているサービス）

MPP STABLE	LIBELLÉ（作成書類）	2014 NB JOURS（日数）	%	2015 NB JOURS（日数）	%	2014/2015 ÉVOLUTION（前年比）
09	Pansements complexes et soins spécifiques (stomies compliquées) 複雑かつ具体的なケアのドレッシング（複雑ストーマ）	1,106,106	25%	1,241,606	27%	12.3%
04	Soins palliatifs 緩和ケア	1,034,688	24%	1,094,598	24%	5.8%
14	Soins de nursing lourds 重い介護	491,613	11%	473,408	10%	－3.7%
06	Nutrition entérale 腸管栄養	295,878	7%	317,303	7%	7.2%
03	Traitement intra veineux 静脈内治療	253,031	6%	271,966	6%	7.5%
13	Surveillance post-chimiothérapie anticancéreuse サーベイランス癌化学療法	157,064	4%	171,001	4%	8.9%
01	Assistance respiratoire 呼吸のサポート	127,709	3%	124,618	3%	－2.4%
19	Surveillance de grossesse à risque ハイリスク妊娠のモニタリング	117,040	3%	120,041	3%	2.60%
02	Nutrition parentérale 非経口栄養	123,099	3%	115,877	3%	－5.9%
07	Prise en charge de la doulour 痛みの管理	87,433	2%	106,647	2%	22.0%
10	Post-traitement chirurgical 手術後	101,709	2%	106,174	2%	4.4%
08	Autres traitements その他の治療	101,264	2%	102,651	2%	1.4%
05	Chimiothérapie anticancéreuse 癌化学療法	100,367	2%	95,722	2%	－4.6%
21	Post-partum pathologique. 分娩後の病理学	90,988	2%	69,605	2%	－23.5%
12	Rééducation neurologique 神経リハビリテーション	51,049	1%	53,826	1%	5.4%
15	Education du patient et/ou de son entourage 患者の教育および付き添い	53,476	1%	53,578	1%	0.2%
11	Rééducation orthopédique 整形外科再教育	41,203	1%	33,824	1%	－17.9%
22	Prise en charge du nouveau-né à risque. リスクの新生児をサポート	27,364	1%	27,069	1%	－1.1%
24	Surveillance d'aplasie 形成不全のモニタリング	8,751	0.2%	6,578	0.1%	－24.8%
17	Surveillance de radiothérapie 放射線モニタリング	5,300	0.1%	3,666	0.1%	－30.8%
20	Retour Précoce à Domicile après Accouchement (RPDA) 出生後早期の帰宅	20,051	0.5%	2,704	0.1%	－86.5%
18	Transfusion sanguine 輸血	508	0.01%	595	0.01%	17.1%
	TOTAL	4,395,691	100%	4,593,057	100%	100%

注 1) NB JOURS（日数）は、「延べ利用日数」のこと。
（資料）FNEHAD, 2016, p.50.; Fédération Nationale des Ètablissements d'HAD（FNEHAD）, 12 octobre 2016
（出所）Fédération Nati.

る役割であるが、これまでの沿革というか組織が発生してからの歴史をもってスペシャライズすることも可能である。たとえばあるところは小児科だけを行っている。あるところではリハ期だけで、リハビリに特化した在宅入院を行っているところもある。しかし、こういうHADは例外と考えたほうがよい。ほとんどのところは専門性が特化されておらず、何でもできるHADが全国的には多い。

5. 在宅入院制度の課題
（1）支払い方式

フランス政府がDRGに関心を持ったのは比較的早く、1979年にはエール（Yale）大学に最初の調査団が訪問している。1983年には最初のHCFA-DRG (Health Care Financing Administration-Diagnosis Related Groups, 連邦病院財政庁DRG) 導入実験を行っており、その結果としてDRG分類がフランスの病院医療にも適用可能であることが確認されている[14]。フランスにおけるDRGの導入は、ほぼ完全なHCFA-DRGのコピーから開始され、退院時要約表や相対係数、及び診療行為分類についてもアメリカのものをフランス風にアレンジするという形で導入されてきた（フランス風DRGをGroupe Homogène de Malades, GHMという）（松田2007）。

在宅入院の診療報酬は他の病院と同じである。医療費の支払いは2006年1月より医療行為別入院診療報酬（Tarification à l'Activité, T2A）による1日当たりの定額支払いで支払われている[15]。T2Aは主傷病、そして副傷病、在院日数、介護度コード、そしてカルノフスキー指数[16]などを合わせてコーディングしたうえで、1,800のカテゴリーに分類され、さらに31のプライスカテゴリーに分けている。2013年の平均保険給付は196.1ユーロ／日であった。一番安いのが正常分娩で60ユーロ／日であった。一番高いのが終末期ケア550ユーロ／日である。高額な薬剤（抗癌剤など）は出来高で請求できる（篠田2016）。

さらにそれに加えて、1日目から4日目、5日目から9日目、10日目から30日目という期間で約10％ずつ低減していく。そして31日を超える段階ではぐっと下がる（2016年調査）。

慢性期医療と精神医療を除くすべての病院では、活動に応じた、あるいは

同一入院群（groupe homogèn de séjour, GHS）に対して、最小の入院日数と最大の入院日数が想定されており、その範囲内で、一定額の支払いになる。しかし、在院日数の下限未満の入院については、本来の支払額を本来の在院日数で除して、それに実際の在院日数を掛けた額が支払額となる。また、在院日数の上限を超えた場合は、超過に対して設定された1日当たり支払額×超過日数が上乗せされることになる。しかし在院日数の上限を超えた場合の支払額は少なく、その日数を超えないように努力がなされる（真野 2011）。

　これらの主傷病、副傷病、在院日数、介護度コード、そしてカルノフスキー指数（Indice de Karnofsky）による計算の仕方は、まったく正当性がないと、FNEHAD は診療報酬改定の時に呼びかけている。まず、単価をいれるところは 1990 年に作られたもので、調査時 2016 年からさか上ること 26 年同じメソッドでやっているので、現実（リアリティ）に合っていない。

　それからカルノフスキー指数で要介護度をだしているが、これもあまり本当の要介護度にマッチしていない。松田（2009）は「HAD の支払いは 1 日あたり定額で行われている。現在は、その推進のために比較的有利な点数設定がされている。ただし、患者の病態によって必要なサービスは異なることから、現在、主傷病、副傷病および ADL 依存度の組み合わせによる診断群分類（groupes homogène de prise en charge, GHPC）の開発が行われており、将来的にはこれを用いた 1 日あたり定額払い方式への移行が予定されている」と述べる。FNEHAD も GHPC であるべきと述べる（2016 年調査）（図 3-4）。そうでなければ、同じガーゼ交換であったら、癌によるガーゼ交換も外科手術のガーゼ交換もケアは同じだから結局同じ報酬になってしまう。しかし患者ダイアグノステックス（Patients Diagnostics）でみていくと違ってくるわけである。それが反映されていないところが残念であり、改善点である。それから全国レベルでみると、地方では、とくに訪問に片道 1 時間かかって行き、帰ってくるのも 1 時間かかる、そういったことへの配慮もない。それらが FNEHAD としてはロビー活動で改良していきたい点であると呼びかけている。

（2）診療報酬改定

　会計監査院が報告をだしていて、「在宅でするほうが高い、不経済だ」と

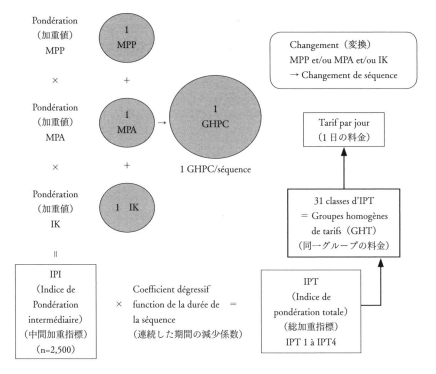

MPP, Modes de Prise en charge Principal, 主要者ケアモード
MPA, Modes de Prise en charge Associe, 協力者（補助者）ケアモード
IK, Indice de Karnofsky, カルノフスキー指数
GHPC, Groupe homogène de prise en charge, 診断群分類）

（出所）Fédération Nationale des Ètablissements d'HAD（FNEHAD），12 octobre 2016. より改編して作成。

図 3-4　Le modèle tarifaire dépassé à réformer sans tarder
　　　　（改革すべき時代遅れの料金モデル）

いった、「HAD が高い」という論調がでている。これは病院側ロビー活動だと思われる。たとえば、松田（2015）は、「在宅入院制度は診療報酬上、通常入院と同様の評価を受けているため、疾病金庫にとっては高サービスになっているという批判がある。特に、近年、長期の継続的管理を必要とする

高齢者の在宅入院制度利用が増加しており、それが本当に『入院医療』の対象として適切なのかということが議論されている」と述べている。

すでに見たように、会計監査院から指摘を受けるように伸び率が悪い年もあった。しかしそれは、診療報酬の計算の仕方をまず変えて、HADがいかにヘヴィーなケースを扱っているかを外から見えるようにしていきたいと、FNEHADとして考えている。

毎年1年に1回診療報酬改定はある。HADの活動はこれまでずっと少しではあったが上昇であった。このような改正は今時の経済状況を勘案するとありがたい。急性期病棟は診療報酬改定によって下がる一方である。特に急性期はこの5年間継続して大きく下げられている。

2013年のときに通達がでており、2013年から2018年まで在宅入院倍増計画がだされていた。残念ながらまったく倍増はしなかったが、それくらいの勢いだったこともあった。これからの在宅入院の伸び方、あるいは発展の仕方は、色々不経済だといわれる外野の声が聞こえてくるが、よりHADが専門性を高めていき、医療経済的であるということを、HAD側からも発信していきたいと考えている。特に超急性期で病院から退院してきた人たちの1％が対象であり、やっていることをわかってもらえれば、実は病院にいるより在宅入院のほうが安いと反論できる。

(3) HADの認知度を高める

FNEHADが将来していかなければいけないことは、低いHADの認知度を高めることである。国民にもっと知られるようになっていけば、在宅入院というシステムがあるのなら、HADを利用しようと、各方面から声をかけてもらえるような存在になる。現在はまだまだそうではない。何しろ病院の医師でさえ、HADの存在を知らない人がたくさんいる。あるいはこのケースはHADにやってもらえるのかもらえないのか、わからないケースがあるので、結局HADに紹介が来ても対象でない簡単なケースがきてしまったりする。HADとは何なのかを、より広く国民はもちろん医療者にも広めていくべきである。

患者にとっては、入院が回避できて家にいられることがいい点であることを理解することが大事である。それなら患者団体とコラボレーションしたら

どうかという議論がある。しかしこれも国民に知られていないHADは、患者団体にも知られていない。HADが担当する患者は、その性質上重篤の患者ばかりなので、「声をあげてHADを」ということにはなりにくい。家族のことや自分の病気のことで精一杯である。

　よりアグレッシブにHADをプロモーションしていくために、IT化をしていきたいとFNEHADでは考えている。

（4）開業医がやりたくない部分をどのように改善すべきか

　かかりつけ医の中で、「中心となるのは開業医」である。しかし、これはきれいごとであり、在宅医療をやりたくない開業医は多い。在宅医療をやりたくないと開業医に言われてしまうと、在宅入院がスタートできない。「どうしてやりたくないか」は理由が明らかであり、在宅医療は時間がかかるからである。当然、在宅医療にかかった時間があれば開業医として他の業務ができたはずである。開業医がやりたくない部分をどのように改善していくのか。これも大きなテーマになっている。たとえば開業医の診療報酬体系で在宅入院にかかわった部分を少し良くする。あるいはコーディネート・ドクターをもっと介入させるなどのことが考えられている。コーディネート・ドクターの役割があまりにもひかえ目すぎるので、より活躍させるべきである。現在、プレスクリプションはかかりつけ医がだしている。患者が病院から退院してくる前から、コーディネート・ドクターはひかえ目にリザーブでいる。そうではなくて、たとえば、往診をするくらいの活躍をコーディネート・ドクターにもたせてもいいのではないか、という議論がでている。

第4節　在宅入院制度の考察

1. 調査から得られた疑問

（1）在宅入院部門を病院本体から切り離す必要性

　癌センターが作った、あるいは何々病院が作ったという、HADの母体は病院だったところがほとんどである。たとえば、フランス最大手のサンテ・セルヴィスは、以前は株式会社であったが、現在は財団（Fondation, フォン

ダシオン）である。発祥はギュスターヴ・ルシー（Gustave Roussy）研究所という欧州最大の癌治療センターである。癌治療センターの中で在宅部門を始めたのがきっかけである。このような形で、病院が在宅部門を作って誕生したHADが多い。

　それは患者を早く自宅に帰して在宅でフォローしなければならなかったからである。それらがだんだん大きくなっていって、たとえばパリ公立病院協会所属のHADでは、他の病院から退院してきた患者も診るようになった。元々は自分の病院から退院してくる患者の受け皿として作られたが、大きくなって、色々な活動をしていくようになったということである。入院を回避されてしまったら、そもそもの病院の母体経営が危ぶまれるかもしれないが、在院日数を短くする国の政策としてそういう方向になってきているので、やらざるを得ない。

　さて、このような歴史をもつHADではあるが、コーディネート・ドクターは、HADに属する専従の医師なのであろうか。FNEHADによると、医師の所属はケースバイケースだそうである。フルタイム契約の医師もいれば、ハーフタイムはHADで、ハーフタイムは病院業務という医師も多い。ただし、HADは必ず自分のところのプロパーのコーディネート・ドクターをもつことが義務付けられている。HADは雇うことになっているが、その雇用率はケースバイケースである。

　それでは、プロパーのコーディネート・ドクターは、病院母体が多いとすれば、病院に勤務している医師がコーディネート・ドクターということでいいのかというと、そういう医師も多いが、必ずしもそうとも限らない。他の病院で勤務している医師がコーディネート・ドクターになることもある。

　このようなコーディネート・ドクターの所属の曖昧さが、日本人にはわかりにくい。なぜわざわざ在宅入院部門を病院本体から切り離す必要があるのか。国の政策として在院日数を短縮することはわかるが、日本の文化からすると、在宅よりも病院に入院しているほうが患者の安心感が得られると考えられた。この点は、フランスとの文化の違い——フランス人の強い在宅志向——が起因していると考えられた。

（2）日本では在宅入院制度は有名だが、
なぜフランスでは知られていないのか

　在宅入院制度が、「医療職者にもあまり知られていない」ということは、かなり驚きであった。日本でも、訪問看護制度が国民にあまり知られていない、などのこともあるかもしれない。しかし、フランスの在宅入院制度は、日本では、フランス国内でもすごく知られているかのよう思われている。2005年の調査の時にはこの点は不明であったが、2016年の調査で、間違いであることがわかった。「在宅入院制度」は、フランス人にはほとんど知られていないということであった。

　医療職者にも知られていないというのは、よろしくないと考える。医学部教育のプログラムの中に、在宅入院教育を入れてもらうとか、医師の生涯教育にHADの教育を入れるとか、あるいは研修の場所・会場を提供して、医療職者にアピールしたいと思っていると、ノアレ,ニコラ氏は述べた。

　しかし根本問題として、在宅入院制度は役に立っているのか、という疑問がある。どんなに知らせても、一番大事なことは社会にとって、患者にとって役に立っているのかどうかであろう。結局、役に立っていないから、病院に頼めば良いことではなかろうか。国が無理やりそういう制度を作っているだけで、本当にその制度が患者の役に立つのであれば、それは広がるし、医療職が知らないということはあり得ない。しかし知らないという現状は、やはり役に立たない、やっていることが曖昧であるからとの指摘もあながち的外れとは言えまい（2016年調査）。それと最も協力すべき開業医がやらないとすれば、担い手がいないことと同じである。

（3）どのようなケースで在宅入院制度を介入させるべきか

　病院医師も患者も、どのようなケースで在宅入院制度を介入させるべきかよくわからないようである。患者は病院ではなく在宅で治療を受けられるという理屈はいいのだが、実際にそれをどのようにすればうまく誘導できるのか、検討すべき課題である。そして訪問看護とのバッティングもあるので、そことの線引きが必要であろう。結局病院の医師が処方箋を書いているので、マーケットとしてみてもターゲットが非常に少ない。厳密には0.5％のニーズしか現在はなく、必要性がないのではないか。

政府主導になりがちだが、こういうケースは在宅入院でよいというリコメンデーション（Recommendation, 推薦・推奨）をもっとはっきりと具体的に言わなければ、確かにぼんやりしたままである。改善したと思われたのは、ガーゼ交換を「複雑ガーゼ交換」という言葉を使ったことである。このようなガーゼ交換だと説明されれば納得できる。「それは一般の看護師では無理だ」となる。こういうケースのように「何ができることなのか」を、広く知らせていくことが必要であろう。そして「こういうケースなら在宅でできる」というリコメンデーションを官主導で出すべきである。

在宅医療は手がかかりすぎる内容の処置をしている。だからなかなか広がっていかない。やりたがらない医師や看護師がいる。時間をとられてしまうところを、診療報酬体系で変えていくのも一つの方法であろう。

2. 新たな試み
（1）誰に何をアピールするか

具体的にこれから誰に何をアピールしていくかということである。まず、HASがスタディを出して、「こういうアクティヴィティはHADに向いている」というリコメンデーションをだして、こういうケースなら「処方箋（指示箋）は在宅入院にまわすとよい」とある程度発表してくれている。これはもしかしたら大きなインパクトになるかもしれない。さらにもう一つは、社会医療学のリサーチ研究が発表されて、これもやはりHASである。それから、公的健康保険（Caisse Nationale d'assurance Maladies des travailleurs salariés, CNAMTS, 全国被用者医療保険金庫）は本来レファレンス（reference）するところであるが、そこも資金を提供してくれたので、病院ロビーが「病院の方が安い」と言ってきても、これで太刀打ちできるようになったそうである。

医療パフォーマンスを後押しする人（booster）やエージェンシー（agency）が公的にあるけれども、FNEHADが中心となって色々な施設や病院に行って、どれだけ在宅入院に紹介しているかを統計データでだすわけである。すると、疾病別に、在宅入院への紹介率がわかる。現在のところペナルティはないけれども、いずれそうなるのではないかと考えている。在宅にまわす率が低いところへの指導がされるように現在画策中だそうである。

日本では現在、高機能病院では在宅復帰率が80％ないとホスピタル・フ

ィー[17)]が下がっていく仕組みをつくっている（2016年診療報酬改定）。フランスも同じようなことをしようとしているようである。

(2) トライアル

在宅入院の仕組みができたことで、どれくらい医療費が削減できたかという計算はあるかというと、ない。徐々に出てくると思うのだが、現在はないそうである。2015年の患者数は105,000人であったが、潜在的に在宅入院に該当する患者数はどれくらいいるのか。少なくとも倍増計画をしているが、政府が合意してくれているので、倍はいるはずである。その倍増計画に力を入れている2018年まであと2年（2016年調査当時から）あるが、進捗状況はどうか。2年間で毎年15％増やせば倍増計画は実現するそうである。

倍増計画が達成したら、予算措置やアクティヴィティのサポートなどがあるかどうかは不明である。診療報酬体系を見ると、医療機関は入院も外来も下げられている。その中において、在宅は唯一触れられていない分野である。ゆえに下方修正されていないことをもって、診療報酬上優遇されているという答えになる。そして高額薬剤は外付けできるといっていたが、外付けできない薬剤として抗癌剤がある。外付けできない超高額薬剤はかなりの高額になってきている。そのための補助が少しあるという。それはその通りであるが、主傷病ではなく主治療であることが問題である。諸悪の根源はここにあるので、ここを変えていきたいそうである。

支払いの仕組みを変えてくれと業界団体が主張し変えることはそんなに難しいことではないように思われる。それをいっこうに変えないというのは、HADのいうように変えると医療費が増えると見ているのだろうか。議会からの答えでは変えるそうである。返事だけはもらったので、あとは診療報酬体系が変わったときにどうなるのかを、1疾病ずつ全部洗い出して、2年間トライアルしなければならない。医療費が莫大に増えてしまったらそれは困難になってしまう。

トライアルすることは決まっている。HAD自体は黒字であるなら、国は診療報酬を上げないのではないか。赤字のHADもあれば黒字のHADもあり色々である。

年間914億ユーロというのは、少なくともHADの医療費のことであり、

医療保険から使われている公的医療費であり、医療保険からHADに支払ったお金である。HADの患者は退院患者の1％をシェアするが[18]、医療費全体から見たら医療費の0.5％にすぎないのである。

(3) HADの高齢者施設での活動状況

現在、HADが頑張りたいところは高齢者施設である。高齢者施設の中で医療が必要になったときに、これまで施設でできなかった医療行為はすべて急性期病院で行っていた。急性期病院に移送されると、そこで全部キープされてしまって、最期までいってしまうケースが多くあったので、少なくともそれに手を付けようと思っている。

高齢者施設での活動状況については、現地での調査からは、発言が中断されてデータが得られなかったので、篠田（2016）から補足する。

篠田は、「2007年からは、高齢者施設（EHPAD等）や高齢者住宅などに入居している人も、HADのサービスを利用できるようになった。これは、2007年2月22日制定デクレおよび2007年3月16日省令、さらには2007年10月5日通達による一連の関係法改正によるものである。これにより、HADはモバイルチームとして、地域のネットワーク形成に舵を切ることになった。2012年では79.5％のHAD機関が、高齢者施設での何らかの医療サービスを提供しているが、入所者全体に占める割合は、全入所者の4.5％にしかすぎない」と述べている。

篠田（2016）は、高齢者施設でHADの利用が伸び悩んでいる理由を、次の3点にまとめている。

「①高齢者施設職員のHADへの認知度の低さである。フランスの高齢者施設は、日本と同様に、医師は配置されておらず、看護師の配置も手薄い。介護職がケアの中核を担っていることから、医療との連携が不十分になりやすいことが考えられる。②高齢者施設で提供した場合の報酬は、在宅の報酬と比較すると13％低く設定されているため、HAD職員のインセンティブが低くなること。③高齢者施設職員、かかりつけ医、開業看護師、HAD職員との連携が上手く機能していないことである」。

そして「多職種・他機関との連携が上手く機能していないことを重くみたHAD幹部は、多職種連携教育を導入した。HAD内部で、緩和ケアの事例

検討など演習をベースに行っている。講師は当該 HAD の幹部職員が担当している。取り組みは順調であるが、開業医など他機関を巻き込んだ連携教育は、地元医師会等との調整ができていないため、実現には至っていない」とも述べている（篠田 2016）。

3. 日本への示唆
（1）在宅入院の効果

在宅入院制度の効果に関しては、①臨床医学的効果、②医療費適正化効果、そして③できる限り住み慣れた自宅で生活したいという患者の QOL 向上に効果があるのかの 3 つについて、これまで多くの研究が行われてきた。ここでは松田（2009）の知見を取り上げる。

まず、①臨床医学的効果については、Shepperd と Iliffe の 22 の無作為化研究のレビュー結果がある（Shepperd S and Iliffe S, 2005）。それによると、在宅入院は通常入院とほぼ同様の効果が得られている。また、Leff らは在宅入院高齢患者が通常の入院高齢患者に比較して、せん妄が生じにくいと報告している（Leff B, Burton L, Marder SL et al, 2005）。在宅入院患者は住み慣れた自宅での治療であるため、安定剤などの処方が少なく、それが副作用としてのせん妄が生じにくい理由ではないかと考えられている。

②医療費に対する効果については、慢性閉塞性肺疾患（Chronic Obstructive Pulmonary Disease, COPD）[19]、癌、脳梗塞のリハビリテーションで、通常の入院より投入コストが少ないとの報告がある（Farreo E, Escarrabill J, Ptats E, et al, 2001；Subirana Serrate R, Fetter-Roca O and Gonzalez-Davila E, 2001；Anderson C, Mhurchu CN, Rubenach S, et al, 2000）。一方、Knowelden らは、在宅入院のほうが治療期間は短いが、医療費は高くなるという研究結果を報告している（Knowelden J, Westlake L, Wright K and Clarke S, 1991）。また、Shepperd と Iliffe による 22 の無作為化研究のレビュー報告は、その経済的有効性に一貫した傾向がないことを示しており（Shepperd S and Iliffe S, 2005）、在宅入院の経済効果については一定の結論は得られていない。

③患者の QOL 向上に対する効果については、Anderson らの研究成果がある。ターミナルケアについて、在宅入院で受けた患者と通常入院で受けた患者を比較した結果、前者で患者満足度が有意に高かった（Anderson C,

Mhurchu CN, Rubenach S et al, 2000)。しかし、30日以上生存した患者の場合、患者家族の精神的健康度が有意に低下することも報告されている。

　以上から、次のようにまとめることができる。在宅入院の①臨床医学的効果はあると言えるであろう。②医療費に対する効果については、疾患によっては入院よりもコストは安いこともあるが、短期集中的に高度医療を提供すれば、当然高コストとなる。したがって在宅入院の経済的有効性は確固とした結論は得られていない。③患者のQOL向上に対する効果については、一般的に支持できる内容と考えられる。

（2）HADが終末期の看取りを推進するか

　国の大きな政策目標は、高齢者のニーズに対応した医療体制への転換であり、それを受けて診療報酬の改定が重ねられている。フランスの在宅入院制度導入が、終末期の看取りを推進するのか、について日本の現状から整理しておく。

　在宅における看取りを推進するために看取り加算が、2006年度の改定で導入された。2014年度には死亡日14日以内に2回以上往診また訪問診療を行った場合には、3,000から6,000点が加算され（病院で亡くなった場合でも入院後24時間以内に亡くなれば適用）、在宅で亡くなった場合にはさらに3,000点が加算されている（2016年度改定でも同じ）。

　看取り加算が導入された結果、2007年には自宅死亡患者の0.1％が加算の対象、2009年には1.1％、2013年には5.6％になったと推計される（社会医療診療行為別調査と人口動態調査より推計）。しかし、加算によって自宅等で死亡する割合は全体として増加しておらず、また訪問によって臨死期のQOLの向上に寄与したかどうかも検証されていない。このように診療報酬における加算と、政策目標の達成の関係を検証するのは困難である。

　わが国の現状から考えると、今後在宅入院制度を導入したとして、在宅での看取りの推進に在宅入院制度が寄与するかどうかは、不明といわざるを得ない。そもそもフランスの在宅入院制度は看取りのための制度ではなく、在宅での急性期医療の提供であると、改めて認識すべきである。

(3) 日本への HAD 導入の可能性
①在宅入院制度の目的からの検討
　在宅入院制度の目的は、(a) 急性期入院期間の短縮、(b) 継続的医療が必要な慢性期の在宅患者の支援、つまり、入院の回避と患者の療養生活におけるQOLの向上にある。こうした目的は、わが国の今後の医療提供体制を考える上でも当てはまるであろうか。特に、(a) 急性期入院期間の短縮については、医療機関側から「これ以上の短縮はできない」と懸念されると考える。
　まず、「(b) 継続的医療が必要な慢性期の在宅患者の支援、つまり、入院の回避と患者の療養生活におけるQOLの向上」を考えてみる。
　慢性期の在宅患者の支援については、わが国にもすでにその基盤はある。具体的には在宅療養支援診療所・病院の制度及び介護保険制度である。しかし、在宅入院制度として運用していくためには、医療と介護を総合的に提供する仕組みをどのように構築するか、誰がコーディネートするかが課題であろう。コーディネートについていうと、医師にコーディネート機能を持たせることも可能だが、現実的にはケアマネジャーの資格をもつ看護職が適任と考える。
　次に、「(a) 急性期入院期間の短縮」を目的とした在宅入院制度の必要性はどうであろうか。諸外国と比較してわが国の平均在院日数が長いことが医療費の無駄遣いの例としてしばしば指摘されるが、在院日数計算の対象となっている病床の定義が国によって異なることも一因である。たとえば、松田 (2009) では「より急性期に特化していると考えられる DPC 対象病院の場合、平均在院日数は 2 週間程度で、欧米諸国と比較して極端に長い状況にはない。また、医療に対する国民の考え方の違いにも留意する必要がある。一部の先進国では外科手術後の患者がドレーンをつけた状態で退院することが普通に行われているが、このような状態での退院を多くの日本人患者は望まない」。「在院日数の問題は、諸外国との比較というような単純なロジックではなく、状態から考えて適切な退院時期という観点から議論」が必要であろう。
　その上で、かなり急性期に近い post-acute ケアも在宅で行うべきであるという関係者や国民とのコンセンサスが得られるのであれば、フランスなど諸外国で行われている在宅入院制度を参考に、急性期病院に在宅入院部門を創設すればよい。しかしこのようなコンセンサスが国民との間でとれるとは現

在のところ考えられない。したがって、わが国の場合はまだ在宅入院は必要性が少ないと思われる。

②医療費抑制のインセンティブと在宅医療の構造的問題

　もう一つ考えなければならないことは、それでも財政面からの医療費抑制のインセンティブが働く可能性である。Chevreulらはフランス及びイギリス、オーストラリア、カナダの在宅入院制度を比較検討した研究から、この制度が目的どおり機能するためには、それをどのようにファイナンスするかが重要と結論している（Chevreul K, Com-Ruelle L, Midy F and Paris V, 2005）。わが国では在宅医療推進を目的として、在宅医療支援診療所・病院の取り組みが導入されているが、その算定施設数は伸び悩んでいる。2014年10月1日現在の在宅療養支援診療所届出施設数は、14,188施設である（厚生労働省「医療施設調査」）。松田（2009）が指摘するように、「今後、わが国において在宅入院制度を含めて在宅医療を進めていこうとするのであれば、なぜそれが進まないのか、担い手の育成と報酬制度のあり方、国民意識から検討する必要がある」。

　また、わが国において在宅医療が進まない理由のひとつは在宅医療の内容の変化にある（松田 2008）。現在増加している在宅医療の対象者の多くは診療所の外来医療からの移行ではなく、病院の入院医療から在宅に移行してきている。「このことは病院で行われていた医療が在宅で継続的に行われていく体制を必要とする。わが国のこれまでの在宅医療の促進は、診療所の外来医療の延長線上で考えられているように思われるが、この点に構造的な問題がある」（松田 2009）。在宅入院的な在宅医療を提供できるような仕組みが必要だとも、松田は述べている。

　Chevreulらは、病院と診療所の対立関係がある状況では在宅入院が進まないことを明らかにしている（Chevreul K, Com-Ruelle L, Midy F and Paris V, 2005）。これは病院と診療所がそれぞれカバーする範囲にまたがるものであり、当然両者の間にある種の緊張関係をもたらすことになる。フランスの場合、病院と診療所の連携のためのネットワークそのものに報酬をつけるという工夫をしている。そうした診療報酬上の工夫は不可欠である。

③在宅ときどき入院の可能性

　施設としては、かつて全日病が提案していた地域一般病院・病棟が慢性期の在宅患者を支援する仕組みが現実的な解決策であろうと思われたが、現在では地域包括ケア病棟が全国に設置されており、病院の中に在宅入院部門を設置し、そこに所属する医師・看護師・その他の医療スタッフによって在宅患者の支援が行われることは可能と考える[20]。

　地域包括ケア病棟は、2014年度診療報酬改定時に新設された特定入院料である。2016年6月1日時点の地域包括ケアの算定病院は、1,509病院（44,901床）であった。地域包括ケアは、亜急性期入院医療管理料を廃止し、2014年度診療報酬改定で新設されて以来増加傾向が続く特定入院料である。特に点数が高い地域包括ケア1が1,419病院（42,477床）、地域包括ケア2が95病院（2,424床）であった。

　病院での入院治療が必要な場合には、通常の入院が可能になることで利用者及びその家族の安心度も高くなり、安定的に在宅医療を展開することが可能となる。特に、人工呼吸器や経管栄養などの一定以上のレベルの医療を必要とする在宅患者の場合、緊急時に通常入院できる病院が運営する在宅入院制度のほうが安心感は高いであろう。

　もう一つ、2012年度介護報酬改定により、主として「在宅強化型老健施設」、「在宅復帰・在宅療養支援機能加算施設」、「従来型老健施設」の3種に分類された。このうち、強化型は在宅復帰率50％超などの要件、加算型は同30％超などの要件が課されており、要件を満たせば所定の加算を取得できる。特に強化型を取得すると、在宅復帰の支援は老健の経営にも大きな影響を及ぼす（公益社団法人全国老人保健施設協会 2015）。

　2017年介護保険法の改正により、老健の在宅復帰・在宅生活支援機能がより明確化された（厚生労働省 2017）。2018年度の介護報酬改定では、強化型の定義が変更され、週3日のリハビリが必須となるなどより条件が厳しくなっている（厚生労働省 2018）。つまり、近年より老健の在宅復帰支援施設としての役割が強く求められている。この点からも、在宅入院制度のような仕組みがあれば、要介護者の在宅復帰支援もすすむと考える。中村豪志（2018）によると、強化型では全退所者に対する自宅復帰者の割合は46.9％で、厚生労働省（2016）による老健から家庭に復帰したとされる33.1％よりは上回っ

たものの、50％には届いていなかった。強化型であっても純粋な自宅復帰者の数を伸ばすことは容易でないことがうかがわれている。

　さらに地域で在宅医療が機能するためには地域のナースステーションが必要であることは言うまでもない。医療ニーズの高い在宅高齢者が今後増加することを考えれば、24 時間 365 日、そのモニタリングを担う機能が地域に実装（implementation）される必要がある。そして、質の高い在宅医療を担う機能強化型訪問看護ステーション（2014 年度診療報酬改定）を有効活用することが重要であろう。しかも、それは必要な場合は入院につながる機能をもっていなければ、患者及びその家族の安心を保障できない（在宅ときどき入院）。

　松田は、「地域包括ケア病棟を持つ病院の訪問看護機能が重要になる。そして、在宅との連動性を考えれば、地域包括ケア病棟のスタッフがフランスの在宅入院のような形で在宅患者のケアを担う仕組みが望ましい」と述べる。そして「この場合、在宅の病床はその地域包括ケア病棟の一部とカウントされるため、院外に出ているとしても病床基準には違反しないルールとなる。また、地域包括ケア病棟のレスパイト入院についてはその是非について議論があるが、それも含めて柔軟な機能が地域包括ケア病棟に付与されるべき」であり、「そうでなければ在宅患者の持つ多様なニーズに応えることはできない」。さらに、「在宅入院的な機能を担う看護師については医師の包括的な指示のもと、現在より広い範囲の裁量権を付与されるべきである」と述べる（松田 2015）。

　筆者もこのような形態の実現可能性は否定しない。しかし、「言うは易し行うは難し」である。果たして、わが国の医療機関でこのような形態を実現できる医療機関がどれくらいあるのか、いくつかの医療機関を思い浮かべることはできるが、かなり想像し難い。また、現在では看護小規模多機能型居宅介護が制度化されており、有効に用いる必要があるとも考える。同じ地域密着型サービスである小規模多機能型居宅介護では対応できなかった、医療ニーズの高い利用者の対応が可能である。しかし、事業所数は 2016 年 10 月末時点で 330 カ所で留まっており、自治体によっては実施していないところもある。1 日に利用できる通所サービスの定員は 18 人以下、泊まり 9 人以下となっているため、定員を超えると利用できないなどの制限もある。制限

を緩和し、より使い易い制度とすべきである。

　また、HADを必要としているのは、フランスでも農村部で医療機関が少ない地域とされる。HADの患者は自らの環境を変えることなく治療を受けられるので、特に高齢者にとっては、リスクが高い急な環境の変化による悪化を防ぎ、有効であると考えられている。

　しかし、患者がHADの利用を希望しても、患者宅に信頼できる効果的な家族環境や社会現象がなければ、HADサービスを利用することはできない。つまり、今日的に考えると、地域包括ケアシステムが脆弱であると、この制度は有効ではないということであるし、医療サービスが実効性を持つためには、看護や介護のみならず生活支援を含む福祉等のサービスを同時に適切に提供するためのコーディネート機能が必要であり、その前提として臨床的統合が達成されなければならない。こうしたコーディネート機能を担うとともに、システム全体のマネジメントをしうる人材として、看護師には大きな期待がかけられている。この点では、現場の方が先に進んでいるとも思われる。

④地域医療構想と在宅入院制度

　もう一つは、地域医療構想との関係である。全国の第二次医療圏における医療機関の医療機能が調整されているときに、高度医療の一部を外出しするという政策合意が、関係者間で得られるとは考えられない。在宅入院という制度自体がよく理解されていないわが国の現場において、在宅医療分野に混乱を持ち込むものとして、現段階で在宅入院制度導入を検討俎上にのせることは難しいと考える。

(4) 結論

　以上、フランスの在宅入院制度に関して調査結果と文献調査から得られた知見を述べてきたが、今後、わが国において在宅医療の推進が必要なことには異論は少ないと思われる。疾病構造が大きく変化し、また国民の医療に対する関心と期待が大きく変わってきている今日、新しい在宅医療の基盤整備が必要である。それは、これまで入院で行われていた医療を在宅で行うための基盤整備である。これは診療報酬上の新たな報酬の設定のみならず、医療法や医師法、保健師助産師看護師法（保助看法）、薬事法など関連諸制度の

広範な見直しも必要であり、場合によっては介護保険制度の見直しも必要となるかもしれない。そして何よりも、医療者と患者及び家族を含めた関係者の意識変革が求められることになる。

　仮に在宅入院制度を検討するにしても、当然、フランスと同じような在宅入院制度を実現することではなく、患者にとって最も良い選択は何かという一点において、検討すべきであろう。単に在院日数を短くし、病床を減らしさえすれば医療費抑制になるという考えから、単純に在宅入院制度を導入するというものではない。患者のための医療をどのように提供するかという問題である。

---

1)　地方病院庁（Agence Régional Hospitalisation, ARH）は病院対象であったが、保健、障害者、高齢者、介護などを担当する地方健康庁（ARS）となった。
2)　高齢者自助手当（APA）（日本の介護保険制度に相当）は、2001年3月に議会に提出され、2002年1月1日から実施された。APAによる在宅介護サービスを受けることになる。なお、施設個別自律手当（施設APA）が適用される老人ホームでは、「介護サービス」に該当する部分のみが対象となる。「医療・看護サービス」は自己負担となるが、低所得者の場合は、社会扶助（aide sociale）が適用される。ただし、社会扶助が適用されるのは、県と施設間で協定を交わした施設に限定される。
3)　ディジョンは、フランス中部に位置する都市。ブルゴーニュ＝フランシュ＝コンテ地域圏の首府、コート＝ドール県の県庁所在地である。かつてはブルゴーニュ公国の首都であった。マスタードの生産地として知られる。
4)　HADのロジスティックについては、サンテ・セルヴィスを事例として第4章で詳しく述べる。
5)　図3-2はFNEHADの2015年度の報告から抜粋したものである（FNEHAD, 2016, p.53.）。FNEHAD, 2015.と比べてみると、2014年度のHAD利用前とDHA利用後の在宅、病院、死亡の数値が若干変化している。2014年度報告によると、HADによるサポートを経て、在宅への復帰率は57％（＋2ポイント）、病院への入院は33％（－1ポイント）、そして死亡は10％（－1ポイント）となっている（FNEHAD, 2015, p.45.）。つまり、在宅復帰率が1年間で2ポイント減少し、病院への入院は1ポイント増加し、死亡は1ポイント増加したことになる。
6)　マルティニーク（Martinique）はフランスの海外県の1つであり、カリブ海に浮かぶ西インド諸島のなかのウィンドワード諸島に属する一島。
7)　ドイツ語ではエルザスElsass。フランス東部、ライン川に沿ってドイツと国境を接する地方。オーラン、バラン両県およびベルフォール特別区からなる。なお現在の地方行

政区分のアルザス地域（レジオン）にはオーラン、バランの 2 県が含まれる。
8） カリブ海、小アンティル諸島中部にあるフランスの海外県。バステール島、グランドテール島と周辺の島々からなる。1635 年フランス領に、1946 年海外県になる。サトウキビ、バナナの栽培が盛んである。人口 45 万人（2006 年）。
9） ギュイヤンヌは、南アメリカ北東部に位置するフランスの海外県ならびに海外地域圏。ただし、ギュイヤンヌ地方との混同を避けるためギュイヤンヌ・フランセーズ、また日本では意訳したフランス領ギアナで知られる。西にスリナム、南と東をブラジルのアマパー州と接し、北は大西洋に面する。面積は北海道とほぼ等しい。
10） コルシカ島、または、コルス島は、地中海西部、イタリア半島の西に位置するフランス領の島である。面積は約 8,680㎢と、地中海ではシチリア島、サルデーニャ島、キプロス島に次いで 4 番目に大きく、人口は約 30.2 万人である。
11） アキテーヌ地域圏（仏：Aquitaine, Oc: Aquitània, Beq: Akitania）は、フランス南西部のかつて存在した地域圏である。北はリムーザン地域圏とポワトゥー＝シャラント地域圏、南はスペインに接する。西は大西洋に面している。地域圏内に 5 つの県（ドルドーニュ県、ジロンド県、ランド県、ロット＝エ＝ガロンヌ県、ピレネー＝アトランティック県）を含む。最大都市はボルドー。この地域の住民はアキテーヌ人（英語版）と呼ばれる。
12） 松田晋哉は、「フランスにおける近年の医療制度改革の動向をみると、フランスはもともと社会主義的な傾向が強く大きな政府になってきているが、その中で医療費の負担が非常に大きなものになっていたので、1980 年代から医療制度改革をどうするかが歴代フランス政府の一番の課題であった。転機になったのは、アラン・ジュペ（ジュペ, アラン）という天才的な首相が行った、いわゆる 1996 年のジュペプランであり、これが今でもフランス医療制度改革の基本になっている」と述べている（松田 2014。（ ）は筆者による）。また、加藤智明は、「1995 年 11 月 15 日に国民議会に示されたジュペプランは、関係するすべての組織の責任を強化するとともに、社会保障の負債を早急に解消し、21 世紀を担う次世代のためにより公正な社会保障制度の構築を目指した。こうして社会保障財政法律は、公正の確保と責任の強化に関連して、社会保障財政に関する議会の責任を強化するために憲法を改正して制定された」と述べている（加藤 2007）。
13）（資料）FNEHAD, 2016, p.58. に掲載されている原表には、クラス A ～ E、DI についての説明書きはなく、これらが意味することは不明だったため、本書執筆にあたり、L'indicateur ICA-BMR｜APHP. と L'indicateur ICALIN｜APHP. のサイト、および Haute Autorité de Santé (HAS), 2016. を参考にして、「在宅での院内感染」について、記述した。
14） 松田晋哉は、「Yale 大学の Fetter 教授らの研究グループは、臨床的な診断に加えて、医師や看護師その他の人的資源、医療品や医療材料といった物的資源など、医療資源の必要度から、各患者を統計上意味のある 500 程度のグループに整理・分類する方法を開発しました。これが DRG です。すなわち、臨床的な類似性と資源消費の均質性から各患者を分類する方法が開発されたのです。この DRG が開発されたことで、DRG 単位で医療資源の使用状況や治療成果を医療施設間で比較すること、あるいは同じ施設で時系列で比較することが可能になり、質を考慮しながら病院の経営の効率化を継続的に行っていくことが可能になったのです」と述べ、「この DRG は資源消費の均質性という

特徴のゆえに1983年に高齢者を対象とした公的医療制度であるMedicareの入院医療費の支払い方式として採用されました。これがDRGに基づく1件あたり包括払い方式（Prospective Payment System）、いわゆるDRG/PPSと呼ばれるものです。また、このDRGは連邦病院財政庁HCFAの名を冠してHCFA-DRGと命名されましたが、現在はHCFAがCMSとなりましたのでCMS-DRGと呼ばれています」と述べている（松田2004）。

15) 第1章注16参照。
16) カルノフスキー指数とは、ホスピス等で使われる介護度ツールで、患者の日常動作の指標でもある。100（正常）から90、80、70、60、50、40、30、20、10、0（臨死期、生命の危機にかかわる変化が急速に進行する）と、10点刻み11段階で評価する。
17) ホスピタル・フィーとは、入院医療に必要となる基本的費用である。医師の手技に対する報酬というよりは施設使用料に近い。入院基本料や各種入院、各種入院管理料や室料などがこれにあたると考えられる。「はこ」や「もの」など固定費にかかる費用もこれに含まれる。こういった費用は、標準化することが容易であり、しかも患者のケースに応じて多様であるため包括払いには向かず、出来高払いのほうがよくなじむ（全日病総研 2010：9）。
18) 篠田道子は、「2012年末の全国HADの施設数は317施設、患者数は104,960人で入院患者の1.5%を占めている」と述べている（篠田2016）。筆者らの2016年調査では、HADの患者数は退院患者数の1%と説明された。入院患者数の1.5%と退院患者数の1%では、5年間のあいだにどのような変化があったのか、別途調査が必要である。
19) 慢性閉塞性肺疾患（COPD）は、代表的な慢性呼吸器疾患の一つであり、肺胞の破壊や気道炎症が起き、緩徐進行性および不可逆的に息切れが生じる病気である。多くの場合、咳嗽や喀痰も見られる。気管支喘息も閉塞性肺疾患の一つであるが、COPDとは異なる病態として区別されている。しばしば混同されているが、アレルギーを主病因とすること、通常は可逆的であること、好発年齢（ある特定の病気にかかりやすい年齢）が若い、などの点でCOPDと異なる。COPDと喘息が合併する場合も知られている。2012年には世界で年間300万人がCOPDで死亡しており、これは世界における死因の6%を占める。死者の90%以上は中低所得国である。2030年までに、COPDは世界3位の死因になるであろうとWHOは予測している。
20) 2016年度診療報酬改定で、地域包括ケア病棟について手術・麻酔が出来高算定できるようになったことを、猪口雄二（全日本病院協会副会長）は評価している。そして「地域包括ケア病棟は、全日病が提唱する地域一般病棟に相当するものであるとし、地域の高齢者に対して、全人的な医療を提供する病院の姿を示した」。一概に判断するのは難しいが、急性期の患者で本当に高度な医療が必要な場合と、そうでない場合がある。「今後はできる範囲の医療は提供するけれども、その後はなるべく苦痛を与えず、家族にも納得してもらい、全人的な医療を提供するほうが望ましいケースが増えてきます。そのような役割を地域包括ケア病棟が担うのだと思います」と述べており、高度医療が必要な患者とそうでない患者の両方を担うとしている（猪口2016）。ただし、地域包括ケア病棟は当然高齢者医療だけを担うわけではない。

文献

Air Liquide Group (https://www.airliquide.com/group).

Anderson C, Mhurchu CN, Rubenach S, et al., Home or hospital for stroke rehabilitation? Results of a randomized controlled trial Il : cost minimization analysis at 6 months. *Stroke,* 31 (5), 2000, pp.1032-1037.

Assistance publique-Hôpitaux de Paris, APHP (http://www.aphp.fr/).

Chevreul K, Com-Ruelle L, Midy F and Paris V., *Le deve'loppment des services de sions hospitaliers à domicile,* Paris : IRDES, 2005.

Croix Saint-Simon (http://www.croix-saint-simon.org/).

Dijion (https://www.dijon.fr/).

Farreo E, Escarrabill J, Ptats E, et al., Impact of a hospital-based home-care program on the management of COPD patients receiving long-term oxygen therapy. *Chest,* 119 (2), 2001, pp.364-369.

Fédération Nationale des Ètablissements d'HAD (FNEHAD), *L'Hospitalisation à domicile (HAD),* 12 octobre 2016.

FEDOSAD (FEdération Dijonnaise des Oeuvres de Soutien A Domicile) (http://www.fedosad.fr/).

FNEHAD, *Report d'activité de la FNEHAD 2012-2013,* Assemblée Générale 2013 Dax, 2013.

FNEHAD, *Rapport d'activité, 2014-2015,* Assemblée Générale 2015.

FNEHAD, *Rapport d'activité, 2015-2016,* Assemblée Générale 2016.

Haute Autorité de Santé (HAS), Indicateurs de qualité et de sécurité des soins, Infections Associées aux Soins (ex-Tableau de Bord des Infections Nosocomiales), Résultats nationaux de la campagne 2016-Données 2015, Décembre 2016.

Hubert, Elisabeth., *Discours de la 18éme Joumée Nationale del' HAD,* 2014.

Knowelden J, Westlake L, Wright K and Clarke S., Peterborough hospital at home : an evaluation, J Public Health Med, 13, 1991, pp.182-188.

Leff B, Burton L, Marder SL, et al., Hospital at home: feasibility and outcomes of a program to provide hospital level care at home for acutely ill older patients, *Ann Inern Med,* 143, 2005, pp.798-808.

L'indicateur ICA-BMR｜APHP (https://www.aphp.fr/contenu/lindicateur-ica-bmr).

L'indicateur ICALIN｜APHP (https://www.aphp.fr/contenu/lindicateur-icalin).

Santé-Service (http://www.fondation-santeservice.fr/).

Subirana Serrate R, Fetter-Roca O and Gonzalez-Davila E., A cost-minimization analysis of oncology home care versus hospital care. *J Telemed Telecare,* 7 (4), 2001, pp.226-232.

Shepperd S and Iliffe S., Hospital at home versus inpatient Hospital care [Cochran Review], *The Cochran Database of Systematic Reviews,* 2005.

Terrade, Oliver, Tsutui, Takako, and Cottencin, Alexiis., Hospital care at home in France: an alternative to conventional hospitalization with the same obligations towards quality and administration, *Journal of the National Institute of Public Health,* Vol.61 No.2, 2012, pp.148-

154.
猪口雄二「インタビュー　地域包括ケアを担う中小病院に評価を　高齢者の急性期に全人的な医療を提供」『社会保険旬報』No.2646、社会保険研究所、2016年7月21日、pp.6-9。
奥田七峰子「看護師のやりがいにつながる高い報酬〈フランス〉」『Community Care』6 (1)、日本看護協会出版会、2004年、pp.17-22。
奥田七峰子「フランスにおける産科医療の現状レポート」日医総研ワーキングレポート『産科医療の将来に向けた調査研究』No.141、2007年4月27日、pp.149-164。
奥田七峰子「特集：世界の高齢者住宅とケア政策　フランスの高齢者をめぐる住宅環境とケア政策」『海外社会保障研究』No.164、国立社会保障・人口研究問題研究所、2008年Autumn、pp.77-88。
片桐由喜「第2章　フランスにおける医療制度改革」松本勝明編『医療制度改革　ドイツ・フランス・イギリスの比較分析と日本への示唆』旬報社、2015年、pp.101-140。
加藤智明「特集：フランス社会保障制度の現状と課題　フランス社会保障制度を考える視点」『海外社会保障研究』No.161、国立社会保障・人口研究問題研究所、2007年Winter、pp.4-14。
健康保険組合連合会「医療保障総合政策調査・研究基金事業　医療・医薬品等の医学的・経済的評価に関する調査研究――フランスにおける取組を中心として――報告書」2014年6月。
小磯明『高齢者医療と介護看護――住まいと地域ケア』御茶の水書房、2016年、pp.349-360。
公益社団法人全国老人保健施設協会『在宅支援推進マニュアル総論・入所編』リベラルタス・クレオ、2015年、pp.9-11。
厚生労働省「平成28年介護サービス施設・事業所調査の概況」2016年。
厚生労働省「社会保障審議会介護給付費分科会第144回（2017年8月4日）参考資料」。
厚生労働省「平成30年度介護報酬改定における各サービス毎の改定事項について。社会保障審議会介護給付費分科会第158回（2018年1月26日）参考資料1」。
篠田道子「特集：地域包括ケアシステムをめぐる国際動向　フランスにおける医療・介護ケアシステムの動向――在宅入院制度による集中的ケアマネジメントを中心に――」『海外社会保障研究』No.162、2008年Spring、pp.29-42。
篠田道子「特集：社会的入院の解消　フランスにおける長期入院への対応――在宅入院制度の展開から――」『健保連海外医療保障』No.87、健康保険組合連合会、2010年9月、pp.21-28。
篠田道子「特集：超少子高齢社会における医療・介護のあり方　医療・介護ニーズの質的変化と地域包括ケアへの取り組み――フランスの事例から――」『季刊 社会保障研究』Vol.1、No.3、国立社会保障・人口問題研究所、2016年、pp.539-551。
社団法人全日本病院協会全日病総研「ホスピタルフィーのあり方について（研究報告書）」2010年3月。
善生まり子「フランスの在宅入院制度および在宅ケアシステムについて看護の観点から学

ぶ〜（財）日本訪問看護振興財団『フランスの訪問看護事情視察』に参加して〜」『埼玉県立大紀要』13、2011 年、pp.139-147。
筒井孝子「地域包括ケアシステムにおける看護マネジメントとは　フランスの在宅入院制度（HAD）からの示唆」『看護管理』Vol.25、No.08、医学書院、2015 年、pp.688-693。
中村豪志「在宅強化型の介護老人保健施設における自宅復帰の実態」『厚生の指標』第 65 巻第 13 号、厚生労働統計協会、2018 年 11 月、pp.20-25。
松田晋哉「短期集中連載　DPC 入門——Diagnosis Procedure Combination　第 1 回　診断群分類とは何か」『週刊医学界新聞』第 2603 号、2004 年 10 月 4 日。
松田晋哉「第 5 章　診断群分類導入の国際的動向と医療費への影響」田中滋・二木立編『医療制度改革の国際比較』勁草書房、2007 年、pp.99-120。
松田晋哉「在宅医療推進のための課題」『日本医事新報』No.4385、日本医事新報社、2008 年、pp.80-84。
松田晋哉「英仏の在宅入院制度と日本への導入可能性」『社会保険旬報』No.2380、社会保険研究所、2009 年 3 月 1 日、pp.10-15。
松田晋哉「特集：諸外国における高齢者への終末期ケアの現状と課題　フランスにおける終末期ケアの現状と課題」『海外社会保障研究会』No.168、国立社会保障研究所・人口問題研究所、2009 年 Autumn、pp.25-35。
松田晋哉「欧州の医療制度改革の動向——フランスとオランダを中心に」『平成 24・25 年度医療政策会議報告書　日本における社会保障のあり方——欧州の社会保障の比較・検証から——』日本医師会医療政策会議、2014 年 3 月、pp.133-179。
松田晋哉「特集　地域包括ケアの中核としての病院看護部門　フランスの在宅入院制度から考えるこれからのわが国の病院看護師の役割について」『病院』Vol.74、No.5、医学書院、2015 年 5 月、pp.39-44。
真野俊樹「フランス医療制度から日本への示唆：日本に近い制度を持つ国からの学び」『共済総合研究』第 63 号、共済総合研究所、2011 年、pp.64-81。
宮島俊彦「空模様　第 47 回　在宅入院制度」『週刊 国保実務』第 3013 号、社会保険実務研究所、2016 年 6 月 13 日、p.44。

第4章

フランスの在宅入院の事例研究

サンテ・セルヴィスの実践と戦略

第1節　サンテ・セルヴィスを事例とする意味と研修の概要

1.　サンテ・セルヴィスを事例とする意味

　本章は、第3章で詳述した「フランスの在宅入院制度に関する研究——在宅入院全国連盟の活動と課題」に続く、事例研究である。本章で取り上げるサンテ・セルヴィス（Foundation Santé-Service）は、フランス最大手のHADである。第3章では、「パリ市内のHADは、3つの大手しかなく、シェアは99％である」と述べた。クロワ・サン・シモン（Croix Saint-Simon）、サンテ・セルヴィス（Santé-Service）とパリ公立病院協会（Assistance publique-Hôpitaux de Paris, APHP）HADとあわせて3つである。

　筆者は、2005年11月に、パリ公立病院協会所属在宅入院機関を訪問し、拙著『高齢者医療と介護看護』（2016：349-354）で紹介している。本章が、パリの3つの大手HADの内の2つ目の調査先となる、サンテ・セルヴィスを事例として取り上げることは適当であると考える。

　サンテ・セルヴィスを事例として取り上げる理由は、2016年10月に訪問したフランス・パリでの在宅高齢者ケア調査で、サンテ・セルヴィスを訪問し、1日コースの正規講習を受け、デリバリーシステムの視察を行ったからである。講習は、職員教育のための研修であり、サンテ・セルヴィスの中で行われている生涯教育プログラムである。そのプログラムをそのまま視察訪

問者にも同じように提供している。その責任者が、ギオ, セレンさんであった（以下、講習とデリバリーシステムの視察を合わせて「研修」という）。

　研修は、物流センターの視察も含めると、4つのパートから構成される、大変豊富な内容であった。時間的にも9時半〜17時半までの8時間（昼食1時間を含む）といった、長い時間の研修であった。その研修内容の詳細を事例として紹介することは、非常に意義あることと考える。研修の内容を簡単に次に説明する。

2. 研修の概要

　まず、HADとはどういうものか、在宅入院の説明、次に、サンテ・セルヴィスの沿革、方針について、社長のカルモン, ミッシェル（CALMON, Michel）氏から説明があった。在宅入院とは、箱物の入院とどこが違うのか、そしてフランスはどうしてこの在宅入院という入院の形を採用し、現在力を入れているのか説明を受けた。入院を自宅を病院とみなして行っていること、HADの定義について、そして国全体としてどのような医療提供者があるのか、について説明があった。次に、どのような支払いになっているのか、システムの説明があった。そして最後に、サンテ・セルヴィスはどういったサービスを提供しているか。特にプロフェッショナルに向けた研修教育に大変力を入れている。それで、サンテ・セルヴィスはとても人気が高い。在宅医療を行う医療者はここで研修を受けている。あるいは病院スタッフにサンテ・セルヴィスの研修を受けさせようということもあり、サンテ・セルヴィスの教育事業の説明を受けた。最後にケータリングについての説明を受けた。

　2番目に、サンテ・セルヴィスのマシュー, シルベーヌ（MATHIEU, Sylvaine）看護部長からは、実際の活動内容について説明を受けた。そして午後は、ガンドリーユ, ニコラ（GANDRILLE, Nicolas）医師より説明を受けた。ガンドリーユ, ニコラ医師からは、HADの中で医師は何をしているのか、どんな内容になっているのか、メディカルな側面について説明を受けた。

　最後は、物流センターを視察し、物流工程について説明を受けた。

3. 本章の構成

　以上の研修概要を踏まえて、カルモン, ミッシェル氏の説明はHAD全体のことであり第3章と重複するが、問題を改めて整理するために、課題の設定として述べた。調査結果の第1には、研修当日に配布されたサンテ・セルヴィスのデータ等から記述した。第2には、マシュー, シルベーヌ看護部長から説明を受けたサンテ・セルヴィスの実際の活動内容について記述した。第3には、ガンドリーユ医師のMédecin coordonnateur（コーディネート・ドクター）としての活動について記述した。第4は、薬局と物流センターを視察した結果をまとめたものである。そして、最後に、考察よりもまとめのほうが適切と考えて、問題意識を提示した。

第2節　在宅入院制度に関する課題の設定

1. 在宅入院制度の現状
（1）在宅入院の良い面

　1991年病院改正法によって、病院に代替するものができてきた。今まで入院して行ってきたものが徐々に外来で、あるいは在宅で行われるようになっていった。たとえばデイサージェリー（day surgery, 外来手術）は1日で手術をしてその日のうちに帰って行く。デイサージェリーは入院しない。次にデイホスピタル（day hospital）[1]である。検査項目を全部プログラムして、朝病院に入り検査したら夕方には病院から出て行く。そして、在宅入院制度（L'hospitalisation à domicile, HAD）である。家のベッドを病院のベッドと見なす。この3つが医療機関の入院に代わるものである。

　在宅入院は本当に良いところがたくさんあると言われている。たとえば国民の調査によると、4人のうち3人が自宅で治療ができるのであればそれを望んでいる。次が、顔なじみのスタッフ、毎回違う人が訪問するのではなく、いつも同じ人が訪問することによって、サービスのクオリティを上げる。そして、トータルなケアである。精神的にはもちろん身体的にも、そして社会的にもといった、3つの側面からの治療である。これはWHOによると、精神的、身体的、そして社会的に良い治療である。これらを見た上でのケアを

する。次に自宅には、他の患者が入院しているわけではないので、院内感染リスクがぐっと下がることである。そして経済的であることは、国の財政から見れば大変良いことである。

（2）HADを含む在宅介入機関

　HAD以外にも、もちろん在宅に介入する人たちがいる。自宅に往診するかかりつけ医、開業看護師たちが訪問する。かかりつけ医がオーダーを出して、それを行うのが開業看護師である。開業看護師は国内に10万人いるといわれている。それから開業リハである。リハ士は64,000人いるといわれている。その他にも、言語セラピスト、聴覚セラピストたちが開業している。開業している人たちは自宅を訪問し、コ・メディカルな部分を担っている。

　次にシアッド（SSIAD, 看護介護事業団）がある。看護師と介護士がいるが、主に行うのはナーシングと介護である。1日当たりの単価が30ユーロ（3,450円）である（2016年10月の平均相場115円で計算。以下同様）。

　HADは、病院で行っているような高度な技術・行為を自宅で提供している。たとえば術後の管理、ケモテラピー（chemotherapy, 化学療法）、ALS（Amyotrophic lateral sclerosis, 筋萎縮性側索硬化症）に代表されるような難病（難性の病気）の人たち、そしてALD（affectation de longue ducée, 長期慢性疾患）の患者も多い。シアッドとHADの違いは、頻回と高度の2つのキーワードで表せる。1日に何回、週に何回、頻回に訪問するか、そして高度な技術を提供できるか、この2つがシアッドとHADの違いである。

（3）在宅入院は病院で行っていることと同じ

　在宅入院は箱物の病院と行っていることは同じである。ただ場所が患者の自宅のベッドのことをいっているだけで、当然のことながら入院して退院するという入院期間が確かにある。場所は何も変わらないので、そういう感覚はないかもしれないが、病院と同じ計算式になっていて、退院がある。そしてその間に、コ・メディカルの医療者が来て、急性期の治療であれば乳児から100歳の高齢者までのどのような疾患にも対応する。そして頻回な介入が必要であること、高い技術を提供する必要があることが、他の在宅サービスの介入機関とは違う。

これにより政府としては、患者が入院を回避できること、あるいは入院期間を短縮してより早く退院ができること、これらの利益がある。そして場所は自宅だが、完全に病院とみなしているので、ベッドを1つ増やしたり予算を増やしたりするには ARS（Agence Régionale de Santé, 地方健康庁または地方圏保健庁）からの認可が必要である。ARS の認可なしに在宅入院病床を拡大することはできない。やはりそこも病院と同じである。さらに、HAS（Haute Autorité de Santé, 高等保健機構）から第三者機能評価を受けている。これも病院と同じである。自宅だからといってそういった評価がないかというとそうではなく、公的な機関が評価をしている。

2. 多職種連携

（1）HAD には入院環境が重要

　開業看護師が帰ってしまうと、医療がまったくない状態の自宅である。それで済む患者はそれで構わない。在宅入院ではもっと継続的に介入する。それからロジスティックの部分が重要となる。薬剤等の物品や酸素、重度の機材もすべて自宅に入れての入院環境が必要になる。ベッドも変わるし、ベッド周りも変わる。そういったものを運び込める環境でなくてはならない。一人暮らしであることで何か不便があってはいけない。そのため、独居の人には少しプログラムが変わってくる。MRI（Magnetic Resonance Imaging, 核磁気共鳴画像法）[2]や CT（Computed Tomography, コンピュータ断層撮影）[3]などの検査が必要なときには、当然検査に行かなければならないので、HAD ではできない。そういったときには HAD の断りの対象になる。

（2）コーディネート・ドクター

　病院から退院するときに、病院の医師が「これからこういう内容のことを退院した後は自宅で続けてください」と指示箋を書く。HAD はそれに従った治療を行っていく。治療となったそもそもの出発点は、80％が病院の医師からの指示箋である。残りの 20％はかかりつけ医からの紹介で、病院入院をさせる必要はないけれども、このままでは少し良くないので自宅で治療を続けていこう（その意味では、高齢者が多いかもしれない）といったケースの患者は指示箋をもらい在宅入院に入る。ターミナルケアは特に多い。これ

によって入院が回避できる。

　病院から退院支援室を通して、指示箋をもって退院してくる。しかし自宅に長くいる間に調整が必要になってくる。その調整の部分を担うのがかかりつけ医である。病院の医師と患者の近くにいるかかりつけ医、そしてもう1人がHADのコーディネート・ドクターである。このコーディネート・ドクターが、病院医師とかかりつけ医の間の調整を行う。

（3）頻回介入する人たち

　どういった医療者が頻回介入するのか。まず、在宅入院のプロパーの医療者である。Infirmière coordinatrice（コーディネート・ナース）、コーディネート・ドクター、あるいは実際に訪問して医療行為をする看護師が、まず被雇用者でHADの中にいる。しかしそれだけではまかないきれない部分がある。都市部ではまだいいが、地方でそこまで人を置くと無駄がでてしまう。それより近くにいる開業看護師を使ったほうがよい。そういう場合はHADのプロパーで雇用された看護師は使わず、開業看護師を呼ぶ。そしてこの開業看護師は、HADのスタッフではないがHADから支払いを受ける。

　さらにはベッド、車椅子、歩行器を販売している会社などには、酸素ボンベを扱ったり、メディカルベッドを作ったりしている会社もある。そういった会社に直接連絡をする。その中に資格を持つ人がいたら、住宅改修の依頼をする。それらもコーディネートする。必要な人をHADから派遣するし、色々な外部の人に依頼し患者宅に直接訪問してもらうこともある。これらも在宅入院のための仕事である。

3.　在宅入院制度の現状と課題

（1）HADの費用抑制

　2015年現在で、年間延べ人数で105,008人の患者が在宅入院を利用した。これはサンテ・セルヴィスだけでなく、他のHADも含めたすべての延べ患者数である。平均在院日数は25日である。ALSの患者や神経変性の病気の患者、難病の人たちはこの25日には入らない。同じく2015年に使われた在宅入院の医療費（＝在宅入院のマーケット）は、9億1,400万ユーロ（1,051億1,000万円）である。これは2015年の在宅入院の総額である。さらに1

日当たり平均で見ると、患者1人当たり在宅入院医療費は197.4ユーロである。これは1日当たり22,700円である。一般の病院と比べ、実に10分の1である。一般の病院に同じ病気で入院すると、病院の診療報酬が高いこともあるが、1日当たり平均2,000ユーロ（230,000円）である。さらにデイホスピタルの場合はどうか。朝病院に入り検査を全部して、あるいは処置をして夕方に出てくる。これも入院の一部である。この場合、1日700ユーロ（80,500円）である。入院に比べると医療経済的に良いが、さらにもっと良いのがHADである。

2005年時点でのHADは123であったが、2015年は308になっている。2005年では35,017人だった患者数は2015年には105,008人となっている（FNEHAD 2016：43）。在宅入院という機関が2.5倍増、患者数は3倍増になっていることが最も重要な点である（小磯明2017a）。

2007年からは高齢者ホームに行くことができた。そして2012年からは障害者施設、ALSなどの難病患者にも、訪問できるようになった。このように法律は2007年と2012年に変わった。HAD全体の約5％が施設での活動で、95％は自宅で活動している。

HADの運営母体を見ると、62％がNPO（Non Profit Organization）である。HADのほとんどが平均50床規模である。これ以上の大きなものは極めて稀で、およそ50床というところが圧倒的に多い。26％が公立で、12％が民間営利である（サンテ・セルヴィス研修資料より）。

（2）支払方式の課題

フランスの医療費は2階建てになっている（小磯2017b）。疾病によって違いがあるが、大きくいってしまうと、80％が公的保険で支払われる。残りの20％が補足保険の2階部分の保険から支払われるようになっている。支払の方法は、病院はDRG（Diagnosis Related Group）[4]で支払われている。HADの場合は日額になっている。つまり、DPC（Diagnosis Procesdure Combination）にもとづいて評価される入院1日当たりの定額支払い制度である。「日額いくら」かは毎年制定されるが、交渉の後、料金を決めるのに4つの側面から見る。まず、主治療である。主病、副病という考え方があるのと同じように、主治療、副治療というのがある。たとえば主に行うのがターミナルケ

アなのか、そして副治療として経管栄養もするとか、人工栄養もするとかと、いくつか選択する行為がある。それと、カルノフスキー指数[5]がある。これは要介護度といったらよいと思うが、ターミナルケアのときに使われる要介護度なので、高齢者介護の要介護度とは違った観点で見る。それから4つの期間によって、だんだん支払額が下がっていく。まず同じ主病、副病、カルノフスキー指数であっても、1日目から4日目までは高い支払額がついているが、5日目から9日目になると少し低くなる。さらに10日目から30日目になると、さらに低くなる（約10％ずつ下がっていく）。そして最後は31日を超えると、ぐっと下がる。この4つの期間によって支払額が下がっていく。

　症状が悪化した場合はどうなるのか。サンテ・セルヴィスでも現在政府に要求しているところだそうだが、特に長期の慢性の患者や神経変性の疾患の患者の場合、長くなれば悪くなるので、少なくともその下げ率をそういった疾病の患者に関しては下げないで同じにしてほしいと要求している。しかし現実は約10％ずつ、4日目を過ぎたら下がる、9日目を過ぎたら下がる、となっている。

　それから日額の平均は197.4ユーロ（22,700円）であり、これで疾患別に全部をカバーする。197.4ユーロは平均値なので、もっと高い疾患もあれば、もう少し安い疾患もあるが、ともかく政府が決めた日額ですべてをカバーする。すべてとは何かというと、医師であり、看護師であり、リハビリであり、薬剤であり、使用する色々な物品であり、そういったものすべてを平均197.4ユーロの中でカバーしなければならない。さらにHADの雇用ではない開業看護師等に訪問を依頼した場合にもHADから支払うことは先に述べた。

　ただし抗癌剤などの高額薬剤は除く。そういったものは別付けすることができる。色々な疾患を全部入れて平均的に1日当たり197.4ユーロで、最も安いものでは、たとえば正常の新生児管理が1日当たり80ユーロ（9,200円）、高いものでは人工呼吸が1日当たり300ユーロ（34,500円）となっている。そうはいっても箱物の病院と比べたら、断然安い。たとえば、筆者らがサンテ・セルヴィスの研修前日に訪問した、パリ市内にあるフランス赤十字社（Croix-Rouge française）アンリ・デュナン病院老年学センターでは、入院1

日平均 600 ユーロ（69,000 円）と言っていたので、かなり安いことがわかる（第 1 章）。

4. 本章の目的

　以上の経緯と理由から、本章は「サンテ・セルヴィスの実践と戦略」として、事例研究を行うこととする。研究方法は、講習内容を正確に理解するために、ボイスレコーダーで録音した内容を素起こし（逐語録）し、当日サンテ・セルヴィスから配布された資料も使用して、帰国後行った文献・資料調査を含め、事例としてまとめた。

　本章の目的は、第 3 章で展開したフランスの在宅入院制度に関して、サンテ・セルヴィスを事例として、その具体的活動内容を詳述し、日本の医療制度への示唆を得ることである。

第 3 節　サンテ・セルヴィス

1. サンテ・セルヴィスの組織
（1）主な指標

　サンテ・セルヴィスが所在するのは、パリ市のあるイル・ド・フランス（Île-de-France）地方である[6]。フランス中北部の地方である。現在はパリ市を中心にその周囲を取り巻く 7 県からなる地方をさす。1961 年にパリ地域圏として作られたものが 1972 年に「イル＝ド＝フランス」に改名された。イル＝ド＝フランスとは、「フランスの島」のことである。セーヌ川をはじめ、オワーズ川、マルヌ川などの川によって、島のような地形になっていることから名付けられた。フランス全人口の 19％を占める。王家発祥の地であり、フランス発展の中心である。

　サンテ・セルヴィスは、1958 年に癌対策連盟、ギュスターヴ・ルシー（Gustave Roussy）研究所（欧州最大の癌治療センター）によって設立されたアソシエーションである（DURAND, Nicolas, et al., 2010）。ルシー研究所は看護師教育の草分けであり、また癌対策連盟は、非営利医療組織運動体として非営利セクターの中で現在も大きな役割を果たしている。1960 年代には癌患者治

表 4-1　サンテ・セルヴィスの主な指標（2015 年度）

Number of patients treated（取り扱い患者数）	12,492 人
Number of day（延べ利用日数）	490,361 日
Number of patients/day（1 日当たり患者数）	1,343 人
Average length of stay（平均在院日数）	20 日

（資料）Santé Service, 12 Octobre 2016.

療のために病院と提携した。1970 年代にはアソシエーション法にもとづき、現在の名称となった。1973 年に在宅入院全国連盟をサンテ・セルヴィス主導で設立した。1987 年に救急介護教育を開始した（石塚秀雄・竹野ユキコ 2008）。在宅入院と教育事業の二本柱の事業をしている。在宅入院のみを扱い、その分野ではフランス最大のものである。1958 年に設立されたサンテ・セルヴィスは現在ファウンデーションになっている。ファウンデーションになったのは 2013 年である。2015 年度の主な指標を見ると表 4-1 の通りである。

(2) 予算と主な疾患、スタッフ数
① 2015 年度予算

2015 年度予算をみてみよう（表 4-2）。G1 のスタッフ・コスト（G1-Sta costs）は、5,911 万 1,096 ユーロ（約 68 億円）で、予算全体の 53.6％を占めている。同様に、G2 の医療費（G2-Medical expenses）は 3,423 万 7,356 ユーロ（約 39 億 3,730 万円）で、予算全体の 31.0％を占めている。G3 の一般管理費（G3-General expenses）は 1,124 万 4,235 ユーロ（約 12 億 9,300 万円）で 10.2％、G4 の特別費用＋減価償却および引当金（G4-Extraordinary costs ＋deprecia on and provisions）は 573 万 9,884 ユーロ（約 6 億 6,000 万円）で 5.2％といった構成割合である。予算全体は、1 億 1,033 万 2,571 ユーロ（約 126 億 9,000 万円）である。

② 主な疾患

主な疾患を表 4-3 からみてみよう。腫瘍の構成割合は 41％と最も多く、次は他の疾患 37％である。心肺、産科、神経科が 5％、栄養および代謝性疾

表 4-2 予算と構成割合（2015 年度）

	予算（€）	構成割合（%）
G1-Sta costs（スタッフ・コスト）	59,111,096	53.6
G2-Medical expenses（医療費）	34,237,356	31.0
G3-General expenses（一般管理費）	11,244,235	10.2
G4-Extraordinary costs ＋ deprecia on and provisions（特別費用＋減価償却および引当金）	5,739,884	5.2
Total（合計）	110,332,571	100.0

（資料）Santé Service, 12 Octobre 2016.

表 4-3 主な疾患（2015 年度）

主な疾患	構成割合（%）
Neoplasia（腫瘍）	41
Other pathologies（他の疾患）	37
Cardio-respiratory（心肺）	5
Obsterics（産科）	5
Neurology（神経科）	5
Nutrional and metabolic diseases（栄養および代謝性疾患）	4
Infec ous and parasi c diseases（Infectious parasitic）（寄生虫感染症）	1

注 1）構成割合は 98％であり、100％にならないことに注意。
（資料）Santé Service, 12 Octobre 2016.

患は 4％、そして寄生虫感染症が 1％である。

③スタッフ総数

2015 年度のスタッフ総数について、研修資料よりみてみると、表 4-4 のようになる。ケアスタッフは 565 人、アウトソーシング・ケア・スタッフが 128 人、経営スタッフは 115 人、入院スタッフが 70 人、薬局とロジスティックスを合わせたスタッフは 54 人、そして心理社会的なスタッフ 33 人である。合計 965 人がサンテ・セルヴィスの活動にかかわった。ケア 58.5％とアウトソーシング・ケア 13.3％を合わせたスタッフ数の構成割合は 71.8％であ

表 4-4　スタッフ総数（2015 年度）

	スタッフ数（人）	構成割合（%）
Care（ケア）	565	58.5
Outsouced care（アウトソーシング・ケア）	128	13.3
Management（経営）	115	11.9
Admissions（入院）	70	7.3
Phamacy & Logis cs（薬局とロジスティックス）	54	5.6
Psycho-social（心理社会的）	33	3.4
Total（合計）	965	100.0

（資料）Santé Service, 12 Octobre 2016.

り、約 72%がケアスタッフである。

（3）組織と活動
①組織（部門）
　まず医療のほうは、図 4-1 の一番左は HAD（在宅入院）を行っている部門であり、1 日当たり 1,450 人の患者を扱っている。次にポール・メディコ・ソシアルは主に看護介護事業団で、シアッド（SSIAD）を 3 つもっているということである。看護師と介護士とヘルパーが所属するシアッドを 3 つもっていて、1 つはサンテ・セルヴィスにあるが、他の 2 つは違う場所にある。1 日あたり平均 83 件、あるいは 1 日当たり 43 件、あるいは 1 日当たり 76 件もっている。そういう看護介護事業団の部門ももっている。さらに一番右が教育プログラムである。こちらが一番力を入れていて、主にサンテ・セルヴィスで働くことになった、プロパーの被雇用者になる人たちは、ここで絶対義務で教育プログラムを受ける。さらに、外部の医療者がサンテ・セルヴィスからの依頼で患者を扱うことになって、しかも人工呼吸をしたことがないとしたら、もしもその人が在宅医療の経験がなかったら、サンテ・セルヴィスに来て教育を受ける義務がある。その他に、何々病院の介護者や病院の人が、「職員にこういう教育プログラムを行ってください」と言われたら、そのプログラムを提供する。前述したように、62%が NPO で取り扱い平均患者数 50 人と比べると、サンテ・セルヴィスは 1 日平均 1,450 人（訪問時

第4章　フランスの在宅入院の事例研究

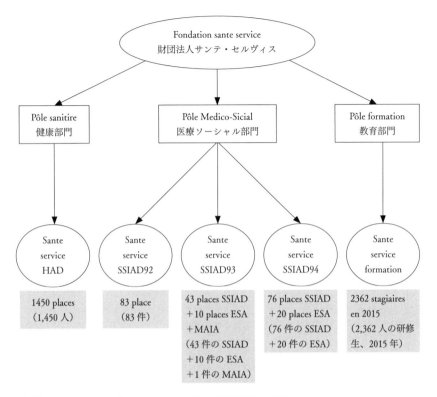

（出所）2016年10月12日のサンテ・セルヴィス研修資料より作成。

図4-1　サンテ・セルヴィスの組織機構

直近データ）なので、いかに最大手か、このケースの多さからわかる。

②人員・職種・提携

プロパーとして、490人のケアスタッフがいる。490人の3分の2が看護職で、うち3分の1が看護助手である。次に14人のコーディネート・ドクターがいる。8人の管理栄養士、35人の臨床心理士、理学療法士が8人、5人の薬剤師がいる。これがサンテ・セルヴィスのプロパーのメディカル・スタッフである（表4-5）。

127

表 4-5　サンテ・セルヴィスのプロパーのメディカル・スタッフ

プロパーのメディカル・スタッフ 490 人	看護職　420 人 　　3 分の 2 が看護師（280 人） 　　3 分の 1 が看護助手（140 人）
	計　70 人 　　コーディネート・ドクター（14 人） 　　管理栄養士（8 人） 　　臨床心理士（35 人） 　　理学療法士（8 人） 　　薬剤師（5 人）

表 4-6　サンテ・セルヴィスの提携・連携施設と事業所

サンテ・セルヴィスの提携・連携施設と事業所	70 の高齢者施設と提携 280 の障害者施設や福祉施設など社会医療施設と提携 20 のネットワークと連携
	開業事業者 物品を搬入する会社 酸素ボンベをもってくる会社 他

　それだけではすべてを当然カバーできないので、色々な看護師や医師に依頼して患者の自宅に訪問してもらう開業事業者の人たちがいる。さらにパートナーとして、70 の高齢者施設と提携している。それから規模が小さいので数は多いが、主に障害者施設や福祉施設など 280 の社会医療施設と提携している。そして 20 のネットワーク[7]とも連携している。さらには物品を搬入する会社や酸素ボンベをもっていく会社などとも連携している（表 4-6）。

③連携先と紹介数
　公立病院とも当然パートナーとして仕事をしているし、民間病院（Hôpital privé）とも仕事をしている。パリ公立病院協会、癌センターとも仕事をしている。そして、（主治医以外の）地域救急医（Médicine de ville）とも仕事をしている。表 4-7 の全体をみると、一番上の公立病院（Hôpital public）

表4-7　Nombre de journées 2015 par statut hospitaler
（設立主体別の紹介：2015年）

Statut hospitalier（設立主体）	Nombre de journées（延べ紹介件数）	構成割合（％）
Hôpital public（公立病院）	185,052	37.7
Hôpital privé（民間病院）	142,765	29.1
Assistance publique（公的支援）	86,634	17.7
Centres anticancéreux（癌センター）	54,330	11.1
Médicine de ville（地域救急医）	21,580	4.4
Total（計）	490,361	100.0

注1）かかりつけ医のフランス語は、Médicine traitant.
注2）Médicine de ville は、「地域救急医」とした。
（出所）2016年10月12日のサンテ・セルヴィス研修資料より作成。

表4-8　Repartition des journées EHPAD par prescripteur-2015
（要介護高齢者滞在施設の処方配布：2015年）

	Nombre de journées（延べ処方配布数）	構成割合（％）
Médicine de ville（地域救急医）	6,125	52.5
Etablissements hospitalers（病院機関）	5,532	47.5
Total（計）	11,657	100.0

（出所）2016年10月12日のサンテ・セルヴィス研修資料より作成。

からの紹介が37.7％、民間病院からの紹介が29.1％、パリ公立病院は他の公立病院とは少し別格のステータスだが紹介が17.7％、癌センター（Centres anticancéreux）からの紹介が11.1％、（主治医以外の）地域救急医などからの紹介が4.4％となっている。

表4-8は、2015年度の要介護高齢者滞在施設の処方配布状況である。（主治医以外の）地域救急医が52.5％であり、病院機関は47.5％である。

病院と同じなので、24時間365日交替能力がなくてはならない。そのために当直の人たちが必要だし、調剤薬局も24時間開いている。祝日でも看護師は夜勤をしているが、それは夜間の訪問があるからではない（実際にはない）。

2. 実際の流れと具体的なケア

サンテ・セルヴィスのマシュー、シルベーヌ看護部長から、実際の活動内容について説明を受けた。

(1) 患者の流れ
①患者はどのように紹介されてくるのか

患者はサンテ・セルヴィスにどのように紹介されてくるのか。サンテ・セルヴィスのコーディネート・ナースに連絡が入る。コーディネート・ナースに連絡が入る人は、多くは退院前の病院の主治医である担当医、あるいは自宅であったら自宅近くのかかりつけ医、あるいはサンテ・セルヴィスの医師から指示箋が入って、コーディネート・ナースに連絡が入る。

かかりつけ医から紹介になる患者の場合には、自宅からの患者がどうして在宅入院になるのか。何も変わらないのではないかと思われる。病院退院からの流れだったらわかるが、どうしてそうなるかというと、現在も自宅にいてHADからではないサービスを受けている。たとえばそれはシアッド(SSIAD)であるとか、あるいは開業看護師が訪問して治療しているとか、かかりつけ医だけが訪問している場合などである。でもそれでは十分にカバーできなくなったときに、HADへの紹介になる。

「こういうことをしてほしい」という指示箋を見て、それが本当にHADに適合している内容なのかをまずサンテ・セルヴィスで書類を受理して見ていく。見ていくときに、コンピュータに入力して、サンテ・セルヴィスのコーディネート・ドクターとコーディネート・ナースが、地方に配置されたカードル・ド・サンテ（cadre de santé）という人たちと話し合って決める。カードル・ド・サンテとは何かというと、その地方の所長のような人で、主に看護師資格を持つ人である。カードル・ド・サンテで、「この地方のこういう人になりますけれども、大丈夫ですか」という下準備が始まる。

②アセスメント

コーディネート・ナースが受け入れることができることが、しっかり確認できたところで、患者宅に、あるいは患者が入院しているのであればその病室に行き、どういうサービスが必要か、どういうマテリアルが必要か、この

人が自宅に帰る上で何が足りないのか、アセスメントをする。

そこで契約書にサインをしてもらう。「サンテ・セルヴィスと申します。私たちが自宅にうかがって治療します」ということに同意をしてもらう。同意の確認なので、サインをしてもらい、サンテ・セルヴィスの活動のしおりを患者に渡す。

次に、サンテ・セルヴィスから患者のところに行き、指示箋を見た上で、だいたいどういうプログラムになるかというプランニングを立てる。そのプランニングをたてるソフトがあり、コンピューターソフトでプランニングがはじき出される。これで看護量が測定されるので、どれくらいの看護量が必要かわかると、サンテ・セルヴィスが現在もっているマンパワーでは足りない部分があれば、その足りない部分を外部から調達することになる。つまり、サンテ・セルヴィスに雇用される看護師の勤務時間があり、交代制があったとしても、だいたいこれだけが必要だとわかると、コンピュータがこの時間が足りないということを打ち出してくれるわけで、時間の足りない部分を開業看護師に依頼することになる。

さらにサンテ・セルヴィスのプロパースタッフ以外の他の職種もあり、多職種連携ですすめる。たとえばソーシャルワーカーであったり、臨床心理士であったり、栄養士であったり、リハ士であったり、作業訓練士であったり、そういった色々なコ・メディカルおよびソーシャルな人たちが必要になってくるので、その人たちも総合的にケアに携わる。

このように患者のところに行くようになって、色々な多職種の人たちが連携して介入するので、週に1回カンファレンスを行う。週1回のカンファレンスで、ミーティングを行って、必要な申し送り事項や注意事項をみんなで確認し合う。

それらのコーディネートすべての責任者が、日本でいうところのケアマネジャーに似た感じである。看護と医療で、このケアマネジャー的な人がカードル・ド・サンテという人で、各支部に1人いる。

③ HADを退院する時と申し送り

HADを退院する時はどういうときかというと、まず治療が終わるとき、それから手術が必要とか建物の入院を必要とするとき、それから個人的な理

由で引越しするとか、治療をやめて海外に行きたいとか、個人的な理由を十分受け入れるので、話し合いの最後にお互いの合意のサインをしたら、それで退院になることもよくある。いずれのケースもすべて病院を退院するときと同じなので、必ず医師の署名が必要となる。

　HADを退院して本当に何も必要なくなる人もいる。単純なポストオペレーションの人、術後管理の人や外科系の人は、それが終わったら本当に終わりである。しかしそうでない慢性疾患や高齢者やずっとそのまま医療が必要な人は、退院になっても何らかの治療が必要なわけである。その人たちには、何らかの医療者へのバトンタッチが必要であり、必要なことを申し送りする。それは看護介護事業団（SSIAD）であったり、あるいは訪問看護師であったり、色々である。

（2）経営管理
①ケア・クオリティ・ディレクター

　HADが使用した物品は医療廃棄物となり完全回収する。これらに関する組織上トップにいるのはケア・クオリティ・ディレクター（Directeur des soins de qualité）である。ケア・クオリティ・ディレクターは主に2つの仕事をしている。1つはケアの流れに関する詳細なことである。それからリスク管理とクオリティである。

　この場合のリスク管理とは何か。たとえば薬を配薬する際のミスなどのリスクがあり得る。それから物品を搬送するときのミスとか、人を間違えたといったリスクである。医療的ケアのリスク管理は別である。医療のトータルリスク管理をしているわけではない。リスクがメディカルだった場合でも、とりあえずケア・クオリティ・ディレクターに連絡が入る。ケア・クオリティ・ディレクターに連絡が入ってその中身をみて、これは医師でなければ、とてもケア・クオリティ・ディレクターの部署では手に負えないというときは、医師に渡す。

　考え方はまったく病院と一緒である。患者から何かクレームがきたら、すぐに医師にいくわけではなく、クレーム対処室に行く。クレーム対処室で担当者が色々精査した上で、それがメディカルなものであったら、そのケースは医師に渡す。日本でいえば医療安全委員会や医療の質委員会といったとこ

第 4 章　フランスの在宅入院の事例研究

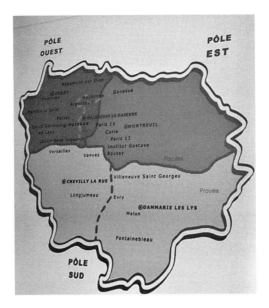

（出所）2016 年 10 月 12 日のサンテ・セルヴィス研修資料より作成。

写真 4-1　サンテ・セルヴィスの 3 つのエリア

ろであろうか。まったく同じことを HAD でも行っている。

　ケア・クオリティ・ディレクターは元々看護免許を持った看護師で、それに加えて MBA（Master of Business Administration, 経営学修士）を持っており、医療経営マネージメントを取得した人である。

②3 つの担当エリア

　サンテ・セルヴィスが担当しているのは、パリ近郊の 4 県を複合したところで、行政上の地図で 4 県にわかれる。サンテ・セルヴィスとしては、そこを 3 つのポール（pôle）[8]にわけている（写真 4-1）。

　西支部（pôle OUEST）、東支部（pôle EST）、南支部（pôle SUD）の 3 つのエリアがある。支部の地域責任者をカードル・スーペリウール・ド・サンテ（cadre supérieur de santé）と呼び、ユニット責任者のカードル・ド・サンテ（cadre de santé）のさらに上に位置している。各ユニットで行われるケア

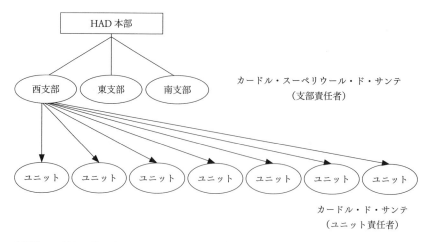

（出所）2016年10月12日のサンテ・セルヴィス研修より作成。

図4-2　エリア組織図

の責任者はカードル・ド・サンテであり、打ち出された看護量を測定して、自分のエリアでもっているマンパワーを見て足りない部分を特定して、そして実際にチームを送る。

　3つのエリア1つひとつにチームがあって、チームのうえに管理看護師（コーディネート・ナース）がいて下に看護師がいて、看護師の下に看護助手がいる、そういう組織になっている。それには朝のチームと夜のチームがあり、朝のチームの看護師も夜のチームの看護師もいる。朝のチームの管理看護師もいれば夜のチームの管理看護師もいる、そういうものが3つある。3つのエリアあたりに日中は7から8のユニットがある（図4-2）。

　少し簡単に日本的に言えば、1支部（地域）あたり看護部長が1人、看護師長が7、8人いる。その下に15人の看護師と看護助手がいる。それでこの管轄のエリアをカバーしている。日中は7～8ユニットあり、8時から15時の勤務である。夕方はこれが1ユニットになる。夕方の1ユニットにも15人の看護師と看護助手がいる。夕方のチームは15時から20時のチームである。実際は15時から19時の人と、15時から20時の人と、15時から21時の人と、色々違うが、15時から20時までチームは稼動している。それ

から20時から朝の7時までの夜間の12人の看護師のチームもあり、この3つの支部全部を1つのチームでみる。夜間は看護師12人で1,500人をカバーしている。夜間にもカードル・ド・サンテはいる。主に夜間はケアをすることがないので、何をするかというと、夜間にかかってくる電話の対処である。

③各エリアで500人の患者をみる

1支部が何人の患者をみているのか。患者数は各支部で500人ずつである。500人を7ユニットでみるということは、単純計算で1ユニット当たり70～75人くらいカバーしていることになる。これらのケアプランニングはカードル・ド・サンテがコンピューターで行う。カードル・ド・サンテの欠員（たとえば病欠や産休など）がでたら、スタッフをリクルートしてくるのはカードル・スーペリウール・ド・サンテの仕事である。一方患者宅で具体的な問題が発生したとき、その問題に対処するのは、ユニットのカードル・ド・サンテが行くわけである。このようなヒエラルキーはまったく箱物の病院と同じである。

カードル・ド・サンテたちの仕事は、日々の流れに関してケアがどのようにコーディネートされ、オーガニゼーションされているかを見て、活動および患者のフォローもすべて各ユニットのカードル・ド・サンテが責任をもっている。プランニングとその中で働いている15人の看護師と看護助手らケアスタッフの評価も、カードル・ド・サンテが行う。

そのほか外部の機関とも関係をとる。たとえばターミナルケアネットワークや疼痛コントロールのネットワークあるいは衛生管理委員会、院内感染対策委員会など、そういった外部の組織ともコンタクトを取って自分のチームに徹底させる。

チーム全部の他に衛生管理を行うチーム、ターミナルケアの看護師のチーム、ストーマ（stoma）[9]のチーム、そして開業看護師と交渉する渉外担当が1人いる。そして前述した、20時から朝の7時までの夜間チームがある。

これが現場に向かうチームだとしたら、それとは別に、当直チームがある。当直チームには、メディカル部門の当直医師1人が365日24時間配置されている。当直看護師がやはり365日24時間いる。それからアドミニストレ

ーション（事務）もいる。たとえば職員が使っている車で交通事故を起こしてしまったり、急に病欠が出てしまったりしたときなど、事務的なことも必ず答えられるように365日24時間誰かがいるのである。それから薬局にも365日24時間誰かが当直している。コンピュータ、IT関係も同じである。

　患者のカルテは、患者の自宅にペーパーで残してある。訪問してきた医師が書いて、そこに来た看護師が書いていく。そしてリハビリ士も書いていく。あくまでペーパーで残している。そしてさらに電子化されたカルテも持っている。ただしこれはサンテ・セルヴィスのスタッフだけがみられるものである。サンテ・セルヴィス以外の人たちが入ってきたときには、そこへのアクセスができない。たとえば開業看護師がいつも行くとしても、サンテ・セルヴィスの電子カルテにはアクセスできない。

　④クレーム処理

　看護量が測定されるソフトがあることは前述したが、それをみると移動のキロメートルと時間を見て看護量を測定して、プランニングをたてる。スマートフォンをみんながもっていて、患者宅へ行くと処方箋に変更があるときは、かかりつけ医が来たり、それが残っていたら、写真をとってサンテ・セルヴィスの薬局に直接送る。そういったアプリも使っている。

　さらに院内薬局で必要な薬や物品、ディスポの衛生材料、注射器、注射針などはすべてサンテ・セルヴィスから患者宅に届ける。そしてメディカルベッドや酸素などは、提携している事業者から直接送ってもらう。

　クレームがあがってきたらそれに対処する委員会がサンテ・セルヴィスにあって、委員会がみたうえで各担当者に渡す。クレームの中にも2つあり、ユーザーからのクレームとプロフェッショナルの間で起きたヒヤリハットなどのレポーティングがある。2つのクレームを委員会では扱っている。

　委員会にあがってきたクレームに対処するだけではなく、今後どのようにこれを回避するか、予防するか、そういう改善対策委員会の役目ももっている。

第 4 章　フランスの在宅入院の事例研究

(3) ユマニチュード（Humanitude）
①フランスでは知られていないユマニチュード
　ユマニチュードとはフランス語で「人間らしくある」の意味である[10]。
　ユマニチュードは1979年まで学校の体育教師であったジネスト，イブ（Gineste, Yves）とマレスコッティ，ロゼット（Marescotti, Rosette）という2人が考え出したコンセプトである。まったくノンメディカルな人たちである。2人が考え出したのは高齢者を動かす、立たせる、食事をとらせる、そういう何か動きをさせるときに、ただ起こすのではなく、その人が自発的にできるようにという考えをコンセプトの根幹としている。
　そのときの特徴が「はい起きてください」と言って起こすのではなく、言葉は使わないで表情や目でなるべく物事をしてもらう。「はい起きてください、はい立ってください」という言葉でなかったら、どうするかというと、優しさとかタッチである。
　これは何も高齢者や認知症のある人だけでなく、元々は子供や言葉を体得していない赤ちゃんへのタッチの仕方であった。しかし、やはり現在は高齢者の重度の認知症の人が対象で中心となっている。
　あくまでもその人の力を発揮させるような動きをするように、スタッフ教育が目的である。それによって、ベッドの上で体を拭いたりオムツをかえたり、排泄行為をしたりすることをなくすのに効果があったそうである。
　ユマニチュードの教育はジネスト，イブとマレスコッティ，ロゼットのチームしかできない。サンテ・セルヴィスでも教育はできないことになっている。
　日本では、「ユマニチュード入門」「ユマニチュード革命」などの著書も出版されており有名であるが、フランスでは、フランス人のケアスタッフたちは何とも思っていない。誰もそんな人気があるメソッドだとは知らず、日本人が来て初めて知ったことである。フランスで一般的に行われているとか主流の治療であるということはいっさいないという。
　サンテ・セルヴィスの現場ではもちろん行われていないし、教育を受けたところで、何か効果があったということはない。

②認定がないとユマニチュードの教育はできない
　現在、ユマニチュードの教育は誰でもができるわけではない。ラベル（認

定）をもらわないと、教育はできないことになっている。サンテ・セルヴィスはラベルをもらっていないので、プログラム内容を細かく話すことは許可されていない。それができる機関になるためには300の項目をクリアしなければならない。その300の項目をよくみると、5つに要約できる。5つとは、たとえば強制したケアをしないこと。だからといってケアを放っておかないこと。強制的にやらせるのではなくかつ放っておくわけでもない。個人個人をリスペクトすること。とにかく横にならずに縦にすること、立たせること。そして外への解放。いたい場所にいさせてあげること。高齢者施設に本当にいたいのであったら、そこにいたいようにさせてあげること。現在いる場所を喜びの場所とさせること。この5つのコンセプトに働きかけてクリアしたところだけが、プログラムの認定ラベルがもらえる。

　第三者が評価したことではなく、あくまでもジネスト、イブ氏たちが発表している論文によると、83％の人たちに改善がみられた。これは2008年に行われた111人の患者が対象のスタディで、まず問題行動が減った、認知症の進行を抑える薬が減った、食事がとれるようになったとは書いていないが栄養状態がよくなった。それからスタッフのバーンアウトが減った。こういった4つの効果が発表されている。

　現在、1万7,000人の患者を対象として、その治療メソッドを使っているそうである。そして、フランス国内では400の施設でサービスが使われているそうである。

　サンテ・セルヴィスではユマニチュードは使っていない。ラベルがないだけで、このようなことは当然行っているからである。こういうことは、ラベルにしたりお金をもらって承認したりするものではなく、ケアスタッフの基本なので、ユマニチュードを使っていないから虐待しているのではなく、当然行っているという自負はある。たとえばマッサージをする、リラックスさせる、タッチの方法などの教育はたくさんしているが、それはラベルにはかなっていない。

　以上が、午前中の研修内容である。

3.　HADのメディカル

　午後は、ガンドリーユ、ニコラ医師より説明を受けた。HADの中で医師

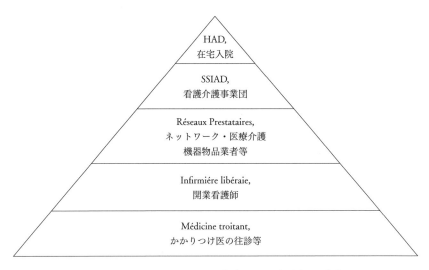

（出所）2016年10月12日のサンテ・セルヴィス研修資料より一部改変して作成。

図4-3　5つの在宅サービス提供者

は何をしているのか、どんな内容になっているのか、メディカルな側面の説明を受けた。ガンドリーユ, ニコラ医師は、悪性腫瘍を専門とし、治療は化学療法やターミナルケアである。医師になって20年目である。2009年からHADで働いている。

(1) 在宅サービス提供者と患者
①5つの在宅サービス提供者
　現在、在宅にはどのようなサービスが介入しているかをみてみる（図4-3）。在宅にはまずかかりつけ医が往診する。そのレベルで済めば問題はない。次に開業看護師が行く場合がある。次にもう少しオーガニゼーションができてくるのがネットワーク（Réseaux, レゾー）とマテリアル提供者（Prestataires, プレスタテー）である。このプレスタテー（プロバイダー）とは、たとえばベッドやメディカルチェアや歩行器やオクシジェン（oxygène, 酸素）などを自宅に搬入する物品業者であり搬送業者である。
　次がSSIAD（シアッド：看護介護事業団）である。そしてHADである。

最も医療ニーズが高くなっていくと、HADになるということで、その下の段階で終わっている人たちはHADの対象にならない人たちである。

　退院する患者の80％はかかりつけ医の往診等と開業看護師でニーズが終わる。ほとんどの退院患者はここまでで済む。退院してももう少し医療提供が必要な人はSSIADの5〜7％といわれている。そしてHADまで必要な人は1％から5％未満といわれている。退院したときにHADを必要な人は実に少ない。

②コーディネート・ドクターの役割
　HADのコーディネート・ドクターは何をしているのか。コーディネートとは何かということである。病院から退院したときには病院の医師・看護師がいる。ネットワークにもそれぞれ医師・看護師がいる。それから自宅に帰ると、家の近くに病院コーディネーター看護師もいれば開業のかかりつけ医もいる。

　患者と関係者（家族）を中心として、その周りには栄養士、HADの薬剤師、看護師、心理士、介護扶助士、コ・メディカルスタッフ、運動療法士、助産師、言語治療士、開業看護師、検査所、街の薬局、医療搬送業者、医療器材業者といった人たちがおり、それら全部をコーディネートするのが、コーディネート・ドクターである（図4-4）。

③HADの対象になる人
　前述した通り、退院してくる患者の1％、多くても5％未満の一部の患者たちがなぜHADを利用しなければならないのか。みんながみんな在宅入院には入らない。在宅入院する人は、プライオリティ（priority, 重要度）が高く、頻回なケアスタッフの介入が必要な人、次に高度な医療技術が必要であること、それからたとえば投与する薬の種類が抗癌剤など街の薬局では買えない薬を使用する人である。薬剤の中には、冷蔵の保存状態で患者が使用するまでに24時間以内に使いきらないといけない薬剤もある。そういった薬剤を使っているということ。だから院内薬局と搬送環境が必要で、ロジスティックは病院なみのものが必要となる。そして、これを扱える看護師が必要となる。それからさらにターミナルケアになると、麻薬系の薬を使う。やはりこ

第 4 章　フランスの在宅入院の事例研究

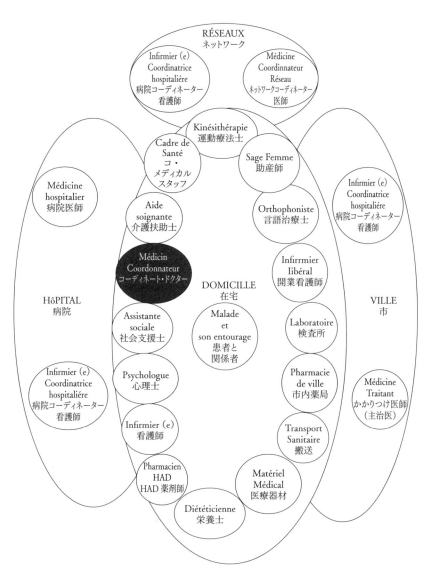

（出所）2016 年 10 月 12 日のサンテ・セルヴィス研修資料より作成。

図 4-4　コーディネート・ドクターのコーディネート範囲

れも一般の薬局では買えないので、そういった医療ができる薬局設備をもっていることが必要である。人工呼吸器も簡単に買えるものではないので、やはりこれも HAD の対象になる。このような治療の頻回さと医療内容の高度さによって HAD 利用者が決まる。

それからもう一つ、頻回介入にも関係してくるのが、多職種連携が必要だということである。医師も看護師も臨床心理士、ソーシャルワーカー、運動療法士、そういった色々な職業の医療者が介入しなければならない。

アメリカではフランスの在宅入院のことをホスピタルケア・ドミシーユ（Hospitalcare domicile）といっている。ホスピタルケア（病院ケア）をドミシーユ（自宅）にもっていくという意味で、的を射た言葉である。フランスでは、ホスピタリゼーション・ア・ドミシーユ（Hospitalisation à domicile）というが、そうではない。ホスピタルケア・ドミシーユのほうが正解である。ホスピタリゼーション・ア・ドミシーユというと、食事、掃除、リネン交換も HAD がする感じがする。そういうことは HAD はしていない。あくまでもホスピタルケアの部分をドミシーユの中にもっていくということである。

④ 21 種類をサポート

そういった HAD の対象になる人がどういう人かという 50 ページの解説書を 1 頁にまとめたのが表 4-9 である。

HAD が行っている処置内容、治療内容をみてみる。ここで 25 と書いてあるが、21 種類しかない。25 から 21 種類に減ったので、番号が 25 まであるが実際 21 しかないということである。

1 番から見てみると、呼吸補助（人工呼吸のこと）、経管栄養、静脈注射、ターミナルケア、ケモテラピー、腸管栄養、ペインコントロール、8 番はその他、9 番が複雑ガーゼ交換、10 番がポストオペレーション、術後管理である。11 番が整形外科のリハビリ、12 番が神経系のリハビリ、その次がケモ後の管理（ケモ後のサーベイ）、重度ナーシング、2 時間以上かかるナーシングのことを重度ナーシングという。患者および家族教育、たとえば糖尿病の管理とか、こういう教育である。放射線治療後観察。それからリスク妊婦観察、リスク妊婦産後観察、リスク新生児観察、社会的心理的ケア、たとえば血液病を告知されたときのケア、それに限らず重大な社会的心理的なサポ

表4-9 21 modes de prise en charge（21種類をサポート）

01	Assistance respiratoire	（呼吸のサポート）
02	Nutrition parentérale	（非経口栄養）
03	Traitement intra veineux	（静脈内治療）
04	Soins palliatifs	（緩和ケア）
05	Chimiothérapie anticancéreuse	（癌化学療法）
06	Nutrition entérale	（腸管栄養）
07	Prise en charge de la doulour	（痛みの管理）
08	Autres traitements	（その他の治療）
09	Pansements complexes et soins spécifiques (stomies compliquées) （複雑かつ具体的なケアのドレッシング（複雑ストーマ））	
10	Post-traitement chirurgical	（手術後）
11	Rééducation orthopédique	（整形外科再教育）
12	Rééducation neurologique	（神経リハビリテーション）
13	Surveillance post-chimiothérapie anticancéreuse	（サーベイランス癌化学療法）
14	Soins de nursing lourds	（重い介護）
15	Education du patient et/ou de son entourage	（患者の教育および付き添い）
16	Surveillance de radiothérapie	（放射線モニタリング）
17	Surveillance de grossesse à risque	（ハイリスク妊娠のモニタリング）
21	Post-partum pathologique	（分娩後の病理学）
22	Prise en charge du nouveau-né à risqué	（リスクの新生児をサポート）
24	Surveillance d'aplasie	（形成不全のモニタリング）
25	Prise en charge psychologique ou sociale	（社会心理学的な管理）

（出所）2016年10月12日のサンテ・セルヴィス研修資料より一部改変して作成。

ートが必要なとき、白血球がまったくなくなってしまうときの観察、1人の患者がいくつもの治療が必要なときもある。たとえばこのケモテラピーをしている人が、経管栄養が必要なこともあり、有リスク産後管理、産後の肥立ち（回復）が悪い人のために、この新生児管理も一緒にセットで行うことがよくある。この中には入らない人のために8番の「その他の治療」が入っている。

(2) サンテ・セルヴィスの医療活動
①サンテ・セルヴィスの主な治療
先述した治療を今度はボリュームでみていくと、34％が複雑ガーゼ交換で

ある。ターミナルケア20%、重度ナーシング8%、術後管理が6%、ケモテラピーが5%、分娩後の病理学が4%、人工栄養4%、患者教育が4%、あとは色々である（図4-5）。活動の量から見ても多いのはガーゼ交換ということであった。

このように処置の多くの部分は、複雑ガーゼ交換である。複雑ガーゼ交換とは何かというと、かなり潰瘍がひどかったり、簡単にガーゼを変えられるものではなく、もちろん無菌でやらなければいけない処置である。そのことを複雑ガーゼ交換といっており、これが34%である。さらにターミナルケアが20%で、この2つで全体の半分以上（54%）を占めている。

どこのHADに行っても、活動の内容は似たような感じである（第3章表3-6参照）。ただ特徴としては悪性腫瘍が多い。70%が在院日数の短縮化による需要である。早く退院してきた人のためのものである。一方入院を回避するために、入院にならなくて済むようにするための人が30%である。

現在は、このHADがスタートするときの医師は、95%が退院した病院からで、5%が自宅近くのかかりつけ医からである。

多職種連携が特徴である。医師や看護師だけでやっているわけではない。色々なコ・メディカルスタッフがかかわって、HADのチームがつくられている。

② HADはセカンドライン

20人のコーディネート・ドクターで1,200人を診ている。20人のドクターには色々なスペシャリストがいて、リハビリの医師、血液内科の医師、ターミナルケアの医師、悪性腫瘍の医師、そして栄養学の医師もいる。このような色々な医師がいて、専門をカバーしている。現在心臓内科医を探している。

次の条件を満たしていないとHADとは見なされない。まず、24時間電話で答える看護師資格をもつカードル・ド・サンテがいなくてはならない。そして、医師が24時間答える義務がある。さらに薬局が24時間開いている。この3つが揃っていないとHADとは呼べない。

HADのエキスパートとしての知識とノウハウがあり、テクニックとロジスティックをもっている。そして患者のかかつけ医と患者の近くの看護師が一緒に働くことによって、患者により親しみのある環境とスタッフで、しか

第4章　フランスの在宅入院の事例研究

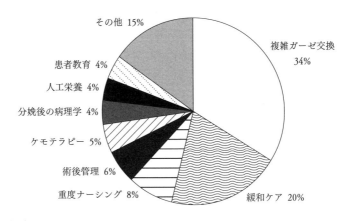

（資料）Santé Service, 12 Octobre 2016.

図4-5　サンテ・セルヴィスの医療活動

も高度医療が提供できる。どのかかりつけ医でもそれができるとは限らない。どのかかりつけ看護師も抗癌剤を投与できるとは限らない。そういった面をHADがサポートする。

　疾病のひとつ、周産期をみてみる。周産期のうち産前管理がある。有リスク管理のうちの産前管理では、毎日HADの助産師が行き、モニタリングを送ってくる。モニタリングを見て主に管理するのは糖尿病や高血圧である。これがまず産前である。

　有リスク管理の産後管理の場合だと、たとえば現在は平均的に正常分娩後2日目に退院する。帝王切開の場合は3日目に退院する。退院して家に帰ってくると、5日目から7日目がHADの対象である。その5日目から7日目の間に、HADが何をするかというと、産後のサーベイは当然だが、新生児の身体も診るし、産後の母親の身体も診る。さらに母乳の指導、授乳の指導と精神科の指導、精神科というよりも心理的なマタニティブルーの対処もする。

③新生児在宅治療のケース

　36週間未満で生まれた赤ちゃんのことを有リスク新生児と呼ぶ。退院の

クライテリアは普通2,200g以上だが、HADに入ることで1,800gで出産することができる。1,800gで出産した新生児は、色々なケアをするけれども、抗生物質治療が必要な場合もあるし、酸素治療が必要な場合もあるし、栄養を補強しないといけない治療もある。そういったものが新生児治療ということになる。

ただ、1,800g以上あること、生まれてからの体重の増え方がきちんとしていることなど、退院するには、それらがあった上での新生児在宅治療になる。

新生児の治療は、たとえば沐浴のさせかたや母親と父親との精神的なものが2週間行われる。その他の小児科はやはりケモテラピーとターミナルケアもある。

在宅ではかかりつけ医が中心となって家の近くにいる。その退院前の病院の担当医は何度も行くので、よくわかると思う。治療は、HADが行うことはなく、HADは後方支援である。あくまでもそれらがうまくいっている上でのコーディネートをする立場である。もしもそこで何かまずいことになったらHADがでていくので、セカンドラインにいるということである。

(3) コーディネート・ドクターとは何か
①コーディネート・ドクターが介入するケース

具体的にはどういうシーンのときか。たとえば、小児科のことを例にすれば、子供が気管切開をしたとする。その子供を、一般のかかりつけ医が自宅に訪問して、カニューレをはじめて交換する時に怖がると思われる。はっきり言われたわけではないが、かかりつけ医から、怖いのでそれをやりたくないというニュアンスが伝わってきたとする。元々役割的にも立場的にもその人がしなければならないけれども、明らかにためらい（hesitation）があった。コーディネート・ドクターが後方で待っていて、全体を見て何となくうまくいかないかなと思い、ガンドリーユ, ニコラ医師が行ってきたという。

プレイヤーたちの役割が決まっているけれども、その人たちでできない時に、コーディネート・ドクターが行っているということである。

イギリスのGPはある程度オールラウンドプレイヤーで何でもする。残念ながら日本の開業医は専門性をもった人が開業しているので、ほとんど専門以外はあまり診ない。フランスのかかりつけ医のスキルはどのくらい要求さ

れるのか。専門性が必要なのか、それともイギリスのGPのようにオールラウンドプレイヤーがいいのか。

　かかりつけ医がだめということではなくて、スペシャリストであっても、ジェネラリストであっても、コーディネート・ドクターはおそらく年間1,500人の患者及びかかりつけ医とコンタクトをとっている。コンタクトをとっている1,500人の患者が少なくとも在宅で治療をしている。しかし、たまにうまくいかないケースのときだけコーディネート・ドクターは介入する。しかもかかりつけ医はジェネラリストであり、ジェネラリストは広く浅く患者を診ており、専門医ではないので、初めてケモテラピーをするという医師も決して稀ではない。はじめてするのが在宅で、病院と違って他の同僚に聞くことができない環境なので、すごく難しい。だから、「するときはこうしてくださいね」「こういうふうですよ」「白血球の血液検査を既に入れておきましたので、これをやってください」と、チューターのようなことをコーディネート・ドクターは行う。

②バックステージで構えているのがコーディネート・ドクター

　コーディネート・ドクターは専門医か。コーディネート・ドクターに求められる要素はジェネラリストかスペシャリストか。コーディネート・ドクターの毎日の日常の仕事のうち80％は一般的なコーディネートの仕事をしている。それに関しては高度な知識や治療や経験は必要ないかもしれない。それが仕事の80％だが、たとえば現場にいる看護師から「患者さんが今こういう状態だけれどもどうしたらいいですか」と電話がかかってきたとしたら、「はい、それはね」といってカルテを見てから医師として答えを出す。ところが残り20％は、ガンドリーユ, ニコラ医師の場合でいえば、悪性腫瘍専門家であり悪性腫瘍が担当でない医師の地域で、たとえば産婦人科の医師がいたとする。そこで癌の患者がでたらエキスパートとしてのガンドリーユ, ニコラ医師に意見を求めてくる。エキスパートとして彼は「それはこうしたほうがいい」と、彼ならではの技術をはっきり述べることができる。その仕事がだいたい仕事全体の20％である。

　たとえば患者の80％というと80人。80人の患者のうち、コーディネート・ドクターとしての自分が行って実際に処置をするのは5人にも満たない。本

当に複雑でどうしようもないときに、はじめて動くのであり、あくまでバックステージで構えているのがコーディネート・ドクターである。

③かかりつけ医とコーディネート・ドクターの立場

20人のコーディネート・ドクターがいるから、80人くらいずつの患者をもっている。患者のためにコーディネーションする、そして自分の専門領域のコンサルテーションが必要になったらする。100人でいうと5人である。往診はその患者の自宅近くのかかりつけ医がする。定期的な往診はコーディネート・ドクターの仕事ではない。

薬剤や看護師への処方箋はかかりつけ医が出す。たとえば処方の変更や、かかりつけ医同士のコンサルテーションをすることもあるのか。GPだからとイギリスでもオールラウンドでできるわけではない。フランスでもはじめてターミナルケアに訪問する医師がしなければいけないときには、ガンドリーユ, ニコラ医師がコーディネート・ドクターとしてサポートする。

セカンドオピニオンという考え方でいいかというと、そうではなくもっとサポート的である。そういうことをディスカッションして、コーディネート・ドクターの言うことを、かかりつけ医は最終的に受け入れるのか。プライドよりも、かかりつけ医も「よくやってくれてありがとう。よく教えてくれてありがとう」と手伝ってくれたことに感謝されるそうである。

もう1つ、本当にそのかかりつけ医次第で、ターミナルケアの患者にとんでもない量のモルヒネを打っているときがあったという。後述のようにうまく解決するように言ったところ、医師から「もうやりたくないから、お願いします」といわれて、担当を代わったケースもあったいう。

かかりつけ医とコーディネート・ドクターの立場は非常にデリケートである。うまくいかないと怒ったり、あるいは「もうやりたくない」と抗議するケースがたくさん出てくるはずである。しかしこの仕事についてから7年間2回しかケンカしたことはないとガンドリーユ, ニコラ医師は言う。そのケンカの1つのケースは、前述のモルヒネ静注50mgの治療をする医師がいたので「ちょっと待ってください」「50も血管注射で送っちゃだめですよ」と言ったら、「遅かれ早かれ同じ結果になるから」と言ったので、それで彼は怒ったという。そうかと思えば、かかりつけ医から教えてもらうことがたく

さんあるという。やはりかかりつけ医はファミリープラクティスを行っている。そういう人たちから教えられることが多い。

どの病院に勤務していても同じことである。それなりの医師もいればよくできる医師もいるし、機嫌がすぐ悪くなる医師もいるし喜んで助けてくれる医師もいる。どこにいても同じことだとガンドリーユ,ニコラ医師は言った。

仕事としてプライド高くいうのがコーディネート・ドクターの仕事ではなく、むしろ「ちょっとわからないけれども 50mg と見えたんですけれども、これってどうでしょうかね」と、「これちょっと多いですかね」と会話する。その技術がコーディネート・ドクターに一番求めるると彼は述べた。これがコーディネート・ドクターの仕事である。

(4) 複雑ガーゼ交換
①複雑ガーゼ交換とは何か

心筋梗塞の患者が治療で入院した時、現在では 10 日間病院にいられる。それをこれからの政策で 4 日間か 5 日間にしようとしている。早期に退院してきた時に、在宅入院にまず入る。当然何もないところに置いておけない。在宅入院の環境に入るために、現在心臓内科医のリクルートに力をいれている。縫合の傷がまだ生々しい、糸も当然ある人のガーゼ交換には 3 種類のカテゴリーがある。平均は 1 時間半のガーゼ交換である。褥瘡、潰瘍、重度のやけど、重度の糖尿病、それらがそれに当たる。8 時間のガーゼ交換が週 3 回必要な患者がいる。そういう病気で全身をガーゼで覆っていないと、皮膚がただれてしまう。そういう難病は非常に稀なケースである。

それからネガティブプレッシャーをかけながら行うガーゼ交換がある。傷は治る段階で治癒していきかさぶたができていく。電気を送ることによって、それを最初に戻しながら行うガーゼ交換である。それが複雑ガーゼ交換である。

治癒が早まるように、酸素を送りながら行うガーゼ交換も複雑ガーゼ交換である。それから自己血をとって採血しながら戻す、輸血しながらするガーゼ交換がある。複雑ガーゼ交換といったときには、普通のガーゼ交換ではない。これらのことを複雑ガーゼ交換という。

②術後1日目のガーゼ交換

　それから次に多いのが、術後1日目のガーゼ交換である。まだ昨日手術をしたばかりの後のガーゼ交換は、癌手術の場合もあるし、その他一般的な外科手術の場合のガーゼ交換もある。外科手術の場合は術後1日で退院してくることが多い。

　それからもうひとつは、腫瘍の表面が外にでたものをガーゼ交換したり、ターミナルケアのときに腫瘍にドレーンを付けたままで退院してくる人たちのガーゼ交換である。

　さらにそういう人たちの栄養指導、社会的な心理指導、ソーシャルワーカーが社会的側面もサポートする。

　ここ2、3年はスマートフォンのおかげで、現場を訪問した看護師が写真を撮って送ってくるので、移動しなくてもよくなった。複雑ガーゼ交換も、かかりつけ医ではなかなかできない。できないけれども、役割としてはGPがする立場なので本来はしなければならない。そのときによくHADが行くことになるのは次のような例である。

　患者の患部があまりよくみえない場合がある。それからクリニカルパスみたいにプロトコールがあり、たとえば乳房の手術で退院してきた人は、「はい、1日目にこれをすること、この検査をすること」、「2日目にこれをすること」、全部流れが書いてある。それで「病院に電話を入れること」というのが2日目になる。「抜糸をすること」と、プロトコールを作成してパス化し標準化するのもHADの仕事である。

　そしてこのプロトコールの紙にはケアスタッフの注意事項として次のように書いてある。「絶対に全部やりきろうと思わないでください」と。「HADだから自分たちのところで全部抱えようと思うな。急変したら必ずここに連絡をいれること」と、大きく注意事項として書いてあって、たとえば「退院した病院に連絡することを常に忘れないでください」とある。

　「病院に連絡してください」「病院に再入院を考えてください」というケースは「発熱の場合、患部が炎症している場合、それからドレーンから膿がでてきた場合、この3つの場合は直ちに連絡をしてください」と書いてある。術後2日目のパスである。

　肥満の手術で胃を切って退院してきた人は、2日目でやはり在宅入院になる。

そして、どういったときに病院に戻すかというケースが書いてある。

(5) 在宅での治療
①在宅リハビリ
　整形外科疾患のリハビリテーションと神経系のリハビリテーションがある。整形外科疾患のリハビリテーションでは、たとえば膝、股関節、肩などを手術して退院してきた患者は、通院でリハビリをするか、あるいは在宅でリハビリをするかになる。そういった人たちが在宅ですると決まったとする。そうしたらHADに書類がまわってきて、HADでできるかをみる。できるだろうと決めるのは、リハビリ専門の医師である。リハビリ専門のコーディネート・ドクターがおり、この医師がエキスパートドクターとして診る。この時は往診をして患者の自宅を見る。自宅の環境を見てどういう器具を入れるか、本当にリハビリができる患者なのかどうなのかを見に行く。在宅入院期間が2～3週間で、HADのプロパーのリハビリ士を使う。

　神経系のリハビリテーションになるともう少し複雑である。どちらかというと、これはリハビリというよりは住宅改装になる。神経系のリハビリテーションというのは、たとえば出血性脳血管疾患が原因の場合がほとんどで、だいたいのことは病院で済ませて退院してくる。手術をして、リハビリもはじめて、スピーチセラピーなど、おそらくはじめは麻痺が激しいので、処置のかなりの部分は在院期間中に行う。退院してきた時にすることはHADのリハビリを送るけれども、住宅の環境を整えることが中心になる。リハビリに関しては、リハビリチームがメディカルチームの中にあり、すべてにおいてチームが訪問する。

　このように自分の専門だけを行っているチームが2つある。リハビリチームと新生児チームである。

②在宅ケモテラピーの実際
　在宅でケモテラピーを行うのに、みんながふさわしいわけではなく、5つのクライテリア（critère, 基準）がある。まず、最初のケモテラピーは、病院で行うこと、2番目はそれがうまくいったこと、何か途中で急変したり熱が出たり、大変なことがあったら、まだ在宅には向いていないという時期で

あるので、もう一度病院で行わなければならない。3番目が、ポート（皮下埋込型ポート）などをつけていることである。普通の血管からのカテーテルではだめだということである。それから患者が十分に納得していること。そしてその人の家族や、社会的な環境が整っていること。この5つがあってはじめて在宅でケモテラピーを行っていいことになっている。たとえば、自宅がない車上生活をしていた患者がいた。その人に「在宅入院でいかがですか」と紹介が回ってきた時は「この人は病院でやってください」と断わった。

そしていよいよHADにおりてくるというときには、必ずスタート前のチェックリストの検査項目があるので、それをしてもらう。それが承諾になってはじめてHADの薬局からその患者の自宅に抗癌剤を届ける。

実際にどうするかというと、血液検査をする。その血液検査をした日に結果がでる。17時から19時に、翌日分の抗癌剤を調合する。そして翌朝の7時から10時に自宅に配送する。10時から15時までの間に、それを患者に打つ。こういった流れになっているので、血液検査の結果が出てから抗癌剤を夕方作って、朝に配送してその日のうちに打つということである。

ミックスをしたあとに、「ああこれでは今日は打てない」というケースが出てくる。そういう点滴は捨てる。このような在宅ケモテラピーをする時に必要な環境というのはまず、街で買えるようなものではないので抗癌剤を作れる装置があることである。2つ目が、きちんと温度が管理されないとできないことである。真夏の暑い日でも調合しなければいけない、そういう環境が整っていること。早朝7時から10時の間に配達ができる環境があること。10時から15時の間に打てる看護師がきちんとキープできていること。そして最後に使い切ったあとの医療廃棄物を処理するルートがあること。それらが整ってはじめて在宅でのケモテラピーができる。

在宅でケモテラピーを行うには最低でも1日50件ないとペイできない。10人未満では大赤字になってしまうので、その規模ではできない。準備するのはナースではない。薬の調合は薬局で働いている薬剤師免許はない準備士である。そのクオリティをコントロールするのは薬剤師である。1日中それしかしない。

新しい患者が退院してきてサンテ・セルヴィスで受け入れるときに、「この抗癌剤を使ってください」と退院前に指示があったとする。サンテ・セル

ヴィスのHADで受け入れる時に決める判断の基準が3つある。まずはコーディネート・ドクターのメディカル的な意見としては、高いリスクのある抗癌剤だったら病院でそのまま続けてほしいとHADでは断る。たとえば今まで過去10年間に8ケース以上死亡があったケースとか、急変ケースがあった場合は、まだこれは在宅には早いと見なして病院で行ってくれるように患者を返す。次に薬局部長からも承諾がでないときである。作った薬剤をすぐ使うという環境にはないので、作ってから24時間の安定が必要とされる。それができない薬剤はサンテ・セルヴィスでは使えない。やはり薬局部長から承諾がでないと断る。次に看護部長である。看護部長のほうから看護師のマンパワーが、その中のチームでちょっと足りなくて外部を使うといいながらも、やはり作ってからすぐに行わなければいけなかったり、静脈注射で8時間できない条件もあるわけである。その場合も断る。つまり、医師と薬剤師と看護師、この3職種からの承諾があって、はじめてサンテ・セルヴィスは抗癌剤の在宅ケモテラピーを認めている。

血液内科医が2人、悪性腫瘍専門医が1人、抗癌剤専門薬剤師が2人、薬局での抗癌剤準備士が5名、この体制で行っている。

③アクセプトとリフューズ

受け入れのハードルが高いと思われるが、どれくらい断って、どれくらい受け入れているか。退院して在宅にまわすときに、だいたいの病院医師は「これは承諾できる」「これは承諾できない」とわかるので、ほとんどの紹介の場合は承諾になる。たまにリフューズをするとしたら、それは24時間の安定が保証されていない、そういったハードな理由なので、これだけリスクがある抗癌剤を在宅でやってくれとは紹介されないので、ほとんど断らない。

ただしアクセプトするためには十分な時間が必要である。新しい抗癌剤がでたとする。たとえば乳癌の抗癌剤ハーセプチン（HERCEPTIN〔一般名：トラスツズマブ〕）[11]がでたけれども、それで本当に安定したという証明のために2年間病院で続けてもらったそうである。2年間の病院でのデータをもってはじめてこれを在宅で行って大丈夫だと判断の基準としたそうである。

エラスチン（Elastin）[12]という薬品はよい例である。2年間病院でのデータを持ち寄ってはじめてサンテ・セルヴィスがHADでのケモを行ったケース

だそうで、この間在宅でも安定して管理もよいという論文を発表したばかりだそうである。

たとえば、骨髄抑制が起きたときには誰が判断するのか。副作用で途中でできなくなるケースがあると思われるが、それはかかりつけ医が判断するのか。この10年間幸いなことにそういうケースが一度もなかった。どうしてかというと、HADで在宅ケモを受け入れる前に、条件の中に、1回目は病院で行う。それから急変がないことが条件になっていた。そうでなかったら3回4回と病院で行ってもらうわけである。そこで安定してから来るので急変はあまりない。

今のところ幸いなことに急変したことがないので、これからもないことを願っているけれども、もしも急変したときに備えて抗癌剤は10時から15時の間に打つ。10時から15時の間に打っていれば、何か急変があっても対処しやすい。15時をすぎたらもう行わない。

④不測の事態への緊急対応

副作用で白血球が下がるなどの症状がでたときは誰が対処するのか。もしもそういうことが起きた場合には、まず終わったあとのポストサーベイ期間を少し長くする。長くして、もしも入院する必要があったら入院する。対処できる時間内で行っている。

たとえば血液性の癌だった場合は、白血球が下がった場合でも他の癌に比べてやはり長く病院に残らなければいけないと思うので、その場合は迷わずに再入院になる。そういった対処を行う。

在宅ケモで一番仕事をしているのは医師ではなく、看護師である。急変が起こった時の連絡先や、とっさの判断で一番活躍するのは看護師である。医師はむしろ静かである。もちろん対処するときに連絡はしなければいけないが、いざその臨床の場にいるのは看護師である。慌てずにしっかりと対処できるように教育する。その教育内容が最も重要である。

クリニックチェックリストがあって、「これがあったら、必ずコーディネート・ドクターに連絡を入れること」、「これがあったら、すぐに病院に転送すること」と、すべてプロトコール（protocol，標準治療法）になっている。ベルトとサスペンダーと言うけれども、しっかり守っていることを言う。二

重のセキュリティになっている。それは看護師の重要な仕事である。
　在宅ケモを行うのはどのステージの人か。まだ少ししかしなくてよい段階のときには病院でする。そうではなくかなりやらなければならなくなると、1週間休みがあるけれども、6週間から7週間と長く続くステージになってくる。そういう人たちを受け入れることが多い。
　ケモは3クール行うが、1クール目は病院、2クール目3クール目は在宅で行う。腸の癌の抗癌剤はどちらかというと病院のほうが向いている。だから大腸癌や乳癌などの患者の病名よりは、その抗癌剤によって決めるそうである。
　病院の主治医が行ってかかりつけ医が行って、かかりつけ医がわからない場合に、HADでするのか。なるべく怖がらせてはいけない。かかりつけ医にはやはりやるべきことをきちんとやってもらいたいだけである。製品名を言って怖がらせる必要はない。あくまでもクリニックの検査や血液検査のバリデーション（validation, 確認）を彼らにしてもらうだけである。病院の医師が「これやりなさい、あれやりなさい」と細かい検査項目をかかりつけ医に指示しているのを見守っている。彼らが何か足りないところがあったら、HADが介入する。「もしも何か困ったことがあったらいつでも電話して下さい」という立場である。
　それから抗癌剤を処方箋に書く時の処方期間が日本と違って長い。だいたい1カ月処方とか3カ月処方で、最大で6カ月まで書くことができる。その間に、自宅に行ってから変化があったら、かかりつけ医としても不安な面もある。そういうときの中間の役割をHADのほうで行う。もしも患者が熱を出したりしたらストップする。何が何でも在宅でやらなければいけないというわけではない。
　ケモから緩和医療に移行するという考えもある。流れとしてケモで始まって緩和ケアに流れていくことは多い。ターミナルケアなのに化学療法を続けていて、化学療法がターミナルケア的意味しかない化学療法もある。

(6) 終末期ケア
①ターミナルケアの3つのステージ
　ターミナルケアの例として、35歳で子供が2人いるとする。子供がまだ

小さいから、やっぱり在宅のほうがよいと本人が希望するケースが多い。そうすると子供も協力してくれると確認したうえで、在宅で行ってあげようとする。

　HADの全体の活動量の実に3分の1がターミナルケアである。ターミナルケアには3つのステージ・タイプがあり、まだケモが終わっていない、ケモをしながらターミナルケアに移っていくタイプと、2つ目が化学療法は終わっているけれども、安定させていくターミナルケアと、3つ目は最期の最期に息を引き取る、苦しい時期、この3つのターミナルケアがある。フランス国民の19％が在宅で亡くなっている。在宅で亡くなった全国平均の内、HADに関しては、死亡前が自宅という人が35～45％である。

　薬はすべて痛みを緩和するための治療薬だが、リスクとしては死を早める可能性があるものもある。通常これらの薬はすべて院内使用のみ認められていて、自宅で使うことができない麻薬、劇薬だが、死期を早めることがあっても痛みを十分にコントロールできるし、要するに眠りやすくなる。そういった薬は在宅入院では使ってもいいことになっている。

　「死期を早めますよ」ということは本人の納得の上かといえば、法律では必ずそれを告知することが必要になっている。実際は最期の5日間は意識も朦朧としているので、患者ではなく家族に言うケースの方が多い。

　これらの薬は、かかりつけ医に任せるというよりは、HADが行って、こういう治療に移るけれどもいいかと家族に説明をする。コーディネート・ドクターが行く、稀なケースである。

②リビングウィル（living will）

　ターミナルケアに入っている人には、死期も含めて当然癌の告知は100％されている。アングロサクソン的な考え方で言ったらきちんと告知して「さあ、それを文書にしましょう」となるけれども、それはフランス的ではない。そういう国ではない。そうではなく患者を見て、どのタイミングで言おうか、患者との距離を徐々にはかりながら言ったほうがよい。ひどい場合は、告知したことが虐待になる可能性もある。そういうことを考えながら、徐々に話していく国である。

　法律上は確かに患者本人の意思とリビングウィルの確認と信用できる代理

人および家族の意見、このヒエラルキーの順番で重要性が、たとえば治療をやめるときにはこの順番でリスペクトされる。現場で5％の人が実際はリビングウィルを書いている。オランダではもっと高いだろうが、フランスは書いて必ず出すという国でもないので、5％しか書いていない。むしろ、話し合いによって、徐々に徐々に合意を確認していく、そういう感じである。ともかく95％は書いていない。だからヨーロピアン的かどうかは知らないが、先進的ではないということは確かである。

　尊厳死の話で言えば、フランスは法律で安楽死は認められていない[13]。だから安楽死を求めてくる患者に、カリウムの注射で答えてあげることはできない。それができる国はオランダである。

　妥当な治療、理解の得られる治療、どこまでやったらやりすぎで、どこまでやったらもうやめてもいいか、そういった合意の形成が書かれた紙がある。紙にはリーズナブルと書いてあるけれども、エコノミーな治療というわけではない。家族と本人はこの段階では普通はあまり書かない。少しずつ本人や家族とコンセンサスをとりながらこれを書いていって、チームでカンファレンスしていく。

③患者と家族の教育

　急変した時に、家族が慌てて救急ドクターを呼んでしまったとする。呼ばれた医師は、対応に困るわけである。そこで蘇生するのか、あるいは挿管するのか。そういった時に合意が書かれた紙が1枚あると、「ああ、もう、それでは」という指示をしてもいいことになる。そういった紙は1枚あることはある。

　どちらかというと患者本人というよりも患者の家族とこれを書いていく。全部の患者にこれがあるというわけではない。患者によい待遇をしたいからと思っても、「はい、これどうですか」と、患者に聞くことはありえない。やはり患者本人に聞くことは元々無理がある。

　そのほかの治療も一応確認すると、抗生物質の点滴治療があるけれども、簡単な抗生物質ではなく、病院使用特有の中心静脈カテーテルを使っての抗生物質である。抗ウイルス剤[14]や抗生物質[15]、たとえばチエナム[16]、あとオーファン・ドラッグ[17]も使う。こういったことも患者と家族に説明する。

気管切開をした上でベンチレーション（ventilation）している人工呼吸器（レスピレーター）の人が1年間に30ケースある。これに関しては、24時間のサーベイが必要なので、独居の人にはできない。家族がいるという確認が必要である。大抵神経性の疾患が多い。これも患者家族の協力が必要である。

それから患者および患者家族教育が15日間あるが、たとえば糖尿病のインシュリン導入、胃瘻、気管切開になった場合の患者教育である。こういったものも行っている。

この15日間の間に、管理栄養士が3回やってくる。それからソーシャルワーカーもやってくる。食事は自分で作れる人であればいいけれども、できない場合のケータリングサービスはこういうところで受けられるとか、それに対する費用補助はここからあるとか、そういう情報をソーシャルワーカーが教えにきてくれる。そういうことはすべて患者教育の中に入るものである。

④ 2つの must

2つのことがマスト（must）になるのが在宅入院である。患者の同意とその患者のかかりつけ医の同意である。かかりつけ医に「いえ、私はこれはできません」と言われたら、もう無理である。あるいは患者自身に「やりたくありません」と言われたら、在宅ですることもできない。この2つの同意があって、はじめて可能になる話である。

自宅が、必ずしも自宅でないかもしれない。老人ホームの場合もあるし、障害者施設の場合もあるし、それからキャラバンかキャンピングカーの場合もある。そこが患者の自宅とみなしていいのであれば、そこに必ず行く。

いつもは自宅にいるが、週末は別の場所に行く、そういう場合も大丈夫である。事前に教えてくれれば住所が変わってもHADはそこに行く。

老人ホームでできることが全部書いてある。静脈注射、ターミナルケア、ケモテラピー、ペインコントロール、複雑ガーゼ交換、白血球がすごく下がる白血球減少のサーベイ、こういったものと他の治療は老人ホームでもできる。

最後に1つ重要な点は、ガンドリーユ, ニコラ医師がコーディネート・ドクターの仕事を始めたときには独居の人で在宅入院する人はいなかった。現在は独居の人が病院から自宅に帰りたいといえば、また自宅に早く帰ったほ

うが良いということであれば、そういう患者もHADでは受け入れている。ただし、急変があった時にいつでも対応できるようにする。現在はテレアラームなどがあり、遠隔操作が可能になった。ターミナルケアも最期にひとり独居でしたいという希望があれば行っている。

フランスは死亡診断はかかりつけ医が書く。少なくともコーディネート・ドクターではない。ほとんどがかかりつけ医である。かかりつけ医と連絡が取れない場合は病院からくる医師が書く。

最後に、ガンドリーユ，ニコラ医師は、「15年間悪性腫瘍の専門病院で働いていました。やめた後にサンテ・セルヴィスに声をかけていただきましたのでこちらに来ました。色々なコーディネーションをしてみんなと連絡をして、そしてコンプライアンスがある、色々みんなと妥協点をみつけて折り合いをつけていく、大変おもしろい仕事だったので、働こうと思いました」と述べた。彼は、現在も病院での仕事も続けているので、週に1回は病院にも勤務している。

4. 薬局と物流
(1) 薬局と薬剤倉庫

研修プログラム責任者のギオ，セレンさんの案内で、物流センターを視察した。薬剤師のリマバヤさんの案内で薬局を見せてもらった。薬剤師のオフィスでは、2人の薬剤師が処方箋の確認をしていた。別の薬剤師が2人座っていて、医師から送られてきたプリスクリプション（prescription, 処方箋）、名前や投与量をコンピュータに正確に入力していた。

実際にこれがどのように送られてきたかというと、患者の自宅に行った看護師が、その場でスマートフォンで写真を撮る。プリスクプションをアプリに載せると薬局に送られてくる。それで処方箋が出るので、その出てきたものをコンピュータに入れていた。

入力するだけではなくて、薬剤師はこれまでのヒストリーを見て間違いがないか、それから他から出ている薬と合わせて飲んで間違いがないかを確認をした上で入力していた。

倉庫を左側に進むと、ディスポ製品が置いてあった。手前がディスポ製品、奥には大きいマテリアルばかりである（**写真4-2**）。

写真4-2　薬局の倉庫

　薬剤の倉庫をみると、薬剤がオートメーションで出てきていた。倉庫では薬剤師とプレパレーターといわれる準備士が働いていた。
　処方箋を入力すると、プリントアウトされて出てくるのはオーダー用紙（注文用紙）である。それに合わせて、そのオーダー用紙を機械に入れると倉庫からオートメーションで薬剤が出てくる。患者のボックスにその薬剤と注文用紙と処方箋の3点を入れて患者宅に運ぶ。患者の名前も書かれているが、すべてバーコードで管理されている。
　チェックされた箱はベルトコンベヤーで回ってきて、箱が積み上がっていく。棚が2個あり、ここに入れられるものは入れて、いっぱいになると次の棚に入れられる（写真4-3）。これがベルトコンベヤーで次々運ばれていく。バリデーション（validation, 確認）したボックスはずっと回っていって配送用のレーンにたどり着く。翌朝トラックで搬送されるボックスは積み上げられていく（写真4-4）。まるでアマゾンサイズの大きさの倉庫とオートメーションシステムには驚かされる。郵便局ももちろん顔負けである。

(2) 体制・スタッフ
　この倉庫はサンテ・セルヴィスの自前倉庫であり、業者をいれているわけではない。1日に1,500人から1,600人の患者の薬をここで作っている。他のHADでもこんなに大きなシステムはなく、サンテ・セルヴィスともう1

第 4 章　フランスの在宅入院の事例研究

写真 4-3
搬送用レーンに
たどりつく前の棚に
収容される薬剤等

写真 4-4
翌朝トラックで
運ばれる予定の荷物

社あるそうである。だからサンテ・セルヴィスは最大手なのである。薬剤は、ジェネリックがあるものは全部自動的にジェネリック薬剤が出てくる。フランスはジェネリック推奨の国である。

　倉庫のスタッフは薬剤師が 6 人、準備士が 20 人、倉庫管理をする担当者が 7 人、そして搬送担当者が 1 人いる。搬送担当が 1 人なのは少ないと思われるが、インフラのメンテナンスを行っており、トラック配送で 5 人、事務その他として 3 人がいる。倉庫の総員は 43 人である。2 社のトラック運送会社は外注であり、トラック運転手はサンテ・セルヴィスのプロパーではない。

1人の薬剤師が担当する処方箋数はない。法規制上に1人当たり何枚という規制はないけれども、現在1日当たり300枚の処方箋があがってきている。6名の薬剤師の内2名が処方箋取り扱い薬剤師なので、日中1人当たり150枚の処方箋を扱っている。役割分担があり、1人が化学療法の輸液バック専門の薬剤師、1人がマテリアルおよびディスポ専門の薬剤師、1人が一般の薬剤師である。

（3）トレーサビリティ

　在庫管理ができていないものはない。なくなった物は今までないそうである。全てバーコードで1錠1錠管理されているので、紛失したらすぐわかる。トレーサビリティ（traceability）がコンピュータ化され確保されている。取り扱っている薬品は1,500種類、ディスポの種類は500種類なので、2,000種類のアイテムがある。薬剤はサノフィ（Sanofi S.A.）社[18]の製品が多いと思われがちだが、サノフィが母国だからといってそれはないそうである。

　薬もディスポ製品もオートメーション化されていて、箱に入って最後のところでパチッと留める。そしてそれはエリアごとに搬送されて、何々県のトラックに行く。そのトラック担当のところを見にいくと、トラックがレーンのところまでバックで入って来て、契約している搬送会社の人が荷物を積み上げていた。荷物を見ると、患者の名前と市町村まで書いてあった。バーコードで住所がわかる。どういう順番で配達するかは搬送会社のノウハウのようである。当然だが、荷物は開かないように厳重に梱包されていた（**写真4-4**）。

　たとえば、現場の看護師から電話がかかってきて、「何々の薬がまだ届いていません。紛失しています」と連絡が入ると、倉庫では全てバーコードで管理されてトレーサビリティがしっかりしているので、どの段階でなくなったかがわかる。搬送会社のトラックがもう出発していて、少なくとも患者のところに行っていないなら、その間の人のところで紛失したことがわかる。

　手渡しし、本人か家族にサインをもらうのがルールである。仮に、サインをもらわずに戸口において帰った場合には、後で厳しく指導される。

（4）ミキシング

　劇薬麻薬のコーナーもあるが、当たり前だが、そこは鍵がかかっていて厳重に管理されていて入れなかった。アイソレーターが 2 つあり、1 つは清掃中（写真 4-5）、もう 1 つはちょうど稼動中であった。作られたものは別の出口からでてくる。

　温度、湿度の管理はモニターサインにでているので、今何度で作業をしているかもわかるようになっている。抗癌剤専門のプレパレーターなので、他の者は触れられない。中で作業している人たちは特別な教育を受けている。

　抗癌剤だと被曝するが、安全管理と教育はきちんとしている。アイソレーターに入る段階で防護服をつけること、アイソレーターの中に手を入れるときに、2 枚の手袋をして中に入れるので大丈夫だと説明を受けた。そしてスタッフのために、間違えて刺したりしないように、針を刺して入れる行為はいっさいない。ミキシングしたものはどうやってでてくるか。たとえば常温でいいものなら常温でいいというバッグがある。そうではなくて冷蔵保存のものであったら、まず冷蔵庫に入れて温度を保つようにと書かれている中に入れる。そして、ここでスタンバイしている搬送会社にいつでも取りにきてもらい、患者宅に温度を守った上で送ってほしいけれども、現在血小板テストの承諾がきていなかった。要するにそのときの血液検査を何時にしたか（10 時とか言っていたが）、その血液検査の承諾をバリデーションしてもらわない限り配ることができないので、製品によっては残念ながらこの段階で捨ててしまう可能性もあるわけである。承諾がきたらそれはすぐ患者宅に搬送されるようになっている。

　1 日当たり平均 45 バッグ作っているそうである。2017 年には 60 バッグになる予定だと言っていた。さらに 85 バッグまで作れるキャパシティはあるという。これは患者に投与するバッグのことで、製薬会社と契約しており、製薬会社の治験用のバッグもここで作っている。それはまだこの数には入ってない。それをアイソレーターごとに 2 人で行っている。

　HAD で治験をしているのかと不思議に思い聞いてみると、そうではなく、製薬会社から依頼を受けてここで作っているとのことであった。HAD の患者に治験をしているわけではない。

　たとえば、製薬会社がサン・ルイ病院（Hôpital Saint-Louis）[19]と契約をする。

写真4-5
清掃中の
アイソレーター

サン・ルイ病院ではこのプロトコールで抗癌剤の治験を始めると合意をしてもらい、その患者が退院する。退院したらそれを継続するというケースである。

当然見られなかったが、アイソレーターのある部屋の向こう側が放射性物質の廃棄物ルートであった。

第4節　フランスの在宅入院の事例研究のまとめ

在宅入院に関しての考察は、第3章で行っているので、ここでは考察ではなく問題意識を提示する。

1.　日本での政策選択は可能か

サンテ・セルヴィスで行っているような活動を、日本でも行っていこうという考え方ができるであろうか。日本で既に行っていることで、足りないところや、あるいはお互いにパートナーシップがとれるとか、そういったことがあるだろうか。

日本もフランスも役人が考えることは、ますます病院の入院期間を減らしていって、医療経済的に負担になる部分を削減していくことにある。在院日

数は短くなって、患者はより早いうちに在宅に出されてゆく。退院させられてきた患者の受け皿をサンテ・セルヴィスのようにHADが準備するのがフランスのやり方である。

　すでに日本でもケモテラピーを外来や在宅で一部では行われているが、これまで述べてきたようなポストアキュート期（急性期経過後に引き続き入院医療を要する状態）の患者に対して、抗癌剤の在宅での治療を含めて、術後管理から処置まで実践することは可能であろうか。

　データを見る限り院内感染も防げるし、医療費も削減できる。さらにケアへのアクセスが悪い地域にとっては、HADは本当に有難い存在である。何キロも行かないと病院にアクセスできないような地方にHADは多い。さらに障害者や慢性疾患の人のように、ずっと状態が変わらない人が入れるところを探すのはなかなか難しい。もちろん病院にいることができない人たちは自宅での療養になってしまう。自宅で十分な治療が受けられないことは不幸なことである。そうではなくて、不幸ではない受け入れ態勢を準備すればよいわけである。

　病院外来でケモテラピーをするのは、実は患者の身体的負担は大きい。病院に行って帰ってくることがすごく大変である。その部分がカットでき在宅でできるのであれば、クオリティ・オブ・ライフにとって、すごく良い面があると考えられる。この点はHADに携わる誰もが強調していることであった。

　高齢化、そして慢性期化した症状などの人はやはり移動することで疲れるし、さらに費用も無駄である。これを一番カットできるのが在宅入院のモデルである。日本も在宅医療がかなり進んでいくのは、結局は同じ理由による背景があると思われるが、フランスも同様である。院内感染が減るというのは病棟ではないので、当然といえば当然である。

　現在このHADのコンサルタントとして、サンテ・セルヴィスのストラクチャーを使ってコンサルタント業務も行っている。国際化としては、モスクワで現在19のクリニックがサンテ・セルヴィスのHADのシステムを取り入れている。輸出しているというとおこがましいが、サンテ・セルヴィスの戦略は、日本にもHADを輸出したいということである。

2. HAD は病院入院よりなぜ安いのか

　病院よりも在宅のほうがコストは安い。これに違和感を持つ人がいるかもしれない。なぜなら医師の下に患者が来ればたくさん診察できる。しかし訪問すると移動のために効率が悪くなり、診られる患者が少なくなるという考えからであろう。だから病院に患者が来てくれたほうが医療費は結果的に安くなるのではないかという考えからであろう。

　しかし、看護部長から説明があったように、明らかに病院で治療するよりも在宅で治療した方がはるかに医療費は安い。同じ患者がいたとしたら、その患者に自宅で治療をした場合と、同じことを病院に来院させてやると1人当たり3倍高くなるそうである。

　それは医療費だけを見た場合であって、家にいると介護が必要などトータルコストが高くなるという説もある。しかし実際は、介護まで入れても、病院で行う単価より同じことを自宅で行ったほうが3分の1で済むと説明された。

　どうしてか説明をすると、在宅で入院をしているといっても、実は医師の介入がすごく少ないからである。結局介入しているのは看護師である。看護師が医師の指示箋にもとづいた行為を行っていて、医師が訪問することはほとんどない。コーディネート・ドクターがコーディネートする。患者が退院してきたときに病院の指示箋が来ている。たまにかかりつけ医を呼ぶことがあるけれども、ほとんど医師は介入しない。頻回に介入するのは看護師である。そこがまずコストが安いところである。病院はやはりサラリーの医者がいる。その分のサラリーをカバーするための診療報酬のコストが計算されているので、同じ疾患だったら、自宅で行ったほうが経済的である。

　ベッドや歩行器はコストの中から出るのかそれとも自費なのか。日額197.4ユーロの中に入っており、自己負担はほとんどない。HADの対象になる疾患は重い患者なので、ほとんどが医療保険でカバーされる。もしも貧困の人であっても、日本の生保のような保険制度が別にあるので、結局、自分のポケットからお金が出ることはほとんどない。このように医療保険のみでカバーできる。では介護が必要な場合はどうかというと、介護に関してもHADで行っていることに関しては自己負担はない。なぜかというと、技術性と医療性が高いからである。医療保険ですべてカバーできてしまうような

患者が対象だからである。しかし、研修の中では医療保険でカバーされない介護の部分がでてくると言っていた。その介護の部分はHADでは行っていない。HADではなくヘルパー（家事代行サービス）のようなところの話である。そこが行うことなのでHADの対象外である。HADから連絡を入れると、そこから掃除をする人が来る。それは確かに大部分が自己負担である。

　自治体による介護保険と国による医療保険と両方併用することは可能である。医療は医療保険で払い、介護に関することはAPAで支払う。APAでは全部はカバーできないので自己負担が多くなる。

3. 改めて日本での在宅入院制度は可能かを考える

　サンテ・セルヴィスが、日本でコンサルタントとして活動することは可能か。現在日本では、都会では訪問診療をたくさん行っている。しかし、以前は診療報酬が高くて利益が出たが、現在は以前の3分の1〜4分の1に診療報酬が落ちて、非常に経営が大変な事業所もある。それでも在宅に熱心な医師も多い。ただし地方ではまだまだそのような状況ではない。そういう意味では全国的であれば日本人の医師をサンテ・セルヴィスが雇用して、薬局をもち、機材ももち、トータルに介護のケアを行い、配送部門をもち、そうしたことが全部整うのであれば、全国展開できる可能性はあるかもしれない。

　日本の医師がすでに訪問診療を行っていることも、既にフランスでサンテ・セルヴィスが行っている在宅医療と近い部分が十分あるかもしれない。しかし、在宅で行っている医療技術の提供の仕方が違う。また、日本では患者は家族の負担のため自宅であまり在宅医療を行いたくないこともあると考える。長尾和宏（2017）は「がんの看取りは、訪問看護や在宅緩和ケアの技術、デバイスの進歩など、在宅看取りで100％できることがわかった。でも、100人の末期がんの方がいれば、80人は家で看取ることになる。家での看取りが100％にならない理由は、家族が反対する場合が多いからだ。あるいは本人が最期は病院で、という例もある」と述べている。

　これから日本も入院日数が短くなると、術後早期に退院するケースやケモテラピーも病院でなく在宅でという流れがでてくる可能性はある。ハイテクホームケアと呼ばれるHADである。既に日本でも在宅ケアを一部行っているところもあると思われるが、ハイテクホームケアまではいっていない。在

宅での高度医療の提供はこれからの日本もせまられてくると考える。本章で紹介したサンテ・セルヴィスの研修内容は、ノウハウの面においても参考になると考えるし、検討するための素材の提供という点でも意義あることと考える。

───────────────

1) 精神障害者や高齢患者が、入院に劣らない手厚い治療を受けながらも、家庭や社会から孤立しないようにするため、昼間だけ預かり治療を行う医療機関のこと。
2) MRI（核磁気共鳴画像法）は、脳の検査装置のこと。30分ほど横になっているだけで、様々な方向からの脳の画像を撮影することができる。MRI画像の多くは、脳ドックのように「脳に病気があるかどうか」を見つけるために使われている。
3) 第1章注2参照。MRIは、強力な電波を使って、体内にある水分に作用して断層を撮影する方法だが、CTスキャンは、X線検査の立体版で、レントゲン照射したあとにコンピュータで画像を作り出す。MRIとCTスキャンは撮影技術自体が異なる。「断層撮影」の名前のとおり、本来は物体の（輪切りなどの）断面画像を得る技術であるが、これらの検査技術は単に断面画像として用いられるのみでなく、画像処理技術向上によって3次元グラフィックスとして表示されることも多くなってきている。
4) DRGとはDiagnosis Related Groupの略で、国際疾病分類（ICD-9-CM）で1万以上ある病名コードを人件費、医薬品、医療材料などの医療資源の必要度から、統計上意味のある500程度の病名グループに整理し、分類する方法をいう（日本医師会総合政策研究機構2000：2）。
5) 第3章注15参照。
6) 市町村（36,552）―県（96）―州（22）の三層制を取るフランス本国において、22州が13州に再編されることとなった。再編後の州は、2016年当初からスタートした。22州のうち、①ブルターニュ、②ペイ・ド・ラ・ロワール、③サントル、④イル・ド・フランス、⑤プロヴァンス・アルプ・コート・ダジュール、⑥コルス（コルシカ）の6州の区域は従来どおりなので、既存の16州が合併を通じて7州に統合されることとなった。この新しい7州のうち、2つは既存の3州の合併、残りの5つは既存の2州の合併により誕生した（山崎榮一2015）。
7) ここでいうネットワークとは、Résauxのことであり、悪性腫瘍、ターミナルケア、老年科などの医師とコ・メディカルのチーム医療の提供のことをいっている。詳細は第5章で述べる。
8) pôle（ポール）の日本語訳は「（地球・天球の）極；極地」、または「電極・磁極」「（意見・性格などの）対極」、「（活動・関心などの）中心、拠点」、そして「（生物・数）極」の意味があるので、一般的に「極」または「拠点」が適切と考える。しかし、本章の文脈でいえば、小磯（2017c）で既述したように「支部」のほうが日本的にはイメージしやすいので、本章でもあえて「支部」と記述した。同様の理由から、サンテ・セルヴィ

スの組織についても、「Pôle sanitire」を「健康極・健康拠点」とはいわず、「健康部門」と訳していることに留意されたい。

9) ストーマ（stoma）とは、消化管や尿路の疾患などにより、腹部に便又は尿を排泄するために増設された排泄口のこと。ストーマを持つ人をオストメイトと呼ぶ。大きく分けて消化管ストーマと尿路ストーマがある。消化管ストーマは人工肛門、尿路ストーマは人工膀胱とも呼ばれる。

10) 「ユマニチュード」という言葉は、フランス領マルティニーク島出身の詩人であり政治家であったセゼール, エメが 1940 年代に提唱した、植民地に住む黒人が自らの"黒人らしさ"を取り戻そうと開始した活動「ネグリチュード（Négritude）」にその起源をもつ。その後 1980 年にスイス人作家のクロプフェンシュタイン, フレディが思索に関するエッセイと詩の中で、"人間らしくある"状況を、「ネグリチュード」を踏まえて「ユマニチュード」と命名した（ジネスト, イブ・マレスコッティ, ロゼット／本田美和子訳 2014：5）。

11) 乳癌の治療は手術、放射線など局所的治療の他に、再発や癌進行を抑える目的で行うホルモン剤や抗癌剤などの薬による全身治療がある。抗癌剤治療には色々な治療方法があるが、ハーセプチン（HERCEPTIN〔一般名：トラスツズマブ〕）療法は、細胞の増殖にかかわる HER2 タンパクを過剰発現している乳癌に対する代表的な治療方法である。

12) エラスチン（Elastin）もしくは弾性線維とはコラーゲンの線維を支える役割を持つ線維である。ヒトのエラスチン含有量は、項靱帯で約 78 〜 80％、動脈で約 50％、肺で約 20％、真皮で約 2 〜 5％を占める。ヒトだけでなく、ブタやウシ、ウマなどの哺乳類やその他では魚類などにも含まれている。エラスチンは皮膚や血管では年齢と共に減少し、皺の原因となる。

13) フランスにおける終末期ケアの展開過程については、松田（2009）を参照されたい。そして、3 年間の議論を経て、2016 年に成立した「終末期にある者のための新しい権利を創設する法律」、いわゆる「クレス・レオネッティ法」については、武藤正樹（2018）、山崎摩耶（2018a；2018b）を参照されたい。

14) 体内に侵入したウイルスに働きかけて、その作用を弱めたり消滅させたりする薬剤。インターフェロン・免疫グロブリン製剤など。

15) 抗生物質（antibiotics）とは、微生物が産生し、ほかの微生物など生体細胞の増殖や機能を阻害する物質の総称。一般に抗菌薬（antibacterial drugs）と同義であるが、広義には抗ウイルス剤や抗真菌剤、抗癌剤も含む。

16) チェナムは、細菌の細胞壁の合成を阻害して殺菌作用を示し、細菌による感染症を治療するカルバペネム系抗生物質である。通常、呼吸器感染症、尿路感染症や婦人科領域感染症など広い範囲の感染症の治療に使用される。

17) 「オーファン・ドラッグ」は希少疾病用医薬品とも呼ばれ、難病といわれるような患者の数が少なく治療法も確立されていない病気のための薬のことである。患者の数にかかわらず、病気の治療における薬の重要性に変わりはない。

18) サノフィ（Sanofi S.A.）は、フランス・パリを本拠とする製薬・バイオテクノロジー企業である。2004 年、フランスの製薬会社大手、サノフィ・サンテラボ社が、同アベ

ンティス社を吸収合併した結果として設立された。医薬品（処方箋医薬品）販売では世界有数の規模を持つ。ユーロネクスト・パリ、フランクフルト証券取引所、ロンドン証券取引所、ニューヨーク証券取引所に株式を上場しており、ユーロネクスト・パリではCAC 40 の採用銘柄となっている。ワクチン事業部門として、サノフィパスツール（Sanofi Pasteur ＝フランス・リヨン）、動物薬事業部門として、メリアル（Merial ＝アメリカ・ジョージア州）という子会社を有する。

19）サン・ルイ病院は、パリで最も古い病院である。中世にペストが流行した時にアンリ4世によって、慈善病院として建てられた。フランス国王ルイ9世は、1270年に出陣してイスラム教国であるチュニジアを攻撃したが、飲み水の汚染や熱さによってこの地に疫病がはびこり、ルイ9世も現地で病に倒れ病没し、彼を悼んで、「サン・ルイ」の名前を病院に与えた。

文献────────────────

Cadre de Sané (https://www.infirmiers.com/votre-carriere/cadre/la-fonction-de-cadre-de-sante.html).
Cadre supérieur de santé (http://www.carnetsdesante.fr/Cadre-superieur-de-sante-une-fin).
Croix-Rouge française (http://www.croix-rouge.fr/).
DURAND, Nicolas, et al., *Hospitalisation à domicile (HAD)*, Novembre 2010, pp.143-152.
FNEHAD (https://www.fnehad.fr/).
FNEHAD, *Rapport d'activité, 2015-2016*, 2016.
Gustave Roussy (https://www.gustaveroussy.fr/?gclid=EAIaIQobChMI_euVvIa91QIV3QYqCh2BdgQpEAAYASAAEgKYpfD_BwE).
Hôpital Saint-Louis (http://www.hslouis.pt/).
Sanofi S.A. (http://www.sanofi.co.jp/l/jp/ja/index.jsp).
Santé Service, *HAD : enjeux, organization et modes de prise en charge*, 12 Octobre 2016.
石塚秀雄・竹野ユキコ「サンテ・セルヴィス、在宅入院（治療）サービスのアソシエーション」『フランス　非営利・協同の医療機関・制度視察報告書』非営利・協同総合研究所いのちとくらし、2008 年 3 月 31 日、pp.56-58。
小磯明『高齢者医療と介護看護──住まいと地域ケア』御茶の水書房、2016 年。
小磯明「フランスの在宅入院制度に関する研究──在宅入院全国連盟の活動と課題──」『いのちとくらし研究所報』No.59、非営利・協同総合研究所いのちとくらし、2017a 年 6 月 30 日、pp.46-71。(本書第 3 章、表 3-4 参照)
小磯明「フランスの医療保険制度」『くらしと健康』No.91、日本文化厚生連、2017b 年 9 月、pp.5-12。
小磯明「フランスの在宅入院の事例研究──サンテ・セルヴィスの実践と戦略──」『いのちとくらし研究所報』No.60、非営利・協同総合研究所いのちとくらし、2017c 年 9 月 30 日、pp.54-84。
ジネスト, イブ・マレスコッティ, ロゼット／本田美和子訳『ユマニチュード入門』医学書

院、2014年。
ジネスト, イブ・マレスコッティ, ロゼット／本田美和子監修『「ユマニチュード」という革命――なぜ、このケアで認知症高齢者と心が通うのか』誠文堂新光社、2016年。
長尾和宏「在宅看取りについて」『社会保険旬報』No.2683、社会保険研究所、2017年8月1日、pp.22-27。
日本医師会総合政策研究機構『DRGの妥当性に関する研究　病院経営情報システムネットワーク事業報告』日本医師会総合政策研究機構報告書第21号、2000年9月。
松田晋哉「特集：諸外国における高齢者への終末期ケアの現状と課題　フランスにおける終末期ケアの現状と課題」『海外社会保障研究』No.168、国立社会保障・人口問題研究所、Autumn 2009、pp.25-35。
武藤正樹「NEWS縦断170　フランスの緩和ケア・終末期医療」『月刊／保険診療』第73巻第11号、医学通信社、2018年 pp.40-41。
山崎榮一「海外レポート　フランスにおける州の合併」『公営企業』第46巻第11号、地方財務協会、2015年2月、pp.76-77。
山崎摩耶「仏クレス・レオネッティ法にみる終末期医療の動向　国立緩和ケア・終末期研究所を視察して」『週刊医学界新聞』第3299号、医学書院、2018a年11月26日、p.5。
山崎摩耶「フランスにおける終末期医療の法制化と患者の権利法　クレス・レオネッティ法と現場にみる終末期医療の実際」『文化連情報』No.489、2018b年12月、pp.32-37。

第5章

自立と包括的ケアのための
ネットワーク（MAIA）

パリ西地区の MAIA、CLIC、Réseaux の活動

第1節　MAIA の概要と本章の研究視覚

1. MAIA の概要

　「MAIA モデルはカナダ・ケベック州で開発され検証された PRISMA モデルを参考」にしている。「その主な目標は、各関係機関をネットワークすることにより、ケアプロセスを統合すること」である。「MAIA モデルの重要な点は、既存のシステムの代わりに新しいシステムをつくるのではなく、ケアとコーディネーションに構造を与えること」である。「MAIA モデルの結果、ケアパスを簡略化し、入院率および抗精神病薬の使用率を低下させることに成功したとの結果」が得られた（Lavallart 2013a；2013b）。

　MAIA のポイントを整理すると、次の3つである。第1のポイントは、医療、介護、行政、地域などの関係者が全員、一同に介して話し合うコーディネーション会議がある。メモリーユニットや GP、ソーシャルワーカー、国、県、地方、在宅などの各層の責任者も関与している。

　第2のポイントは、サービスへのアクセスを標準化するための統合窓口があることである。どこの地域に住んでいても、窓口で等しく対応されることが必要である。医療・介護従事者間での情報共有が非常に難しいが、それが統合システムの主要なポイントである。MAIA では、シンプルな症例と複雑な症例に分ける。そして、シンプルな症例はすべての関係者がシンプルに対

応するが、複雑な症例にはケースマネジメントが必要である。

　第3のポイントは、標準化された多面的アセスメントツールである。関係するすべての組織、サービスへのアクセス提供者が1つのツールを共有し、1人の認知症の人に対して、1人の担当者が持っている。

　MAIAには2つのアセスメントツールがある。1つは、6～7項目の設問からなる、誰にでも使える非常にシンプルなツールで、そのシンプルなケアと複雑なケアのどちらが必要かを判断することができる。もう1つ、非常に複雑なアセスメントツールがある。たとえば、在宅ケアのためのツールで、カナダのPRISMAモデルに含まれているものである。アセスメントには2～3時間かけて行う。

　各MAIAに所属する地域責任者は、関係者コーディネーションを行い、実際のシステムをシンプルにするための統合を進める。このシステムは、2013年時点で国の20%をカバーしており、2014年に完了する見込みであった。ちなみにフランスでは、包括ケアの費用対効果については、入院率を低下させたり入院を遅らせたりできると証明できれば、単純に費用対効果が優れていると考えている（Lavallart 2013a）。

2.　本章の研究視覚

　フランスの政策立案者の立場にあり、専門職による様々なサービスシステムを作ってきたラヴァヤール, ブノワ（Lavallart, Benoît）は、現在プラン・アルツハイマー実施監督責任者である。ラヴァヤールは、最初に様々な障壁があることを確認したと述べ、それは「地域と施設、入院と外来、官と民、慢性期の長期ケアと急性期の短期ケア、医療と介護のケアなどである。なかでも医療と介護の財源も分断されている」（Lavallart 2013c）と指摘する。

　ラヴァヤールは「MAIA（『自立と包括的ケアのためのネットワーク』の意）をつくったのは、認知症の人や家族が誰に連絡をとればよいのかわからない、誰がどのようなサービスにアクセスできるのかわからない、という状態を解消するため」（Lavallart 2013c）と述べている。

　ラヴァヤールは「MAIAの重要な点は、既存の制度にとって代わるものではないこと、つまり、ミルフィーユのクリームとパイの1つの層ではないということ」「認知症の人や家族を方向付けし、受け入れ、ケアにつなげるた

めのシステム」と述べて、特に重要な点は、ケアとフォローアップの継続性と指摘する（Lavallart 2013c）。

フランスは高齢化に伴い、医療と介護サービスを一元化するために、ケアマネジメントを促進してきた。代表的なケアマネジメント機関であるCLIC（クリック）とMAIA（マイア）について、特徴と役割分担について述べることとする。

第2節　MAIAに関する課題の設定

1.　CLICの役割

篠田道子（2016）によると、「『地域インフォメーション・コーディネートセンター』（Centre Local d'Information et de Cordination Gerontologique, CLIC）とは、在宅高齢者とその家族に対する総合相談・助言を行い、課題解決のために地域の社会資源とのネットワークを形成し、諸サービスの調整等を行う、地域密着型の組織である。多職種による支援チームを形成し、連携して在宅支援にあたる。フランス全土に600カ所設置されている」。

CLICは、2004年8月13日法第56条を根拠法とする。財源は、市税、県の補助金、老齢年金金庫や疾病金庫からの拠出金で構成されていて、県が設置主体であるが、市やNPO法人などが運営している。

篠田（2016）は「わが国の地域包括支援センターの役割に近く、在宅生活を継続するため、公正中立的な立場で、多職種による支援チームが他機関と連携しながら支援する。相談の結果、APAを利用する緊急度が低いと判断された場合は、地域のインフォーマルサービスの利用を推奨したり、本人や家族の持っている機能を高めて在宅生活を継続できるように支援している」と述べている。

2.　MAIAの役割

「自立と包括的ケアのためのネットワーク」（Méthode d'action pour L'intégration des services d'aide et de soins dans le champ de L'autonomie, MAIA）は、「保健・医療・福祉・介護サービスの総合相談窓口として、

2009年にモデル事業として17カ所設置され、2015年末には250カ所に増えた」(篠田2016)。

後述するパリ西地区同様に、多くのMAIAはCLICとRéseauxに併設されている。篠田(2016)は「CLICはわが国の地域包括支援センターに近い機能を持っているため、高齢者の保健・医療・福祉・介護サービスの総合相談窓口、医療と介護の連携の要として期待されていた。しかし、ケアマネジメント機能が弱かったため、医療と介護の連携は不十分なままであった」と指摘する。

近藤伸介(2015)が、MAIAは「ワンストップ相談窓口が全国150ヶ所に設置された。サービスの分断によるアクセスの壁を解消し、タイムリーな診断と連携のとれたケアプランの作成という統合されたケアの提供が目的である」と述べているように、当初は認知症の人に対する機関として設置された。

それが、徐々に役割を拡大して、現在は60歳以上の自立困難な高齢者に次の3つのサービスを提供している。「①医療・介護サービスへのアクセスを目的とした総合相談窓口、②標準化された包括的なアセスメントによる在宅支援、③ケアマネジメントによる、多職種・多機関の連携・協働である。特に、③のケアマネジメントでは、シンプルなケースと複雑なケースに分け、MAIAは複雑なケアマネジメントを担当している。シンプルなケースはCLICで対応するなど、MAIAとCLICでケアマネジメントの役割分担を行っている」(篠田2016)。

「ただし、MAIAには、2008年から資格化されたケアマネジャー(coor-donnateur)が配置されている。ケアマネジャーの基礎資格は、看護師、ソーシャルワーカー、臨床心理士、作業療法士の4種類で、一定の実務経験を経た後、大学などの教育機関で研修を受けなければならない。2013年にはフランス全土で750人のケアマネジャーが誕生した。1人のケアマネジャーは、40ケースまで担当できる」(篠田2016)。

さらに篠田(2016)は、「複雑なケアマネジメントでは、コーディネーション会議が有効なツールとして機能している。コーディネーション会議はわが国の地域ケア会議と同じ役割を担っているもので、参加者は、県の担当者、開業看護師、ヘルパーなどの多職種である。司会は、MAIAのケアマネジャーが担当することが多い」とも述べている。

3. 本章の目的

　筆者はこれまで、フランスの在宅入院制度に関して、在宅入院全国連盟の活動と課題についてと、サンテ・セルヴィス（フランス最大手のHAD）の実践と課題について述べてきた（第3章・第4章；小磯明 2017a；2017b）。そして、「フランスの地域医療介護の動向と在宅入院制度」の中で、フランス地域医療の動向や日仏の違いについても述べた（小磯ほか 2017）。

　これらは、日本もそうであるように、現在、各国では様々な制度や細分化されたリソースを統合的に提供するための努力をしていることを、フランスの事例から証明しようとした。

　小磯ほか（2017）は、フランスにおける医療と介護、社会サービスについて、日仏の違いの中で、細分化されたサービスの包括的な提供を目的として構築されたMAIAについて若干紹介したが、本章は具体的事例として、パリ西地区のMAIA、CLIC、Réseaux（レゾー）の活動について詳細を述べることとする。

　本章の目的は、フランスのMAIA等がどのような活動を実践しているのか、それらは日本の地域包括ケアシステムへ示唆すべき点があるのか、について検討することである。

第3節　パリ西地区のMAIA、CLIC、Réseauxの活動

　本章で展開するMAIA等は、パリ市内に所在し、調査日は、2016年10月13日である。

1. Réseaux de Santé Paris Ouest（パリ西地区の健康ネットワーク）
（1）パリを6つの区域に分ける

　筆者らが説明を受けたのはMAIAの会議室であった。同じビルの下の階に、Réseauxの組織の人たちがいると説明を受けた。Réseauxから説明に来てくれた女性は老年学（gerontology）の医師であった。Réseauxには、悪性腫瘍、ターミナルケア、高齢者専門の3つのチームが作られていて、そこの老年科の医師である。

彼女たちはパリ西地区の16区、15区、7区を管轄している。パリは20区で構成されていて、そのうちの3区である。パリ全体の人口は2,249,975人で、担当の人口は461,769人になる。各区の人口は、16区が236,490人、15区が167,384人、7区が57,895人である。

　MAIAもCLICもRéseauxも同じ地区を管轄している。図5-1のCLICの区分けをみるとわかるが、パリ市内を6区分している。フランス語で方角は、sud（南）、nord（北）、ouest（西）、est（東）という。図で説明すると、西、北西、北東、中央、東、南の6つに色分けされている。さらに、管轄区域が、それぞれ分かれている（表5-1）。

（2）3つのチーム

　Réseauxには3つのチームがある。1つ目は高齢者専門チーム、2つ目がターミナルケアチーム、3つ目が悪性腫瘍チームである。高齢者専門チームは75歳以上の高齢者が対象である。ターミナルケアチームは、ターミナルのステージを自宅で迎えたい人が対象となる。そして悪性腫瘍チームは、現在癌治療中または治療と治療の間で休止の人が対象となる。

　高齢者専門チームには、2人の老年学専門医と1人の看護師がフルタイムで所属している。この人たちは、全員がコーディネーターである。ターミナルケアチームには、フルタイム換算で1.6人の医師と1人の看護師、1人のハーフタイムの臨床心理士がいる。そして悪性腫瘍チームには、コーディネート・ナースが1人だけとなっているが、このコーディネート・ナースがターミナルケアチームの人に助けを頼んでも構わない。そして、アドミニスターチームには、1人のディレクターと1人の秘書がいる。ファイナンスはARS（Agence Régionale de Santé, 地方健康庁または地方圏保健庁）から予算を受けている。

　現在、ARSの予算がカバーする給与は看護師だけである。医師の給与は、ARSからはでていない。どうしてかというと、医師というのは、Réseauxを利用している人たちには在宅医師だが、患者は主治医を別にもっているからである。主治医は、大抵が病院の医師である。だから患者は病院に支払っているという観点の基に、Réseauxの医師の給与はでていない。

第 5 章 自立と包括的ケアのためのネットワーク（MAIA）

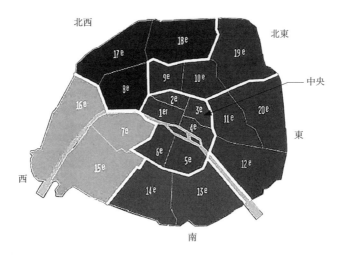

図 5-1 パリの 6 クリック

表 5-1 管轄区域

管轄	区
Paris Émeraude Ouest（西）	7、15、16
Paris Émeraude Nord-Ouest（北西）	8、17、18
Paris Émeraude Nord-Est（北東）	9、10、19
Paris Émeraude Est（東）	11、12、20
Paris Émeraude Sud（南）	13、14
Paris Émeraude Centre（中央）	1、2、3、4、5、6

（3）患者状態をアセスメント

　チームは、患者の自宅を訪問する。訪問するときは、医師と看護師の 2 人のペアで行く。患者と主治医からの同意を得た上で、自宅訪問をしている。Réseaux の医師は処方箋を書かない。処方箋を書くのは、その患者の主治医だからである。

　患者の自宅に行って状態をアセスメントする。栄養状態、認知度、精神状態、もちろん身体状態についてアセスメントする。身体状態のアセスメントでは自分でどれだけ動け、どれだけできるかを診断して、Réseaux でケアプ

ランをつくる。とくに在宅医師になっていくうえで、身体状態の医学的なことも診るが、よく診なければいけないことは、認知症状がどれだけ進んでいるか、自分が誰だかわからない状態が進んでいないか、そして治療を拒否しないかである。そういう状態に陥りやすいので、それをフォローし、問題行動もフォローする。そこでのアセスメントは、メディカルなことも診るが、心理的なこと、精神的なこと、そして社会的なことも診るのである。

　患者の家に行って冷蔵庫を開けて、何が入っているかをみる。どういうものを食べているか、期限切れのものばかり入っていないかもみる。それから転倒リスクがないかをみる。たとえばバスルームに行ってシャワーを浴びることができるかをみて、改装・改修の必要性をみる。これは医師ではなく、看護師が行う。

　Réseauxの医師がサマリーをして、患者の主治医なり自宅近くのかかりつけ医にレポートを書く。それは優れた取り組み（Good Practice）にもとづいて、「こうしたらいいですよ」という、担当医に宛てた手紙である。

（4）223人の高齢者と213人のターミナルケアの患者を診る

　2015年の数字をみてみよう。高齢者専門のチームで200人、ターミナルケアチームで150人をみるように、ARSから目標値を与えられていた。それを条件にARSから予算をもらった。

　そういった目標値は大抵緩い目標を設定しており、最低目標値である。実際に対処した高齢者は223人、ターミナルケアは213人のケースを扱った。さらに「150のパートナー契約をしなさい」といわれていたが、それに関しては172件のパートナー契約をした。172件のパートナー契約のほとんどは医師で、37件がその他の医療職の人たちである。契約をして一緒に仕事をしていくことになった。

　では、どのように彼女たちが患者の自宅に行こうと決めるのか、その決めるきっかけは、誰かから「行ってきてください。見てきてください」と連絡が入ることから始まる。そうでなければ介入できない。介入の始まりは、高齢者の場合は366人から高齢者専門チームに連絡が入ったからである。ターミナルケアチームには301人から連絡が入った。全部が訪問を必要としたケースではなく、電話相談で解決してしまったケースもある。

（5）連絡はどこからくるか

　連絡がどこからくるかというと、39％が病院から来る。「こういう患者さんがいるけれども、今退院が決まりました。戻すけれどもいかがですか」といった感じである。そして、13％は地域のかかりつけ医から「担当の患者さんが独居高齢者で」と連絡がくる。12％が専門医からである。そして同じく12％がその周囲の人からであり、患者自身からくることもある。後見人も含め、家族ももちろん含まれている。12％がその他の医療職、コ・メディカルの看護師やリハビリ士からである。残りの12％がCLICやMAIAからの連絡である。

　老年科専門チームの患者をみると、実に多くの人が何らかの認知症状をもっていた。そして認知症状とみえていた人のうち、精査してみたら81％は認知症状だったが、8％は精神科症状であった。残りの11％はその他の症状であった。一方、ターミナルケアの人は、呼吸器系、循環器系が4.5％、神経系の病気が3％、精神科及び問題行動が1％、複合症状が7％で、色々な合併症状を持っている人であった。そして84.5％が悪性腫瘍であった。

（6）かかりつけ医と病院医師など669人にコンタクト

　Réseauxは、かかりつけ医のために415のメディカルレポートを書いて残した。81のアラート（alert）が、CLICとMAIAから来た。街で開業している臨床心理士にお願いしたケースが44件である。コンタクトした医師は、街のかかりつけ医と病院の医師など、669人であった。そのうちジェネラリストは250人で、165人の開業コ・メディカルに連絡をした。そしてそのうちの17人が後見人である。

　現在のところ、高齢者専門施設にはRéseauxのメンバーは行かない。患者が住んでいる家だけに行っている。サービス付き高齢者向け住宅は外付けなので行くが、高齢者施設には行かない。ここは在宅入院とは違う。しかし、ターミナルケアの場合は高齢者施設にも行く。それは老年科の医師ではなく、ターミナルケアチームの医師である。

　MAIAとCLICと一緒に、Réseauxが同じビルにいるのは、2014年の3月からである。コンピュータや電話なども共有しているので、リソースがシェアできている。一緒にミーティングも行っている。しかし3つの組織はそれ

ぞれ違うので、3つの組織が同居している感じである。お互いの対象患者が時々重なるので、一緒にできることは強みになる。「サロー」というフォーマットがあり、そのフォーマットに入り介入が必要だとなったら、連絡が入りRéseauxも自宅を訪問する。

(7) カオスからシンプルが目的

カオスになっていた状態を、MAIAを作って一つにして、シンプルにするのが目的であった。しかし実際は、MAIA、CLIC、Réseauxが別々になってしまっている。みんなが同じ患者に同じことをしている感じで、「これを一つにしなさい」と言われている。「一つにしなさい」と言われると、何となく気まずい雰囲気である。「お互いに誰が対象者に言う」といった感じになる。結局MAIAとCLICとRéseauxが一つになると、スタッフが25人の大所帯になってしまう。25人で3区をカバーするのは、あまりにも大所帯なので、どうやっていこうかと議論になっている。

電話番号が違うので、同じにしようという話が出ている。カバーする対象人口がほとんど似ているのに、3つの電話番号があるのは患者に分かりにくいので、シンプルに窓口を1つにすることを検討中である。

2. CLIC（クリック）

CLICのダリエーヌ, シルビー（Dhalleine, Sylvie）さんから説明を受けた。

(1) CLICは社会医療施設の位置付け

CLICとは、「Center, センター」、「Local, ローカル」、「Information, インフォメーション」、「Coordination, コーディネーション」のことである。Réseauxは75歳以上であったが、CLICは60歳以上の高齢者を対象としていて、多職種連携である。ファイナンスは県であり、社会医療施設と位置付けられている。

60歳以上の患者及び患者を介護している人を対象に、平日朝9時から17時まで、月曜日から金曜日まで開いていて、その患者本人と家族と周囲の人、実際に介護をしている人を対象にして、色々なインフォメーションや情報を与えている。

第5章　自立と包括的ケアのためのネットワーク（MAIA）

表 5-2　管轄区域の高齢者人口

	60歳以上74歳（人）			全人口に対する割合（%）	75歳以上（人）			全人口に対する割合（%）	全人口（人）
	男性	女性	計		男性	女性	計		
7区	3,989	5,412	9,401	16.27	2,278	3,694	5,972	10.33	57,786
15区	13,224	18,229	31,453	13.19	6,842	13,171	20,013	8.39	238,395
16区	11,617	15,082	26,699	15.71	7,238	12,346	19,584	11.52	169,942
合計	28,830	38,723	67,553	14.49	16,358	29,211	45,569	9.78	466,123

（資料）Selon les données de l'Insee, 2009.

（2）管轄区域の4人に1人が60歳以上高齢者

　CLICの管轄区域はRéseauxと同じテリトリーである。したがって同じ人口である。人口が多いのに、スタッフ25人が大所帯ということに納得がいかなかったので、少し詳しく見てみる。

　人口の60歳から74歳の高齢者の数は、男性28,830人と女性38,723人で、合計67,553人である。全人口に占める各区の構成割合は15％前後に当たる。Réseauxは75歳以上であったので、それでみると、男性が16,358人、女性が29,211人であるので、合計45,569人となる。全人口に占める割合でみると、10％前後になる（**表5-2**）。

　高齢者のみのトータルでみると、60歳以上は113,122人（67,553人＋45,569人）で、24.26％である。管轄区域の4人に1人が60歳以上高齢者となる。

（3）CLICのミッション

　CLICの活動は、まず患者に情報を与えることである。そして、「こういうふうにするといいですよ」、「あなたはこうですよ」、「こういう機関がありますよ」と教えることである。そしてそれを、簡単にしてあげることである。たとえば、「それだったら、年金の受給要件をすでに満たしているので、手続きはここに行って、こういう手続きをするといいですよ」と、具体的な書類の書き方などを教えることである。それによって、その人たちは「年金が

受け取れるんだ」「APA が受け取れるんだ」ということが、CLIC でわかるわけである。

　CLIC のミッションは、ミッション 1 が「患者本人に与えるインフォメーション」だとしたら、ミッション 2 は、「それをその周りの介護をしている人に与える」ことである。「この人は年金が受け取れるから、こういったことをしにいってください」、そういったインフォメーションを与える。1 番目が本人に与える、2 番目がその周りの介護をしている人に与える。そして、3 番目のミッションは、どのようにインフォメーションが来るのか後述するが、「独居の高齢者で動けない人の家まで実際に行ってみて、それと同じ手続きをしてあげる」ことである。

　ステップ 1、2、3、全部合わせて年間 3,000 人（件）を取り扱う。電話やメールでやりとりする。あるいはここに常駐しているので、CLIC に来られる人は来る。もしくは自宅まで行くことでそれらを行っていく。

（4）アセスメント

　CLIC のほうに、まず連絡が入る。連絡が入ったら、その人の状態がどうなっているか、年金の受給資格はあるのか、そういう人ではないのか、社会的に阻害された人なのか、色々見回してその人にあったインフォメーションを与え、オリエンテーションする。その後に、Réseaux が動く。あるいは、その人の色々なニーズをアセスメントしに行く。

　この社会的な側面のアセスメントを 1 時間でする（図 5-2）。まずその人が社会的に近所の友達や家族に囲まれた人なのか、あるいは、本当に一人きりの独居なのか、その状態でそのまま在宅維持が可能なのか。可能だとしてもその住宅状況がどうなのか、階段はどうか、廊下はどうか、手すりは必要なのか、そういったことを見る。

　そして次に、ファイナンスとして年金はどれだけ入ってくるのか、APA を受ける資格がどれだけあるのかを見る。それから自立度である。そういった色々なことを整備したら本当に自立して生きていけるのか、生活していけるのかを、見るわけである。

　心理的側面、精神的側面のアセスメントをする（図 5-3）。その人のヒストリーを見て、その人がたとえば認知症的なトラブルがある人なのか、1 日

第 5 章　自立と包括的ケアのためのネットワーク（MAIA）

（資料）CLIC Paris Émeraude Ouest 2016.

図 5-2　L'EVALUATION SOCIALE（社会的アセスメント）

中徘徊している人なのか、あるいは精神的に愛情不足で寂しいのか、ひとりでまったく寂しいのか、そういう精神的なトラブルがないかをみる。

　家族とその周りの人たちとのリレーション、人間関係のクオリティをみる。本当に一人きりなのか、あるいは色々な人がいるのか。

　次に看護師、介護士、援助者たちのリレーションはうまくいっているのかをみる。よくそこに問題がある場合がある。もうサービスを受けたくないという感じになって、問題行動を起こしたりすることがあるので、その点をみていく。人とうまくいっているのかをみる。

　運動療法アセスメントは、その人の身体機能がどれだけ残っているかをみる（図 5-4）。そしてその人のどういった身体機能がどれくらい動けるかを

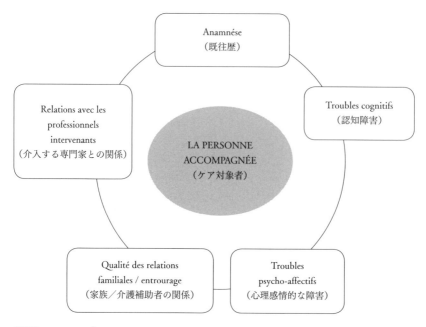

（資料）CLIC Paris Émeraude Ouest 2016.

図5-3　L'EVALUATION PSYCHOLOGIQUE（心理的アセスメント）

みる。それからまわりをみて、手すりをここにつけたらいいとか、浴槽をまたげないからさげたほうがいいなど、そういう住宅改修をみる。「それにしてもこれは一人ではむりだな」となったら、「こういう人が必要だな」、「背中を拭いてあげる人が週3回きてくれたらいいなあ」ということをみる。

　それからその人自身の生活習慣をみる。全然風呂に入らない人を無理やり風呂にいれることはしない。そういうことを運動療法アセスメントという。もちろん目的は在宅での生活維持をより長くすることである。肉が切れなかったら、切らなくてもいい道具があるので、それで食べられるようにしたり、そういった自立を援助する。

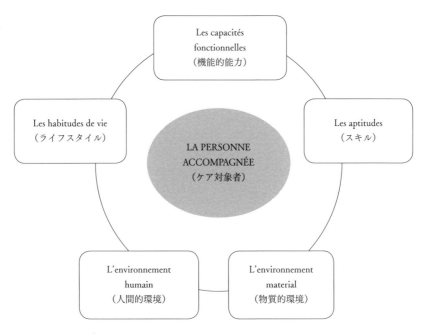

（資料）CLIC Paris Émeraude Ouest 2016.

図 5-4　L'EVALUATION ERGOTHERAPIQUE（運動療法アセスメント）

3．MAIA（マイア）

MAIA Paris Ouest の Pilote（パイロット）の、ジョリー，マチュー（JOLY, Matthieu）氏から説明を受けた。Pilote は日本語の「事務局長」の意味に近い。

（1）MAIA はシンプル化し在宅維持を継続させる

自立できなくなった高齢者を、よりシンプル化するのが MAIA である（図 5-5）。色々存在するサービスの間をスムーズにする。MAIA の名のもとに、この地域にある病院や独立開業医、あるいは施設などの人たちに3カ月に1回集まってもらい、みんなでミーティングを持つ。ミーティングは県レベルでもある。県レベルでは、ファイナンス（お金をだすところ）もそのメンバーに加わって、一緒に話し合う。

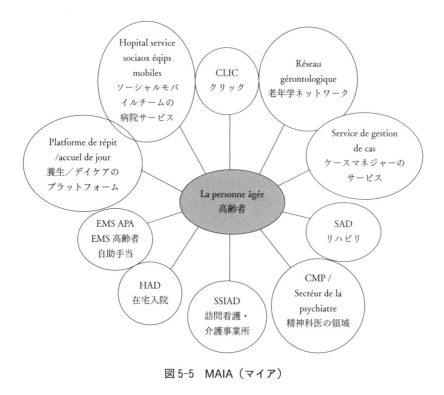

図5-5　MAIA（マイア）

　パリ西地区にある全部の人たちに集まってもらって、ひとつの同じ用紙のフォーマットで書いていく。ここの地域にはどのような資源があるのか、CLIC があって、デイサービスがあって、病院があって、HAD があって、SSIAD があって、Réseaux があって、色々な医療コ・メディカル、メディカルのスタッフにも集まってもらう。それから保険者もいる。そういった人たちに集まってもらって「この地域にはこういう人たちがいます」という名簿を作る。高齢者に関与するサービスの一覧である。施設でも病院でも独立開業の看護師の電話番号でもよい。高齢者に関与するリソースを、一度全部洗いざらい出し切って名簿を作る。
　CLIC と Réseaux が介入した複雑困難事例があったとしたら、その困難事例を MAIA が受け取る。MAIA が受け取って、その人がどうしたら在宅維

第 5 章　自立と包括的ケアのためのネットワーク（MAIA）

図 5-6　Le gestionnaire de cas（ケースマネジャー）

持が可能になるか、フォローの仕方を決めていく。機能的なことと継続的なことを決めるわけである。

(2) ケースマネジャー

　それを担当するのが、Gestionnaire de cas と呼ばれる、ケースマネジャーである（図5-6）。ケースマネジャーになる人は、今までに医療分野、あるいは社会分野で職務経験がある人が望ましい。

　しかも高齢者の在宅ケアにかかわった職業経験がある人が望ましい。学歴としては大学でケースマネジャーという単位があり、それをとっている人がよい。学歴、資格、職歴の3つから、ケースマネジャーになれるかどうかが決まる。

　社会福祉学系ではなく、医学部にその単位ユニットがある。どんな教育かというと、4週間で理論を学び、2週間の現場での研修である。1週間で、特に「ケースマネジャーとは何か」という理論を学ぶ。根拠法の中で何ができて何ができないか、法律で書く国がフランスである。その法的な定義は1週間で学ぶ。2週間目は多職種連携とはどういうことかという Partnaire（パルトネール：partner＝パートナー）を学ぶ。3週間目が関係者、高齢者の関与する組織や関与する保険者や支払者、県の窓口にはどういったところがあるのか、関係組織学を学ぶ。そして4週間目がケーススタディである。「こういうケースはこうする」などを学ぶ。

189

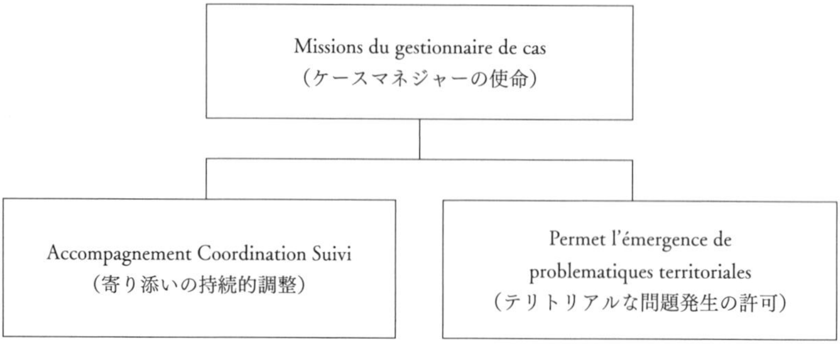

```
                    ┌─────────────────────────────┐
                    │ Missions du gestionnaire de cas │
                    │   （ケースマネジャーの使命）   │
                    └──────────────┬──────────────┘
                ┌──────────────────┴──────────────────┐
    ┌───────────┴────────────┐          ┌─────────────┴──────────────┐
    │ Accompagnement Coordination Suivi │ │ Permet l'émergence de      │
    │   （寄り添いの持続的調整）         │ │ problematiques territoriales│
    │                        │          │ （テリトリアルな問題発生の許可）│
    └────────────────────────┘          └────────────────────────────┘
```

（資料）MAIA en bref-13/10/2016.

図 5-7　ケースマネジャーの使命

　2週間の実務研修はどこで行うかというと、MAIA である。パリ西地区のMAIA によく研修生が来る。中には認知症学の問題行動学のカリキュラムもあり、老年科の専門の教授が授業をする。
　話を聞いていると、やはり多職種連携や包括ケアという言葉と一致する。色々な人たちが在宅を可能にするために、高齢者ひとりを中心にして介入するので、そういった人たちと一番いい形でどのように長く在宅生活を続けられるかをみていく。ケースマネジャーの使命を図で示すと、図 5-7 になる。

（3）MAIA が取り扱うケース

　1人のケースマネジャーが抱えられるケースは最大で 40 ケースである。最初にスタートした時には、主にアルツハイマーと重度の認知症の人を対象としていた。しかしそれは 2009 年のスタート時点のことで、60 歳以上のすべての人を対象にすることに変わったのは 2011 年からである。MAIA が取り扱うケースは、年齢は 60 歳以上である。そして次の3つの評価基準（criteria, クライテリア）がある。まず医学的にみて、介入が必要な問題があること。2つ目は、何か機能上で問題があることである。現在、すでに何か介入があるけれども、実際その介入がうまく機能していないことが、クライテリアの2番目である。困難事例とはそういうことであり、何かうまくいかないから

MAIA に来たわけである。さらに自分で決定をすることに何らかの問題があることである。独居であること、本当に一人きりということ、周りに頼る人がいないことである。この3つのクライテリアをクリアしていないと、60歳以上でも MAIA の対象外である。

2015年の数字をみると、1年間で扱ったケースは、困難事例は87件である。筆者らの訪問調査当時扱っているケースで一番若い人は62歳、一番高齢の人で95歳、平均年齢は82.5歳であった（2015年11月）。

地区でみると、超高級住宅街といわれる富裕層が住んでいるところには、MAIA が介入するケースは統計的にみても明らかに少ない。一方、貧困とまではいかないけれども、普通のところになると、介入頻度が対人口比で多くなる。

(4) MAIA の介入効果

2015年のデータから、西地区の MAIA がどこと連携しているか、連携というより患者が利用しているかというと、46.98％の人が CLIC を利用している。54％が Réseaux を利用していた人、36.78％が APA の受給者、かかりつけ医持ち率は86.21％である。

87.36％のケースが独居である。73.56％が拒否（refuse, ルヒューズ）である。2015年末になるとその率が40.23％に改善しているので、この差が説得できた人たちである。そして85.06％が認知症の人であり、42.53％が問題行動がある人である。

みんながかかりつけ医を持っているといっても、社会から阻害された人たちが多く、かかりつけ医持ち率が77％であった。MAIA が介入したことによって、それが86.21％まで上がった。16.21ポイントが説得してかかりつけ医を持たせられたわけである。そして、それが12月31日の年末時点である。きちんとかかりつけ医のところに行って、あるいはかかりつけ医も気にして、往診をするようにお互いに積極的に関わりを持てるようになったケースは47％で、他の人たちはかかりつけ医はできたけれど、本当の関わり合いはあまりないケースである。この調査の母数は87人である。

第4節　自立と包括的ケアのためのネットワーク（MAIA）のまとめ

1. それぞれの役割分担

　もう一度、それぞれの役割を整理してみよう（図5-8、図5-9）。CLICは患者本人と介護者からの相談を受けて情報を提供する。それからどうしていくかという際に、それぞれ専門家がいるRéseauxにつなぐ。それでも困難だったら、あるいはそれ以上続けなければならない場合はMAIAに渡して、という役割分担である。

　組織は別々である。ファイナンスは県から受けていたり、市から受けていたりする。MAIAをつくった母体を見ると、11％がNPO法人であり、13％はCLICのように社会医療施設の設立である。37％が県立のMAIAで一番多い。1％が高齢者ホームがつくったMAIAであり、13％が医療施設（病院）である。それから複数の病院がグループ化してMAIAを持つこともあり得る。

　MAIAを設立できる法人は決まっているのか。答えは、「誰でもなれる」ということである。文献によると「非営利でなければいけない」と書いてあったようにも思われるが、Piloteのジョリー氏は、営利でもなり得るといっていて、誰でもなれるけれども、「うちがなりたいです」といったときに、それをARSが見て、その地域をみて、許認可をするということである。ARSが「CLICがするのが最もふさわしいですよ」といって、行うことになったケースがこの西地区である。

2. 認知症国家戦略

　日本では認知症の対策として、オレンジプランがある。認知症サポーターとなって地域住民を啓発する。サポーター講座を、地域包括支援センターが行っていたりする。フランスの認知症プランはどうだろうか。そういった一般国民に啓蒙する機会があるのだろうか。フランスは2009年に認知症国家戦略をつくった。しかし、国家として、全国民を対象としたキャンペーンはない。確かにアルツハイマー協会やCLICやMAIAなど、こういうところが主となって研修の日をつくっている。しかし、対象者は一般国民ではない。関係している人たちが自由に参加する。一般に公開して、何か全国的なプラ

第5章　自立と包括的ケアのためのネットワーク（MAIA）

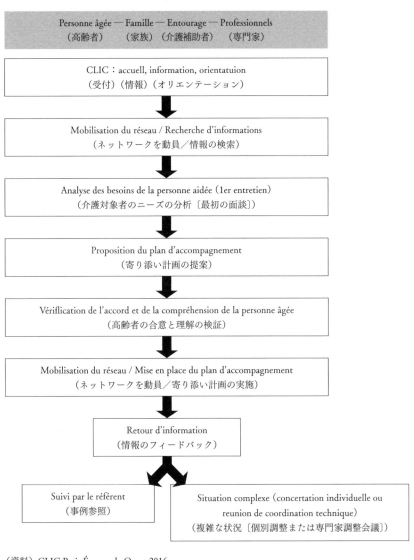

（資料）CLIC Paris Émeraude Ouest 2016.

図 5-8　Organisation de la mission générale de coordination（調整組織図）

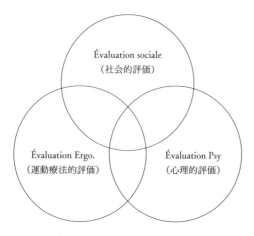

（資料）CLIC Paris Émeraude Ouest 2016.

図 5-9　L'EVALUATION PLURIDISCIPLINAIRE（集学的評価）

ンをたてて行っている教育プログラムはない。誤解がないようにいうと、日本のオレンジプランも教育ではない。フランスの場合も認知症の国家戦略だというのが正しい。

　フランスは欧州で最も早く認知症国家戦略を策定した国であるが、なかでもサルコジ政権（当時）で施行された、プラン・アルツハイマー 2008-2012（Plan Alzheimer 2008-2012）は、過去最大の国家計画であった。ケア・研究・連帯を 3 本柱に 44 の施策が実行され、16 億ユーロという大規模な予算が割り当てられた。これにより、フランスの認知症施策は大きく転換した。さらに 2014 年 11 月に公表された、新たな 5 カ年計画（Plan Maladies Neuro-Dégénératives 2014-2019, 神経性疾患に関する国家計画 2014-2019）は現在進行中である[1]。

3.　2016 年末には 355 の MAIA

　MAIA は視察調査時 250 あった。2016 年末には 355 になる予定であった。これによってフランス全国に、MAIA があることになる。MAIA には 1 人の Pilote がいる。そしてケースマネジャーが 3 人いる。これが MAIA の定義で

194

ある。

　355から増えるかどうかわからないが、少なくとも1つひとつに置かれるスタッフの予算は増えていくかもしれない。もっと力をいれなさいとなるかもしれない。MAIAはこれでフランス全土をカバーしたので、355以上認可がおりるかどうかはわからない。

　県内で募集して、そこに誰かが手を挙げる感じではあるが、「やりたい―いいよ」ではない。県は募集するが、そこに誰が応募するかということであり、県としてMAIAの設置計画があるわけではない。「この地域に1つつくってもいい」とARSがいい、そうしたら「うちがやりたいです」といってコンペになる。

　パリ市内は1MAIAから6MAIAまで6カ所ある。CLICが行っているところもあれば、Réseauxが前身だったところもあれば、市役所が行っているところもある。

　この地域には病院があって開業医がいてというダイヤル帳をつくった。それをみんなで共有できるのは管轄区域の人口規模があまり大きくないからともいえよう。現在徐々にMAIAどうしで共有し合っている。

　2009年からスタートして5～6年でMAIAの仕組みが定着してきているとみていいのか。日本は2000年から介護保険で同じような仕組みを始めている。ケアマネジャーは30万人くらい合格者がいる。

　認知症の人に会うと、必ずその人がアルツハイマーというわけではない。必ずその人の認知症の裏には、理由となったヒストリーがある。認知症の診断をするときにそれを探ることは非常に重要で、だから過去にさかのぼり深く掘り下げて、色々みていかなければならないわけである。それはその通りで、日本でもそれを行っている。

　「あの人、この頃問題行動ばかりで困った」とCLICやMAIAやRéseauxに連絡がくるので行く。しかし、よくみると精神疾患であることもある。以前だったらアルツハイマーだからといって、施設に入れていたが、そういう状態になっても「在宅で住まうことが可能であるか」を検討するようになった。20年くらい前だったら、すぐに施設や病院に入れていたと思われるが、MAIA、CLIC、Réseauxのネットワークの効果があることを、証明しているように思われる。

1) 詳細は、近藤伸介（2013；2015)、明日の医療プロジェクト研究会編（2014）を参照のこと。

文献──────
CLIC Paris Émeraude Ouest 2016.

Lavallart, Benoît「アルツハイマー及び関連疾患に関する国家計画（プラン・アルツハイマー）2008-2012」世界の認知症国家戦略、東京、2013a 年 1 月 29 ～ 30 日。（パワーポイント。http://www.h-gh.net/pdf/isonds/05.pdf)。

Lavallart, Benoît「フランスの認知症国家戦略」『認知症国家戦略の国際動向とそれに基づくサービスモデルの国際比較　報告書』平成 24 年度厚生労働省老人保健健康増進等事業、公益財団法人東京都医学総合研究所、2013b 年 3 月、pp.104-108。

Lavallart, Benoît「フランスの MAIA（自立と包括的ケアのためのネットワーク）」『2013 Tokyo Report 認知症国家戦略に関する国際政策会議　個別課題における各国の進捗状況』公益財団法人東京都医学総合研究所、2013c 年 11 月、pp.23-24。

MAIA en bref-13/10/2016.

Plan Alzheimer 2008-2012. (Plan《Alzheimer et maladies apparentées》2008-2012. 1er février 2008.) (http://back-alz.cloud14-firstudio.com/blacktheme/scripts/tinymce_new/js/tinymce/plugins/moxiemanager/data/files/PLANS/Plan%20Alzheimer_2008-2012.pdf.).

Plan Maladies Neuro-Dégénératives 2014-2019. (http://www.cnsa.fr/documentation/plan_maladies_neuro_degeneratives2014.pdf.).

Selon les données l'Insee, 2009.

明日の医療プロジェクト研究会編『アルツハイマー病の国家的取り組み──フランスの経験 2008-2013 より得た成果と残された課題──J・メナール先生講演録』中外医学社、2014 年。

近藤伸介「フランスの認知症国家戦略」「老年精神医学雑誌」編集委員会編『老年精神医学雑誌』第 24 巻第 10 号、2013 年、pp.984-989。

近藤伸介「特集：認知症対策の国際比較　フランスの認知症国家計画」『海外社会保障研究』No.190、国立社会保障・人口問題研究所、2015 年 Spring、pp.14-23。

小磯明「フランスの在宅入院制度に関する研究──在宅入院全国連盟の活動と課題──」『いのちとくらし研究所報』No.59、非営利・協同総合研究所いのちとくらし、2017a 年 6 月、pp.46-71。

小磯明「フランスの在宅入院の事例研究──サンテ・セルヴィスの実践と戦略──」『いのちとくらし研究所報』No.60、非営利・協同総合研究所いのちとくらし、2017b 年 9 月、pp.54-84。

小磯明・松田亮三・吉中丈志・石塚秀雄「座談会　フランスの地域医療介護の動向と在宅入院制度」『いのちとくらし研究所報』No.61、非営利・協同総合研究所いのちとくらし、2017 年 12 月、pp.30-53。

篠田道子「特集：超少子高齢社会における医療・介護のあり方　医療・介護ニーズの質的変化と地域包括ケアへの取り組み——フランスの事例から——」『季刊　社会保障研究』Vol.1、No.3、国立社会保障・人口問題研究所、2016年、pp.539-551。

第6章

フランスの高齢者をめぐる住環境と高齢者住宅

Abbaye - Bords de Marne - Cité Verte Domicile & Services の事例

第1節　背景としての高齢化

1.　フランスの人口高齢化

　フランスの人口高齢化が始まった時期は日本より早いものの、高齢化のスピードははるかに遅い。たとえばフランスは、高齢化社会（65歳以上の人口が7％を超える）から高齢社会（65歳以上の人口が14％を超える）になるまでに、実に126年間を要している。同様に、スウェーデンでは85年間、欧州でもっとも高齢化のスピードが早いドイツでも40年間を要した（**表6-1**）。これらを比較すると、日本での「24年間」がいかに早いかがわかると同時にフランスの緩やかさがわかる。

　フランスの人口高齢化は緩やかで、高齢化対策も効果的に実施されてきたと一般的に評価されてきた。確かに急激な人口高齢化は見られないが、着実に高齢化の過程を辿っている。特に、農村部における高齢化が進んでいることは容易に推測できる。

2.　フランスの2060年までの人口推計

　表6-2はフランスの2060年までの人口推計である。2015年から2060年にかけて、総人口は6,450万人から7,360万人まで長期にわたり増え続けている。年齢別の人口内訳では、20歳未満、20〜59歳層が比率を下げ、60

表6-1 世界の高齢化（国際比較）

（年、年間）

国別	老齢人口の到達年		所要年数
	7%	14%	
日本	1970	1994	24
フランス	1864	1990	126
スウェーデン	1887	1972	85
ドイツ	1932	1972	40
イギリス	1929	1975	46
イタリア	1927	1988	61
アメリカ	1942	2014	72

（資料）公益財団法人長寿科学振興財団。

表6-2 フランスの人口予測

（100万人）

	総人口	内訳（%）				（再掲）60歳以上（%）
		20歳未満	20～59歳	60～74歳	75歳以上	
2015	64.5	24.2	51.0	15.5	9.3	24.8（38.4）
2020	66.0	23.9	49.6	17.0	9.4	26.4（40.0）
2030	68.5	23.0	47.5	17.1	12.3	29.4（42.9）
2040	70.7	22.4	46.6	16.3	14.7	31.0（43.8）
2050	72.3	22.3	45.9	15.9	16.0	31.9（44.1）
2060	73.6	22.1	45.8	15.9	16.2	32.1（43.6）

（資料）INSEE, 2010.

～74歳、75歳以上層が比率を増やしている。特に75歳以上の後期高齢者層は2015年の9.3%から2060年には16.2%が見込まれている。60歳以上高齢者数と総人口に占める割合を見ると、実数、率とも増加していることは一目瞭然である。

INSEE（L'Institut National de la Statistique et des Études Économiques, フランス国立統計研究所）（2011）によると、フランスの平均寿命は、男性で1994年の73.6歳から2008年に77.6歳へと4.0年増加した。女性の場合も同様に81.8歳から84.3歳へ2.5年増加した。年金年齢に近い60歳時点の平

均余命で見ても、同じ期間に男性で 19.7 年から 22.0 年へ、女性で 25.0 年から 26.8 年へと増加した。

第 2 節　高齢者をめぐる住環境と高齢者住宅の課題

1.　高齢者を取り巻く家庭・居住環境

　75 歳以上で子らと同居する者の割合は、夫婦・寡婦（夫）いずれの場合も低い。2002 年の INSEE の統計によれば、フランス全国で、世帯主が退職者である住居は 770 万戸、そのうち 39％が一人暮らし、52％が二人暮らしである。

　そして、家に対する愛着や固執度、住み替えに対する意識は、本章のバック・グラウンドである。フランス人高齢者の持ち家率を表 6-3 から経年で見ると、1984 年の 56.1％から 2002 年の 70.7％へと 18 年間で 14.6 ポイント高くなっている。一方、賃貸は 1984 年の 30.6％から 2002 年の 23.9％へと 6.7 ポイント低くなっている。

　もう一つ大事な問題として「住み替え」の課題がある。奥田七峰子（2008）は、「退職者世帯の 4 分の 3 は、現在の住居に 12 年以上住んでいる。60 歳以上の高齢者が住み替えをする率は、全世帯平均の 32％に比べて 9.75％と低い。しかし、高齢者の住み替えにおいては、①退職時、② 84 歳付近、の 2 点にピークがある」と指摘する。そして、「①は、より快適な住環境を求めて身体（が）自由な夫婦での大都市から地方への住み替えで、70 歳頃まで続く。②は、後期高齢期に伴う身体的な不自由、配偶者の近く（"スープの冷めない距離"）への住み替え傾向が見られる。いずれにも経済的負担、精神的負担を伴うものであり、住み替えを実行に移すには、かなりの要因が重ってからとなる」と述べる。

　INSEE の HID（Handicaps-Incapacités-Dépendance, ハンディキャップ－障害－依存）によると、80 〜 89 歳のうち 13％が住み替えをし、10％が住宅改修を行ったが、いずれの場合も、身体的低下による必要に迫られてのものであった。

　表 6-4 を見ると、「退職者」と「50 歳以上現役」の「不動産非所有」は 24

表 6-3　65 歳以上高齢者における持ち家率

(%)

	1984	1988	1992	1996	2002
持ち家	56.1	59.7	63.6	65.8	70.7
賃　貸	30.6	28.7	26.4	24.9	23.9
その他	13.4	11.6	10.1	9.3	5.5

注1）対象はフランス本土の 65 歳以上世帯。
注2）持ち家の定義は、現住所である住居を不動産所有していること。
（出所）奥田七峰子（2008）。

表 6-4　不動産所有率（2002 年）

(%)

	退職者	50歳以上現役	全世帯
現住所である住居不動産のみ所有（持ち家）	55	48	44
持ち家＋ほかの不動産（別荘・貸家等）も所有	19	19	12
持ち家ではなく、ほかの不動産のみ所有	3	5	3
不動産非所有	24	28	41
合　　計	101	100	100

（出所）奥田（2008）。

％と 28％であるが、「全世帯」では 41％と高率になる。

2.　高齢者住宅の種類とケア
(1) 高齢者住宅の概要

　高齢者住宅は、昨今の在院日数短縮化政策を補うべく医療機能を有する施設と、医療機能を持たない純然たる不動産商品とに大別できる。
　奥田（2008）は、「特に、医療型施設では、少しの生活支援が必要な自立者向けから、軽度の要介護者向け、さらには、アルツハイマーを含む重度の要介護者向けのものが多様に存在する。これら施設は、許認可制の下、入所者の平均要介護度に準じて、国・地方自治体から予算（医療・介護・生活の3種料金）を受ける」と述べる。
　そして、「フランスでは、要介護度、自立度、入居希望者およびその家族（子

供、嫁、婿、孫）の収入によって、様々なタイプの長期滞在施設が、私立、公立、さらに、協定、非協定併せ約 10,300 以上存在する。その料金幅も広く、月 76,300 円から 304,900 円のものまであり、月当たりの平均自己負担額は、114,500 円である」（FMP Mutualité, 2002）と指摘する。さらに、「料金とは別に、入居希望者は、自分の健康状態に最もあったタイプの医療サービスを持つ施設を選択する必要がある。一方、低所得者への Aide Sociale（社会福祉手当）[1]」給付の条件としては、当該者の収入のうち、90％以上が協定施設の食・住居費に費やされ、家族の最低食券義務額（親であれば子供に対して養育義務がある。フランス民法第 203～214 条により制定）を差し引いた額が、支給される」（奥田 2008）。

　もう一つ、日本ではあまり知られていないフランスの制度に、「受け入れ家庭制度」がある。この受け入れ家庭は、県から認可を受けた一般の家庭（医療者であるなどの資格要件はない）が、有償で高齢者（自立・非自立）や障害者を受け入れて滞在させる。

　以下、奥田（2008）と『日医総研フランスレポート』等から、「高齢者の多様な住まい」と「高齢者入所・居住施設・収容キャパシティ」をまとめておく。元データは、DRESS-Direction de Recerche et d'Étude en Sanitaire et Sociale である。しかし、料金、数値、データは 2001 年のものであり、現在のデータに変更しなおす必要があるが、ここでは参考として述べておく。

(2) 高齢者の多様な住まい

　Foyer-Logement（寮 – 住宅）[2]は、月額料金の平均は約 305 ユーロから 763 ユーロとかなり幅がある。Foyer-Logement は、在宅とホームの中間に位置する。ワンルーム、または 2 ルームのアパート型であり、個人の家具などを持ち込めるという特徴がある。自立した高齢者が対象であり、医療体制はない。75 歳以上の高齢者の 3％、85 歳以上の 5％が寮 – 住宅に入居している。

　Residence Service（サービス・レジデンス）は、月額料金の平均は約 915 ユーロである。アパートを購入または賃貸するケースである。自立した高齢者と半自立の高齢者が対象である。医療警備が付いている。

　Maison d'Accueil Rurale pour Personnes Agées（MARPA, 地方老人ホーム）も Residence service と同じく約 915 ユーロである。15～20 人と小規模で、

自立度促進治療計画に参加している。自立した高齢者と半自立の高齢者が対象である。看護・医師の定期的な訪問がある。75歳以上の高齢者の9％、85歳以上の高齢者の19％が老人ホームに入居している。

　Maison d'Accueil pour Personnes Agées Autonomes et Dépendantes（MAPAD, 自立・非自立老人ホーム）は、多様な月額料金となっている。月763ユーロから3,049ユーロと幅が大きい。自立、半自立、非自立の高齢者が対象であり、医療体制は完備している。

　Centre d'Animation Naturel Tiré d'Occupations Utiles（CANTOU）は、月額料金の平均は約915ユーロである。小規模であり、コミュニティの生活に参加しているのが特徴である。認知症、アルツハイマー、知的能力低下の高齢者が対象である。医療体制が付いている。

　Unite de soin de Longue Duree（長期滞在型入院施設）は、医療保険から医療費負担がある。ハウス・アメニティは、本人または家族の負担、または社会福祉手当が1日81ユーロある。公立病院に附属しており、恒常的な医療観察、ケアを要する高齢者が対象である。施設は85歳以上高齢者の3％を収容している。

　Famille d'Accueil（受け入れ家庭）は有償である。県の行政局監視の下、局と提携契約を交わした家庭が高齢者を受け入れる。規定はない。現実的には、要介護度の高い非自立者には難しい。一般家庭のため、医療提供体制はない。6,000人の高齢者が受け入れ家庭に迎え入れられている。

　以上が政府、地方自治体主導型の高齢者滞在型施設として、まとめることができる。そして、75歳以上の高齢者の87％、85歳以上の73％が在宅で生活している。

　一方、民間の不動産会社、セキュリティ・サービス会社の中にも、1970年代より高齢者対象滞在施設の建設・販売業における急成長が目立つようになってきた。Hotellerie du Grand-Age（高齢者ホテル）、Residences-Service（サービス・レジデンス）と呼ばれるこれらのアパルトマンは、24時間セキュリティ警備を最大の魅力としている。これらのアパルトマンを購入、賃貸契約、または入居権利を購入し、さらに月々の管理料を納める。不動産価値としては、1平米あたり価格が、市場の一般の不動産に比べ20〜35％ほど高い。このため、必然的に、富裕層のみにアクセスが限られることになる[3]。医療

表6-5 高齢者入所・居住施設・収容キャパシティ（2006年）

	高齢者専用住宅・寮（住居数）	老人ホーム（床数）	在宅看護・介護（訪問床数）	長期滞在ケア施設（床数）
フランス本土（a）	153,006	432,804	81,404	71,724
パリ市・近郊県首都圏（b）	27,076	50,089	10,384	8,184
（b/a）	(17.7%)	(11.6%)	(12.8%)	(11.4%)

注1）（b/a）は、フランス本土に占めるパリ市・近郊県首都圏の割合。
（出所）奥田（2008）を改編して作成。

経済研究機構でも「民間ケア付き住宅」を次のように述べている。「民間営利事業者（介護事業者や不動産会社）が経営するケア付きマンションは『レジデンス』と呼ばれており、個別自立手当ての給付対象でないことが多い。ただし、入居者は高所得層であり自己負担している。サービス内容は緊急通報や、食事、洗濯、清掃サービスなどであり、施設内に看護師・介護職員を配置している」（医療経済研究機構2007：41）。

高齢者入所・居住施設・収容キャパシティをまとめた一覧表を奥田（2008）から表6-5として掲げておく。これを見ると、フランス本土の中でも、パリ市・近郊県首都圏における住居数、床数が多いことがうかがえる。

（3）高齢者の死亡場所

ここでは高齢者の死亡場所について見ておく。2006年、60歳以上の死亡数436,071人のうち、自宅での死亡者数は114,427人と、4分の1強を占める（26.2%）。日本の自宅死亡割合は、12.2%（2006年）である（厚生労働省大臣官房統計情報部「平成18年人口動態調査」）。

階層別に見たとき、死亡場所がホスピスまたは高齢者施設の割合が「85歳以上」では20.0%へと他の階層と比べて大きく増大することが特徴的である（表6-6）。一方、「60〜64歳」と「65〜74歳」では12.0%弱であった私立病院での死亡割合が、「85歳以上」になると約半分の5.8%に減少することも特徴的である。

「60歳以上全体」で見ると、自宅での死亡割合は26.2%とどの階層と比べ

表 6-6　高齢者の死亡場所（2006 年）

(人・%)

死亡場所	60～64歳	65～74歳	75～84歳	85歳以上	60歳以上全体
自宅（その他の個人宅含む）	6,777 （26.8）	18,458 （25.0）	38,755 （25.0）	50,437 （27.7）	114,427 （26.2）
公立病院	13,597 （53.8）	40,807 （55.2）	82,450 （53.2）	79,630 （43.7）	216,484 （49.6）
私立病院	3,016 （11.9）	8,672 （11.7）	14,949 （9.6）	10,564 （5.8）	37,201 （8.5）
ホスピスまたは高齢者施設	450 （1.8）	2,612 （3.5）	13,581 （8.8）	36,353 （20.0）	52,996 （12.2）
公道・戸外	517 （2.0）	1,066 （1.4）	1,021 （0.7）	312 （0.2）	2,916 （0.7）
その他	912 （3.6）	2,245 （3.0）	4,167 （2.7）	4,723 （2.6）	12,047 （2.8）
合　計	25,269 (99.9)	73,860 (99.8)	15,4923 (100.0)	182,019 (100.0)	436,071 (100.0)

注1）対象はフランス本土死亡者。
(出所) 奥田（2008）表10を改編して作成。

てもほぼ同じ割合と考えられるが、本章が対象とする「ホスピスまたは高齢者施設」では 12.2％と少ないことは意外であった。

3.　本章の目的

　フランスの住宅政策に関する研究業績には、社会保障との関係からアプローチしている研究業績がある（都留民子 2000；2003；2004；2005）。そして、社会住宅政策からアプローチしている研究業績もある（檜谷美恵子 1995；1999；2008）。さらに、マイノリティの社会的統合からアプローチしている研究業績も見受けられる（左地亮子 2017）。本章はこのような住宅政策と異なり、視点としては高齢者政策における住宅問題に焦点を当てている。それは、次に述べる視点からのアプローチであるともいえよう。
　フォレット，フランソワーズ（Forette, Françoise：ILC-FRANCE 代表者・精神科医・Broca 病院理事長）は、高齢化の主な傾向と課題として、「平均

余命における女性優位は、各年齢や時期を通してほぼ世界共通であるが、フランスにおける女性の伸びには、やや停滞傾向が見られる。その原因はおそらく女性喫煙者の肺がんの増加ではないかと推測されているが、高齢人口における女性優位には大きな変化はない。残念ながら全ての国民が等しく優れた健康状態にあるわけではなく、フランスでは住む場所が寿命に大きく影響している。フランス北部とパリ近郊を比較すると、北部に住む男性の平均寿命は 5 年短いが、女性における差は 2.7 年に留まっている」（Forette）と述べている。

そして、「在宅と施設を合わせた、要介護高齢者の絶対数は約 120 万であるが、その割合は 60 歳以上人口のわずか 6.63％であることを強調しておく必要がある。これらの高齢者は身体機能の低下を伴う非自立高齢者となっており、90 歳を過ぎた超高齢期には、特に女性の非自立割合が急激に増加する」（Forette）とも述べている。

フォレットが述べるように、住む場所が寿命に大きく影響することは容易に想像できる。そして、本事例がフランスの住宅政策の位置について、市場との関係からも示唆を得られるのではないかとも考える。

本章は、フランス・パリ市近郊に所在する高齢者住宅における高齢者の状況について紹介し、課題を検討することが目的である。ただし、本章で事例とする高齢者住宅は、フランスの中でも平均的ではあるものの良い事例として海外からも視察者が訪れる住宅であることに留意する必要がある。

第 3 節　高齢者住宅 ABCD

本章で事例として取り上げる Résidence-Services pour personnes âgées, ABCD（Abbaye - Bords de Marne - Cité Verte Domicile & Services）という公立の高齢者向けレジデンス・サービス（以下、「高齢者住宅」という）は、パリ市近郊のマルヌ県に所在している。住宅は、199 名居住できる L'Abbaye（アビイ）棟、110 名居住できる Les Bords de Marne（マルヌのほとり）棟、そして 110 名居住できる La Cité Verte（緑のまち）棟に分かれており、合計約 400 名が入居している。そして、ABCD では 600 人の地域住民に在宅介

護サービスも提供している。

1. ABCDの概要
(1) 3つの経営理念
　ABCDの経営理念は次の3つである。1つ目は、個人の自由な選択である。たとえば、食事は何時にどこでとろうが決まりはなくまったく自由である。自分がとりたい時にとる。服装も自由で、朝起きてパジャマで来ようが着替えて来ようが構わない。2つ目は、開放的な高齢者住宅である。たとえば託児所は外部の住民も利用しており、職員だけのものではない。そして3つ目は、家の機能を持っていることである。あくまでも家の延長であり、少し住所が変わっただけという感覚である。ゆえにフランスでもまだ根強い、「ああ、おじいさんやおばあさんが施設に入れられてしまった」というネガティブなイメージではなく、誰もが来たくなるようなイメージの住宅である。

　そして治療を受けたり、療養のために来たりするのではなく、生活に少し付き添ってもらう、生活を少し助けてもらうという感覚にしたいとの思いから、あくまでも住まいの延長という環境にしている。

　入居者の自立度は自立して元気な高齢者もいるし、要介護度が非常に高い高齢者もおり、すべての要介護度の高齢者が入居している。建物を見学すると、3つの経営理念が反映された建物になっていることがわかる。たとえば、ポストはすべて記名式ポストになっている。これはフランスによくある集合住宅や普通のマンションの玄関ロビーにあるのと同じである。いちいちレジデンスの人が郵便を取りに来て、各階の看護師が配るなどということはない。

(2) 地域住民、子供たちとの交流
　高齢者住宅に敷設してあるシアターを開放しており、地域の人たちに使ってもらっている。レンタルルームを会場として貸すことで、ABCDの収入になる。入居する高齢者も階下に降りてきて、少額でコンサートを見ることもできる。一般の学生や主婦たちも来て、コンサートを有料で見ることができる。すべてがABCDの収入となる。本当にまちに密着した感じになっている。シアターを開放することで、外部からたくさんの地域住民が来る。高齢者の施設だからと隔離するのではなく、まちの若い世代も含めて全ての世

代の人たちが一体となって、暮らしに密着する施設を目指している。

　開放型のコンサートは1カ月に1回行っている。それだけでなく、近くの幼稚園の発表会やピアノコンサート、バイオリンコンサート、小さな演劇などの何かしらのイベントを頻繁にしている。

　ABCD内の託児所に地域の小さな子供を持つ親世代の人たちが、子供を連れてくることで、世代間の交流を持つようにしている。託児所をつくったことで、高齢者に若々しい元気をもたらせてくれるという利点は予想していたことであった。同時に、毎日朝から晩まで忙しい両親に対して、高齢者のようにゆっくり時間が流れている人たちと一緒にいると子供たちも落ち着くという効果も得られた。各階でティータイムに一緒にお茶を飲んだり、高齢者住宅に行って昼食を一緒に食べたり、レストランでみんなで食べたりしている。子供たちが絵を描いたときには、それを見せにいく。高齢者は好きな時間に本や紙芝居を読み聞かせたりしている。そういうことが好きな高齢者が託児所に来て遊んでいく。

(3) 外の人たちを取り込む

　天井まで吹き抜けで、南側がガラス張りの空間があった。吹き抜け区間を通過すると、レストランの建物に行く。その間の廊下には色々なブティックが軒を連ねている。

　1969年に最初の建物だけが建った。次に1998年にそこを改装して、2001年にもう一つの建物を改装した。ブティックは外部に開放している。ダンスやリラクゼーションサロン、美容院、開業リハビリを行っている。フリースペースやリハ室では近所の住民がヨガ、太極拳、ジム、癒し教室などを行っている。外から地域住民の人も来られるし、入居者は無料でプログラムを利用できる。各スペースを色々な団体に貸している。特にスヌーズレンルームは、記憶、問題行動症状のある人が来て、落ち着くという。医学的ではないまったく別の方法からのアプローチで、効果が認められる人もいれば、そうでもない人もいる。恐怖感や焦りがある人が来ると、リラックスして落ち着くことが検証されているという。入居者だけでなく、在宅チームや開業看護師が利用者を連れてきてセラピーをする。

　これらは、施設の中に外からの違う世代の人たちが入ってくる間口になる。

主に住宅の中の人が利用するために作ったとしても、それを外の人にも開放して交流することを目的にしている。

とてもユニークな美容院を例に考えてみる。ABCDは貸店舗の家賃を市価の相場よりはるかに安く設定している。自分の美容院を持ちたいと物件を探していた美容師は、安い家賃で美容院を開業できるという利点がある。そしてABCDに入居している高齢者には安い値段でサービスを提供する。出入り口が建物の外側と内側に2カ所あり、若い世代の一般の客たちも、美容院を利用している。そして美容院も助かるし、ABCDに家賃が入る仕組みになっている。このようにすることで、施設や高齢者老人ホームに対する社会のネガティブなイメージを払拭し、一般の人が普通に入ってくることで世代間交流の場になっている。

交流が目的でも、ビジネスで成功しているかが重要である。高齢者住宅の中で美容院を経営することは、ビジネスとしてはあまりいいイメージではない。そのため、家賃を安くしている。そして入居者に安くサービスを提供する代わりに入居者の家族、ABCDで働く職員もお客となるので、ビジネスとしてもうまくいっていると推測できた。

昼と夜、どちらでも希望があれば入居者はレストランで食事ができる。レストランは、ホテルのレストランにいった気分になれるくらい立派である。レストランにはメニューが豊富にありチョイスできるので、入居者本人の自由な選択というコンセプトにマッチしている。たとえば、自分の名前が書かれた郵便箱のところに降りていって、鍵を開けて取っていくのと同じように、レストランに降りてきたら自分の食べたいものを注文できる。施設に入っているのとは違う感覚を感じさせる要素になっている。

アルコールも食事代の中に入っており、費用を別に払う必要はない。赤ワインや白ワインの一杯、ビールの一杯くらいはすべてABCDの食事代に入っているが、シャンパンだけは別料金を払う。入居者の家族には別途家族料金があり、家族チケットを買うことになっている。ほかには、クリーニングルームと薬局が入っている。

(4) 入居者の部屋

部屋は廊下を挟んで両側に分かれていた。真ん中にサロンがあり、ここで

朝食をとったり、お茶を飲んだりする。

　朝食は8時から10時で昼食は11時から13時、夕食は18時から20時半である。サロンの利用は朝食だけである。昼食と夕食は1階のレストランでとる。部屋から出られない、歩けない高齢者だけは部屋で食事をとる。ほとんどの高齢者が1階のレストランで食べる。身づくろいして、なるべく部屋から出るようにという目的がある。

　部屋の中に家具はない。空のところに自宅から自分の家具をもってくる。認知症の人でも、自分の部屋の鍵はもっている。ここはあくまでも家の延長なので、自分の家の鍵は自分が持って歩くものだからである。外出するときに自分の家の鍵を持ち忘れたら家に入れない。そういったイメージをもってもらえるように、入居者に鍵を持ち歩かせている。

　もしも何か問題が起きて、失くしてしまったりどこにいったかわからなかったりしたときのために、看護師が予備の鍵を持っている。まちで部屋を借りるのと同じである。契約をして鍵をもらって、予備の鍵を管理人に持っていてもらうという契約にサインするという、フランスで当たり前のことを、ABCDでも同じようにしているわけである。

　部屋は1人1室で、だいたいどの部屋も20〜25㎡と同じ大きさである。部屋にはトイレとシャワーが付いている。視察当時、もう1棟新しい住宅を建設中であったが、そこは部屋の広さが30㎡だそうである。入居費用は月2,500ユーロ（約30万円）である。壁やカーテンは変えてもいいが、はじめに入るときにはABCDで用意していたものがある。だいたい3年に1回定期的に改装する。もしも入居者が壁の色が気にいらなかったら、変えても構わない。

2. 課題
（1）人員配置

　人員配置は1対0.7である。入居者1人当たり0.7人の職員の配置である。フランス全国の平均が1対0.6なので、ABCDは少し多めである。1対0.6より若干多い1対0.7にしていることで、色々な面でのクオリティが上がってくる。これは入居者数対ケアスタッフ数ではなく、総スタッフ数なのでメンテナンスや事務（アドミニストレーション）、厨房で働く人なども入って

いる。ケアスタッフとは限らない人たちを含めての1対0.7である。
　一方、ケアスタッフは30対3である。入居者30人に対して看護助手3人である（1フロア30人なので、30対3のことを10対1と言わない）。いかに手薄でやっているかフランスの介護の動向としてわかる。これが人員配置である。看護師資格はないので、注射などはできない。ほとんどヘルパーの仕事くらいである。一方看護師は50対1で、これは入居者50人に対して看護師1人ということである。
　社会福祉の制度の中で、高齢者部門とは別に障害者部門がある。この障害者部門は1対1という配置が義務となっている。この（1対1の）1というのはすべての総スタッフの数のことで、対障害者1名、これを高齢者のほうにも求められていて、特に家族の会、患者団体は、高齢者施設にも1対1を広めようと動いている。
　このように障害者の施設などをみると、1対1でそれが守られているわけである。一方、高齢者施設になると1対0.6が国の平均で、低いところだと1対0.5を下回るところもある。ABCDは1対0.7の配置であるから国の平均よりは良い。
　もう少し詳しくいうと、色々な議論はあるが国の基準はないということである。1対1にしようという議論は上がっているが、実態的にも法則でもない。
　国は、もっとどんぶり勘定である。「あなたの施設入居者が100人いるのなら、これでやってください」と予算を配分する。ABCDは、国の平均給与が決まっているので、割り算していくと、だいたい何人雇えるか計算できる。「必ず雇わなければいけない」という配置の数ではなく、法定配置はないのである。

（2）財源
　民間でも公立でも高齢者施設の財源は3つある。1つ目の一番大きなものは、国からの医療保険の医療費で30％である。たとえば医療費をだすというと、看護師の給与である。国からバジェットがきて、そのバジェットをみて、看護師の給与を勘案して「2人雇えるな3人雇えるな」と検討するそうである。そして、看護師にケアをしてもらう行為によって医療収入がある。
　2つ目の財源は県からのAPAである。たとえば作業療法士やリハスタッ

フなど高齢者の自立を支援するための費用が県からの財源である。つまり、国の医療費のバジェットは施設全体の30%であり、県の介護費用は施設全体の10%である。

　残りの60%は自己負担である。自己負担は患者の収入によって、あるいは要介護度によって変わってくる。この60%の自己負担によって、たとえばアドミニストレーションやキッチン、清掃といった、そういう医療と介護以外のスタッフ費用を60%の自己負担で賄う。

　ここから見えてくることは、いかに資金が足りていないか、潤沢な介護保険財源がないために、自己負担にしわ寄せがきているか、である。この点が、大きな問題である。家事支援は、完全に自己負担である。身体にさわる必要があることは大雑把にいうと医療費や介護費として財源が手当できるが、それ以外のこと、たとえば、手を引いてもらって散歩に出かけたり買い物に行ったり、そういったものはすべて自己負担になる。

(3) サービス

　もう1つの大きな問題はリクルートの問題である。いかに人手が不足しているかという、労働の問題である。上述したような配置では忙しく重労働であるという労働条件の悪さが見えてくる。ABCDの中にSSIAD（在宅看護・介護支援事業所）とSSAD（家事支援）の両方をもっている。この2つだけで、HAD（在宅入院）はABCDでは行っていない。家事支援では何をするかというと、買い物の付き添い、食事をつくってあげる、掃除をする、といったことをしている。

　SSAIDは何をするかというと、患者の体に直接さわっての行為である。清拭したり体位変換したり、手を引いてトイレに連れていってあげるのは看護師と看護助手である。家事援助のほうは、無資格者である。

　ABCDの資料から説明すると、Domicile & Services（ドミシーユ・サービス）は看護ケアとあり、保険から大部分が賄われる。そして、AIDE À DOMICILE（エイド・ア・ドミシーユ）は、家事援助の部分である。たとえば買い物をしたり掃除をしたり、アイロンをかけてあげたり食事をつくって食べさせてあげたり、そういったことに来てくれるけれども、あくまでもこれらは自己負担のサービスになる（ABCD提供資料：Domicile & Services

7JOURS SUR7)。税金の所得税控除はあるが、わずかである。

(4) ケアマネジメント

　ケアマネジメントは、6カ月ごとに各自のケースを色々な側面からみていく。それを決めるのがコーディネート・ナースである。さらにコーディネート・ドクターはメディカルな側面からみる。ABCDの入居者には、必ずかかりつけ医がいる。往診をお願いして、指示箋を書いてもらう。しかし、ABCDにもコーディネート・ドクターがいるわけで、そのコーディネート・ドクターもメディカルな側面がみられるわけである。それでかかりつけ医の処置があっているならコーディネート・ドクターもOKをだした処置をする。2人の医師がかかわることは無駄のように思われるが、それがフランスの仕組みである。

　また、ABCDでは毎週リハビリ士を雇っている。リハ室も空いている。「この人はリハビリをした方がいいのでは」と思う入居者がいたとしても、かかりつけ医が「リハビリを週何回やること」と指示箋に書かなかったら、入居者はせっかくABCDに入居していてリハビリ室も使えるのに、使えないわけである。そういったときにはABCDのコーディネート・ドクターが、リハビリの指示箋を出す。これがフランスのやり方であるが、日本人の考え方からすると、「始めからだせばいいではないか」と考えてしまう。フランスのコーディネート・ドクターはあくまでもスーパーバイズするドクターである（第3章・4章参照）。

　ターミナルケアには、緩和ケアや疼痛管理を行っているモバイルチームが病院からやってくる。モバイルチームがABCDに来てスタッフたちをサポートする。それでターミナルケアを行っていく。ターミナル病棟に移したりすることなく、あくまでもABCDで最期の看取りをする[4]。

(5) 入居基準

　入居者の平均年齢は87歳で、1000分の720要介護度である。慢性期療養病院で、要介護度が高い患者の場合は1000分の800である。だからここもかなり重めと考えられる。要するに、慢性期療養病院に行くほどではないけれども、わりと元気な人もいるので、1000分の720要介護度である。入居

するクライテリアは何かというと、こういう疾患が必要ということではなく、入りたいと希望した人はすべて OK である。そして平均在院日数は 3 年間である。

ウエイティングリストはあるが、待機期間が平均 1 年というのはあまり意味がない。その 1 年というよりは、まずプライオリティとしては「この地域の人」ということである。なぜなら、ここが公立だから、この地域で県税を納めている住民がプライオリティになる。そして次に、認知症のある人はない人よりプライオリティが上になる。さらに独居の人、子供がいない人、いても遠くにいる人、とにかく独居の人もプライオリティになっていくので、ウエイティングリストは部屋の数と同じ 200 人である。

第 4 節　高齢者をめぐる住環境と高齢者住宅の考察

1. 居住費の負担をどう考えるか

表 6-7 をみるとわかるように、1 日当たり宿泊料金が 1 万円以上となっており、とりわけ、要介護度の高い GIR1 と 2 の合計金額が 14,155 円と非常に高い金額となっている。自立した高齢者が 1 カ月暮らすと考えた場合、30 万円強の居住費が必要であり、大きな出費と考えられる。果たして、これだけの費用を支払える高齢者はどれくらいいるのか疑問である。これに対しては、「利用者の経済力で賄いきれない場合は、県税を財源とする社会扶助（aide sociale）が支払うことになる。ただし、全ての施設において社会扶助が利用できるわけではなく、施設と県の間での二者協約をした施設に限定されている」（医療経済研究機構 2007：40）。

日本の「要介護」とされる状態をフランスでは「依存（dépendance）」という用語を用いる（原田啓一郎 2007）。Persona âgées dépendance を「依存高齢者」と訳出するのは違和感があるので、フランスで「依存」という用語が用いられているのは、高齢者の社会的位置付けの歴史に違いがあることに留意しつつ、本章でも「要介護高齢者」とすることにする。その上で、自立した高齢者の料金に、さらに要介護に応じて上乗せされた要介護高齢者の料金「依存」の合計をみると、さらに負担額は大きくなる。2002 年に特定介護給

表 6-7 ヴァル・ド・マルヌ県の高齢者住宅の料金表（2016 年 3 月 1 日現在）

TARIFS 2015（料金）	Au 1er mars（3 月 1 日時点）		
HEBERGEMENT PERMANENT ET TEMPORAIRE（終身と臨時の宿泊施設）	Hébergement（宿泊）	dépendance（依存）	Total（合計）
TARIF JOURNALIER "HEBERGEMENT"（1 日当たり宿泊料金）	74.58€（10,143 円）		
TARIF JOURNALIER "DEPENDANCE" POUR LES GIR1 ET 2（GIR1 と 2 の 1 日当たり料金）		29.50€（4,012 円）	104.08€（14,155 円）
TARIF JOURNALIER "DEPENDANCE" POUR LES GIR3 ET 4（GIR3 と 4 の 1 日当たり料金）		18.73€（2,547 円）	93.31€（12,690 円）
TARIF JOURNALIER "DEPENDANCE" POUR LES GIR5 ET 6（GIR5 と 6 の 1 日当たり料金）		7.94€（1,080 円）	82.52€（11,223 円）

TARIFS 2015（料金）	Au 1er mars（3 月 1 日時点）		
ACCUEIL DE JOUR（自宅）	Hébergement（宿泊）	dépendance（依存）	Total（合計）
TARIF JOURNALIER "HEBERGEMENT"（1 日当たり宿泊料金）	28.94€（3,936 円）		
TARIF JOURNALIER "DEPENDANCE" POUR LES GIR1 ET 2（GIR1 と 2 の 1 日当たり料金）		15.91€（2,164 円）	44.85€（6,100 円）
TARIF JOURNALIER "DEPENDANCE" POUR LES GIR3 ET 4（GIR3 と 4 の 1 日当たり料金）		10.10€（1,374 円）	39.04€（5,309 円）
TARIF JOURNALIER "DEPENDANCE" POUR LES GIR5 ET 6（GIR5 と 6 の 1 日当たり料金）		4.77€（649 円）	33.71€（4,585 円）

注 1）2015 年平均ユーロ＝ 135.81 円≒ 136 円で計算。
注 2）日本の「要介護」とされる状態をフランスでは「依存（dépendance）」という用語を用いる。
注 3）GIR1～6 までの要介護状態は下の表のとおりである。
（資料）RESIDENCES ABBAYE / BORDS DE MARNE, TARIFS JOURNALIERS ACCORDES, Arrêté No2015/067 Du Conseil Général du Val de Marne.（調査時に ABCD より入手した資料より作成。）

要介護	GIR1	最も重い要介護者。身体的・精神的に全ての自立を失い、外部からの永続的介助を必要とする人。寝たきりのことが多い。
	GIR2	高度の要介護者。2 種類のタイプがあり、身体を動かすことはできないが精神的機能は完全には失われていない人、あるいは精神的自立は失われているが身体活動は保たれている人。
	GIR3	中等度の要介護者。精神的自立があり、移動もできるが 1 日に何度も介助を必要とする人。多くは排泄において要介助。
	GIR4	起居、衣服の着脱、摂食に援助を必要とする人。2 種類あり、移動はできないが排泄や日常生活に介助が必要な人、あるいは移動はできるが日常生活や食事に介助が必要な人。
ほぼ自立	GIR5	要支援者。独立して生活、食事はできるが、外出や家事に援助を必要とする人。
	GIR6	自立している人。

（資料）日本総合研究所（2004：37）。

付（prestation spécifique dépendance, PSD）を廃止して新たに創設した個別化自律手当（aide allocation personalisée à l'autonomie, APA）や 2005 年 2 月 11 日法により創設された障害補償給付（prestation de compensation du handicap, PCH）が適用されたとしても、自己負担額がなくなることはない。そう考えると、フランスの要介護高齢者の生活がどのくらい充実しているかは、詳細な調査が必要と考える。なお、フランスにおける「住宅手当て」の変遷については、松村祥子・出雲祐二（1999）を参照されたい。

　また、「州、県、市町村の関係を見ると、社会保障分野に関する限り、福祉を中心に県が果たす役割が大きい。これは、日本において国から都道府県へ、さらに市町村へという流れがあるのと異なる。この背景には、フランスの場合には、県や市町村の人口規模が日本より小さく、財政能力が低い小規模自治体が多いことも関係している」（伊那川秀和 2012）。

　「県にとって社会福祉分野は、伝統的に重要な位置を占める。福祉関係では社会扶助の大半（児童・家庭、高齢者）は、1983 年の地方分権法により県の権限とされた。さらに、その後最低所得保障制度も、県に権限が移譲されている。この累次の権限移譲は、いわば福祉の県単位化（départementalisation）の過程であった（Lafre, R. 2011）。それを象徴するように 2004 年法改正では、「県は、…社会事業政策を決定し実施する。県は、その圏域において協力を得ながら展開される活動を調整する」（CASF.L.121-1）とされた。ここにおいて県は身近な行政である社会事業のリーダー（chef de file）としての地位を付与されることになった（Cristol, D. 2011）。

　先に、財源のところでも触れたが、高齢者の介護に関する費用は、算出するのは容易でない。それは、純粋な介護費（日常生活支援費）だけでなく、医療費や居住費を含めなくてはならず、また、家族等によるインフォーマルな介護の費用も考慮しなくてはならないからである。こういった広範な定義で介護に関連する費用を算出すると、**表 6-8** の通り、国家レベルで計算すると 410 億〜 450 億ユーロとなる。

　「公費に限ってみると 235 億ユーロであり、これはフランスの GDP の 1％に当たる額である（この額は今後 2040 年までに、GDP の 0.3 〜 0.7％増加すると予測されている。これは、年金の増加率に比べれば緩やかな増加である）。その内訳は約半分が医療費（疾病保険金庫の負担）、約 3 分の 1 が日常

表6-8 高齢者の介護に関連する費用

(10億ユーロ)

	公費	個人負担	合計
医療	12.2	0.1	12.2
介護（フォーマルな日常生活支援）	8.1	2.4	10.5
介護（インフォーマルな日常生活支援）	—	7〜11	7〜11
居住	3.3	8.2	11.5
合計	23.5	17.7〜21.7	41.2〜45.2

注1）2014年の値。
（資料）Quelles politiques publiques pour la dépendance? Les notes du conseil d'analyse economique, n°35, octobre 2016.

生活支援費（APAの費用が大半、税制上の優遇措置も含まれる）である。公費による居住費の大半はASHである」（フランス医療保障制度に関する研究会編2017：122）。

「個人が負担している費用については170億〜210億ユーロと推計され、公費の8割強に匹敵する金額となっている。その内訳は約半分が日常生活支援費、約3分の1が居住費である。家族等によるインフォーマルな介護の費用はしばしば忘れられがちで、そのために、在宅介護の方が安上がりだという、必ずしも正しくない考えにつながるとされる」（フランス医療保障制度に関する研究会編2017：122）。

フランスの年金制度に関して、本章で触れる余裕はない。視察時の話では高齢者の年金は月平均1,200ユーロ（163,200円）といわれており、残りは自費と福祉等補助が半々と言われていた。したがって、高齢者が手にする年金の額に照らして、居住費の割合がどれくらい占めるかは不明である。フランスにおいて居住費は大きな負担となることは想像に難くない。しかし、一方では、今回の事例よりも高額な高齢者住宅も存在することも、場所とサービスを問わなければ、もっと安い金額の高齢者住宅も存在することも事実である。

パリ市とその近郊においては、平均以上の高齢者住宅等に住むことは、一般的に高額所得者にとっては難しくないとも推測された。

2. パブリックとプライベートの違い

　パブリックとプライベートの住宅ではどこに違いがあるのか。ABCDは公立なのに、部屋代が30万円超というのは、パブリックを利用する人には高い気がする。プライベートとパブリックだったら確かに多少はプライベートの方が高い。だからといってそんなに差があるわけではない。プライベートもパブリックも2,000ユーロ（272,000円）から3,000ユーロ（408,000円）は自己負担を払わなければならない。唯一違う点は、プライベートは株主がいるし、建設費用は自分で銀行から借りなければならない。一方パブリックはそれが補助として公的に入るため、株主への影響はない。だから建設費用もない。その分安くなるかというと、案外そうでもない。

　パブリックがお金をだして安くすることができるのであって、プライベートは自分のお金をだすから値段が上がるのであって、その差があまりないようだったら、利益はどこへいっているのかと疑問に思うかもしれない。国に返すわけでもないし、職員の給料が高いわけでもない。ABCDはパブリックだが、贅沢（ラグジュアリー）ではなくアメニティやレクリエーションがたくさんあったり、サービス面に配慮していたりするということである。

　一方、プライベートはこの部分をそういった形で還元するのではなく、株主への配当や銀行への借入金として返すのである。ケアの質は同じかもしれないが、余分な食事やレクリエーションといった贅沢はプライベートの方はないかもしれない。

　プライベートがよく取る戦略は、都市部には造らないで、かなり地方の土地代の安いところに建てて、20万〜30万円の入居費用でできることをすることが多く、都市部にABCDのようなものがあるとしたら、公立が多いようである。

　営利のところはまず必ず借金を返さなければならないということ、それから株主への配当をしなければいけない、この2つがあるので、入居者への恩恵という形で還元することは事実上難しい。

　当然、もっと入居費用の安いパブリックの高齢者住宅もある。ABCDは家賃30万円だけれども、パブリックでも高いほうである。平均すると、パブリックが1日当たり平均50ユーロ（6,800円）の自己負担、民間非営利が1日当たり55ユーロ（7,480円）の自己負担である。そしてプライベート（ま

ったくの民間営利）が1日当たり70ユーロ（9,520円）の自己負担だそうである。しかし、70ユーロだからといって、そこの質が一番いいとは必ずしも限らない。

　もう少し補足的に述べておこう。

　民間と公立では、すごく贅沢なものを除けば、似たような内容で民間の方が少し割高である。すごく贅沢なものになると、富裕層の人だけを対象にした建物を造っている。そういったものは日本にも存在すると思われる。そういうところを視察調査するのも面白いかもしれないが、ABCDはフランスの国民にとって平均的で身近な高齢者住宅であり、視察先としては大変良いと考えられている。

　財源に関しては3つ持っていることは既に述べたところである。県からは介護費用のAPAがある。フランス語の表現で「閉めた封筒に入れたお金」と表現をする。すなわち「閉めた封筒の中のお金で、何でも賄ってね」ということである。よく言えば裁量権を与えられているともいえる。このように介護に関しては自分で決めることができる。しかし医療に関してはあくまでも行った行為に対して医療収入が付く。外付けのかかりつけ医の医師がおり、ABCDでは常駐の看護スタッフを雇っているが給料はさほど高くないという。国からは医療費と建物を貰っているが、建設費は含まれない。それから国からの医療費は30％で介護費用は県から10％で、残り60％は自己負担となっているので、ABCDでも自己負担は1,000ユーロ（136,000円）から2,000ユーロ（272,000円）になるわけである。

　実際問題として国民にとっては大変な問題である。支出できる高齢者には問題ない額であるが、支出できない高齢者で要介護になったときに、本当に行き場所がなくなる。在宅で生活できているうちは良いが、在宅維持しきれなくなったときに、悲しい事情だが、フランスの介護問題となって起こってくる。

　ケメニー, ジムは、「デュアリズム」と「ユニタリズム」の概念を使って、「ハウジングと福祉国家」について述べた（Kemeny, Jim. 1992）。筆者はかつて、フランスをユニタリズムの国に分類し、『ユニタリズム』は、民間賃貸セクターと社会賃貸セクターの統合による賃貸住宅供給をはかる。ヨーロッパでは、住宅政策が社会保障の基盤であるため、全国民を対象に普遍的に保障す

るユニタリズムの国はもちろん、低所得者を分別して保障するデュアリズムの国（イギリス、アイルランド、アメリカ、カナダ、ニュージーランド、オーストラリア）でも、家賃補助を導入して居住保障を行っている」（小磯明 2016：410）と述べた。本章で述べた高齢者住宅の事例を検討すると、ユニタリズムの国が、民間賃貸セクターと社会賃貸セクターの統合により賃貸住宅供給をはかるということは事実としても、どのくらい上手く機能しているかについては別途研究が必要である。

3. 介護人材の不足

先に述べた人員体制の課題や担い手不足の課題は、介護人材の不足の問題である。

介護人材の不足は深刻で、EHPAD（Établissements d'hébergement pour Personnes âgées dépendance, 要介護高齢者滞在施設）の44.4％が職員の確保が困難としている。そのため、十分な人員配置も実現されていない。ABCDの人員体制も、同じ状況であることは既に述べたとおりである。高齢者住宅や施設介護の人員よりも、在宅介護についてはさらに深刻な状況で、50％の事業所が職員の確保が困難としており、特に、訪問介護職員についてはその割合は65％にのぼる。また離職率も高く、魅力ある職業とはなっていない。

「特に、在宅介護支援に関しては、女性が多く、パートタイムの雇用で、そのために複数の仕事を掛け持ちしなくてはならず、不規則な労働時間で、移動に時間を要するがそれは報酬に反映されず、身体的にも精神的にも大きな疲労を伴うが、大半の介護職員は単独で職場に行き、その仕事内容を共有する場すら用意されていない、というのが現状である。2012年のデータによれば、在宅介護支援の職員の月収は790ユーロ（107,440円）であった」（フランス医療保障制度に関する研究会編 2017：130）。

「こういった状況を打破するために政府は、2002年、介護職員の免許を、養成課程及び報酬の面で病院の看護助手と同レベルの位置づけにした。さらに2016年には、介護職員の免許を医療心理学分野の補助者の免許と統合して『訓練及び社会生活支援者』の免許を創設し、より多様性のある働き方を可能とした。2014年に始まった介護人材確保のためのプランでは、介護職の価値をあげるために、要介護状態の高齢者の特殊性に着目した教育を進め

ることとしている」(フランス医療保障制度に関する研究会編 2017：130)。

「教育は不可欠の要素であるが、やはり介護人材不足の解決のためには、若者にとって魅力ある職業としなくてはならない。具体的には、報酬アップや働き方の改善(困難事例には複数の介護職員で対応する。人員配置を多くする。チームの中での情報交換や調整の時間を設ける等)が必要とされている」(フランス医療保障制度に関する研究会編 2017：130)。

ABCDで「スタッフ教育で何か工夫していることがあったら教えてください」と質問した時、次のような答えが返ってきた。「たとえばケアスタッフのために、アルツハイマーの人はどうしたらいいか、ターミナルケアはどうしたらいいか、最期の看取りのときは家族にどうしたらいいか、そういったプログラムが色々ありまして、職員教育をたくさんしております」。色々な教育プログラムをケアスタッフにすることはフランスではすごく盛んだという。介護職員の不足問題は、日本もフランスも同じであることが、調査から理解できた。フランスの介護職の人材育成政策については、藤森宮子(2010)に詳しいので参照されたい。

また、フランスの介護職の給与体系は、日本では低くてなり手がいないのと同じように低いという。そして、「高齢者の介護というのは、日本のように敬老の精神がないフランスでは、人気のない仕事である」との説明であった。一般的に言えば、不人気な仕事に就くことは魅力的ではない。なるべく社会と若い人が共存できるように改善していくべきと思われるのがフランスの現状であった。そして、介護職に外国人が多いことも特徴であり、今後の日本に共通する課題でもあると考えられた。

4. 日本への示唆と研究の限界

最後に、本章の目的から外れてしまうことを承知で、少し大きな視点から考えてみる。

都留民子(2005)は、「『福祉国家』『社会国家』に統治されたフランス社会では、『住宅』とは、安全な地域・健康を保持させる清潔な住環境・文化的に尊厳ある日常生活を維持させる住居を意味し、そういった『住宅』が国家責任のもとで、すべての住民(外国人を含む)に保障されるべきものとみなされている。わが国のように住宅を『資産』と位置づけ、入居や居住をめ

ぐる困難・問題を世帯の『自己責任』として片付けるような状況は、少なくとも第二次世界大戦後のフランス社会では見られない」と述べている。

そして、「『住宅の権利』は、法によって基本的な社会権の1つであると宣言され、社会意識においても、さらに政権党のいかんにかかわらず、住宅の公的かつ社会的な保障に疑義が呈されることはない。フランス『福祉社会』においては、住宅保障は、社会保険・社会保障などとともに、グローバルな社会政策の要なのである」とも述べている（都留 2005）。

「フランス社会も富は市場経済において生産される国であり、先進資本主義国の例に漏れず住宅をめぐっては、それが高価な財ゆえに、にもかかわらず人間生活に不可欠な財であるゆえに、巨大な市場が形成されてきた。したがって『住宅』は、建設産業・不動産産業・金融産業などの市場や投資のロジック（住宅の商品化を通じた経済効果＝高利潤を追求する動き）と、市場経済に抗して人間（生活）を保護するという社会保護の2つのロジックが他の領域よりも明確に交錯し、そして激しい攻防をみせている領域」なのだと都留は指摘する。

都留の指摘はその通りと考える。しかし、社会保障における住宅保障は政府の責任と考える人の割合が低い日本人には、フランスにおける「住宅の権利」は理解しにくい。日本の住宅政策は、社会保障よりも産業の活性化や、経済の成長と強く結びつけられているのが現状である。2000年から5年ごとに実施されている全国規模の意識調査によれば、生活に困っている人に、政府が責任を持って住まいを提供すべきだ、と考える人は、少数にとどまっている[5]。わが国でも、住宅政策が介護政策と交錯するところで、高齢者の経済力を問題とする文脈でもやっと語られる時期に来ているように思われる。特に、反貧困運動の一つとして、住宅家賃問題を取り上げる動きも萌芽的にあることはある（小玉徹 2018）。しかし、フランスのように住宅保障は社会保障領域の一つであるといった意味でのせめぎあいになるまでにはまだ多くの時間を要するであろう。そういった中で、フランスの事例から学ぶべき点は何か。日本の高齢者のいる世帯のうち、27％が貧困状態であり、男性の単独世帯は36.3％、女性の単独世帯では56.2％の貧困率である（唐鎌が「国民生活基礎調査」2016年より計算）。フランスにおいても、市場経済のロジックに抗した人間の生活を重視する視点をもっていることは重要と考えるし、

日本においてはもっと生活重視の視点を強調すべきと考える。

　最後に、本研究の限界についてであるが、本研究は高齢者の年金といった所得保障について、住宅費用との関係で分析できていない。この点では岡伸一（2012）を参照されたい。また、家族手当・家族政策といった視点や、福祉国家論からのアプローチは一切考慮していない。この点については、宮本悟（2017）、泉眞樹子ら（2017）、千田航（2010）や齊藤笑美子（2006）を参照されたい。

---

1) 社会福祉手当とは、住宅手当（収入・住居面積条件あり）、在宅維持手当、高齢者最低保障（収入・家族の最低食費義務・相続財産よりの徴募条件あり）。さらに、動・不動産売価却利益などの相続財産が45,734ユーロ以上（6,219,824円。1ユーロ＝136円で計算）である場合、相続者は、手当返却、および生前担保を必要とする（奥田2008）。
2) 日本総合研究所『介護施設等の費用体系に関する総合調査』（p.54）では、Logement Foyer を「高齢者アパート」と訳している。そして、要介護高齢者入所施設である maison de retraite を「高齢者ホーム」と訳している。
3) 奥田七峰子「フランス医療制度・社会保障制度研究」(http://naoko.okuda.free.fr/care1.html)。このことを、奥田（2008）は、「非医療型は、不動産バブルが追い風となり、退職年齢近辺の前期高齢者層が投資目的で買い、元気なうちに住み替えるためのもので、防犯セキュリティ重視のものが売れている。言うまでもなく、こちらは自費である」と述べている。
4) ターミナルケアについては、本章で考察する余裕はないので、篠田道子（2017）、松田晋哉（2009）を参照されたい。
5) 武川らの調査によれば、「住宅の提供」は「政府の責任」であると答えた人は、2000年34.0％、2005年43.0％、2010年39.7％に過ぎない（武川正吾・白波瀬佐和子編 2012：23-26）。

文献

Cristol, D,《La réorganization des services de l'État en matière sociale》, *in RDSS*, N°1, 2011, pp.32-34.
Domicile & Services 7JOURS SUR7.
DRESS-Direction de Recherche et d'Étude en Sanitaire et Sociale.
Forette, Françoise「フランスの高齢化　その課題と取り組み」（日本語訳：国際長寿センター）n.d.（https://www.ilcjapan.org/aging/doc/OGR11_0203.pdf）.
HID, Handicaps-Incapasités Dépendanse.

Hôpital Broca（https://www.aphp.fr/contenu/hopital-broca.）.
ILC France（https://www.ilcfrance.org）.
INSEE（https://www.insee.fr.accueil）.
INSEE, *Projection de Population 2007‒2060,* 2010.（https://www.insee.fr/fr/statistiques/1380813）.
INSEE, *Statistiques de l'état civil et estimation de population,* 2011.
FMP Mutualité, 2002.（https://www.mutuelle-cheminots.fr/glossaire/federation-mutualiste-parisienne-fmp/）.
Kemeny, Jim., *Housing and Social, Theory,* Routledge, a member of the Taylor & Francis Group, 1992.（ケメニー、ジム／祐成保志訳『ハウジングと福祉国家 居住空間の社会的構築』新曜社、2014 年）．
Lafore, R.,《Les《territories》de l'action sociale: l'effacement du modèle《départmentaliste》?》, in RDSS, N°1/2011, pp.14-16.
Maison d'Accueil Rurale pour Personnes Agées, MARPA.（https://www.logement-seniors.com/articles-residences-seniors/les-maisons-d-accueil-rurale-pour-personnes-agees-marpa.html.）.
Quelles politiques publiques pour la dépendance? Les notes du conseil d'analyse economic, n°35, octobre 2016.
RESIDENCES ABBAYE / BORDS DE MARNE, TARIFS JOURNALIERS ACCORDES, Arrêté No2015/067 Du Conseil Général du Val de Marne .
泉眞樹子・近藤倫子・濱野恵「フランスの家族政策──人口減少と家族の尊重・両立支援・選択の自由──」『調査と情報』第 941 号、国立国会図書館、2017 年 2 月 16 日。
医療経済研究機構『諸外国における介護施設の機能分化に関する調査報告書』2007 年 3 月。
伊那川秀和「特集：海外の社会保障制度における国と地方の関係 フランスの社会保障制度における国と地方の関係」『海外社会保障研究』No.180、国立社会保障・人口問題研究所、2012 年 Autumn、pp.18-27。
岡伸一「特集：公的年金の支給開始年齢の引き上げと高齢者の所得保障 フランスにおける年金改革と高齢者所得保障──年金支給年齢の引き上げを中心に──」『海外社会保障研究』No.181、国立社会保障・人口問題研究所、2012 年 Winter、pp.40-50。
奥田七峰子「特集：世界の高齢者住宅とケア政策 フランスの高齢者をめぐる住宅環境とケア政策」『海外社会保障研究』No.164、国立社会保障・人口問題研究所、2008 年 Autumn、pp.77-88。
奥田七峰子「フランス医療制度・社会保障制度研究」（http://naoko.okuda.free.fr/care1.html）．
唐鎌直義「経済教室 高齢化する貧困（下） 社会保障の抑制政策響く」『日本経済新聞社』2018 年 3 月 27 日。
小磯明『高齢者医療と介護看護──住まいと地域ケア』御茶の水書房、2016 年。
公益財団法人長寿科学振興財団（https://www.tyojyu.or.jp/net/kenkou-tyoju/tyojyu-shakai/sekaiichi.html.）.
厚生労働省大臣官房統計情報部「平成 18 年人口動態調査」。
小玉徹「台頭する『賃貸世代』の反貧困運動」『世界』2018 年 2 月号、岩波書店、2018 年

1月6日、pp.98-108。
齊藤笑美子「フランスにおける家族領域の自由・平等化と社会保障領域への影響」一橋大学大学院法学研究科編『一橋法学』第5巻第3号、2006年11月、pp.1135-1157。
左地亮子「フランスにおける移動生活者のための『適合住宅』政策——居住福祉を通したマイノリティの社会的統合の試み——」『居住福祉研究』No.23、居住福祉学会、2017年、pp.49-61。
篠田道子「特集：高齢者ケア　終末期ケアの動向と尊厳死法の改正」『健保連海外医療保障』No.115、健康保険組合連合会、2017年9月、pp.1-10。
武川正吾・白波瀬佐和子編『格差社会の福祉と意識』東京大学出版会、2012年。
千田航「第3特集：福祉国家再編の比較政治学　フランス福祉国家研究における社会保障と家族政策の位置づけ」『新世代法政策学研究』Vol.6、北海道大学大学院法学研究科グローバルCOEプログラム、2010年、pp.183-202。
都留民子『フランスの貧困と社会保護——参入最低所得（RMI）への途とその経験』法律文化社、2000年。
都留民子「第Ⅳ編　フランス」小玉徹・中村健吾・都留民子・平川茂編『欧米のホームレス問題——実態と政策（上）』法律文化社、2003年、pp.201-301。
都留民子「第Ⅲ編　フランス」中村健吾・中山徹・岡本祥浩・都留民子・平川茂編『欧米のホームレス問題——支援の実例（下）』法律文化社、2004年、pp.153-220。
都留民子「特集：住宅政策と社会保障　フランスにおける住宅政策と社会保障」『海外社会保障研究』No.152、国立社会保障・人口問題研究所、2005年Autumn、pp.33-45。
日医総研『日医総研フランスレポート』（http://www.jmari.med.or.jp/research/world_fr/wr_167.html.）。
日本総合研究所『介護施設等の費用体系に関する総合調査』2004年。
原田啓一郎「特集：フランス社会保障制度の現状と課題　フランスの高齢者介護制度の展開と課題」『海外社会保障研究』No.161、国立社会保障・人口問題研究所、2007年Winter、pp.26-36。
檜谷美恵子「フランスの社会住宅政策——ベッソン法の制定とその後の動向——」『都市住宅学』第11号、公益社団法人都市住宅学会、1995年、pp.20-25。
檜谷美恵子「第3章　フランスの住宅政策」小玉徹・大場茂明・檜谷美恵子・平山洋介『欧米の住宅政策——イギリス・ドイツ・フランス・アメリカ——』ミネルヴァ書房、1999年、pp.155-236。
檜谷美恵子「地域空間化するフランスの住宅政策とそのガバナンス」立命館大学政策科学会編『政策科学』第15巻第3号、2008年、pp.149-182。
藤森宮子「日仏比較の視点から見る——フランスの介護職と人材育成政策」『京都女子大学現代社会研究』第13号、京都女子大学、2010年、pp.73-88。
フランス医療保障制度に関する研究会編『フランス医療保障制度に関する調査研究報告書2016年度版』平成28年度医療経済研究機構自主研究事業、医療経済研究機構、2017年3月。
松田晋哉「特集：諸外国における高齢者への終末期ケアの現状と課題　フランスにおける

終末期ケアの現状と課題」『海外社会保障研究』No.168、国立社会保障・人口問題研究所、2009 年 Autumn、pp.25-35。
松村祥子・出雲祐二「フランスの社会福祉」仲村優一・一番ケ瀬康子編『世界の社会福祉 フランス・イタリア』旬報社、1999 年、pp.23-318。
宮本悟『フランス家族手当の史的研究――企業内福利から社会保障へ――』御茶の水書房、2017 年。

あとがき

　2017年4・5月のフランス大統領選挙では、欧州統合反対派のマリーヌ・ルペン国民戦線党首を破って、エマニュエル・マクロンが当選した。あれから約1年半が経過した。既成政党から出馬せず、右でも左でもなく進歩主義を自ら自称する若き大統領はどのような社会保障政策を公約し、実施してきたのか。

　大統領選挙の際のマクロンの公約では、社会保障制度に関する改革案では、年金制度については受給開始年齢（62歳）・給付水準の変更はしないとする一方、転職の妨げにならないよう普遍的な制度を徐々に導入していくとしている。医療については、眼鏡・補聴器・歯科補綴の100％給付や医療機関の整備促進などが挙げられた。社会福祉関連では、最低年金と成人障害者手当（AHH）の月額100ユーロの引き上げが明記されていた。

　年金一元化や眼鏡などの100％給付といった社会保障制度関連の公約は2018年度予算では実現しなかったが、最低年金と成人障害者手当の引き上げは2018年から実施されることになった。ひとり親世帯・困窮世帯への家族給付の増額も決められている。また2017年末には「全国医療戦略」が策定され、予防やイノベーションなど、2018年から2022年までの医療政策の優先事項が示された。

　2018年9月24日に政府は2019年予算法案を公表した。「労働を支え、未来のために投資する（PLF Soutenir le travail, investor pour l'avenir)」と題された報道発表資料では、2019年には財政赤字縮小と減税・社会保障負担削減、労働と企業の支援、低所得者対策、未来のための投資の4つの取り組みを加速させるという。

　予算法案公表の翌日には、2019年社会保障予算法案も発表された。法案は、「大統領の選挙公約を確認し、2018年から2022年までの財政プログラム法の行程に位置付けられる」ものとされ、2019年に、18年ぶりに一般制度と

老齢連帯基金（FSV, 無拠出制の最低年金を管理している公法人）の合計が、黒字化することをうたっている（PLFSS Projet de loi de financement de la sécurité sociale 2019）。また、2024年に累積債務が解消されるとの見通しが確認されている。全体として支出削減が重視される一方、医療分野を中心に投資していくことも強調されている。

　大統領選挙公約に直接由来する「3つの政策の軸」のうち、3つ目の「医療制度改革のために投資する」をみると、9月18日にマクロン大統領が公表した「私の健康2022」計画にもとづき、2019年の医療保険給付費全国目標（ONDAM）を前年の2.3％から2.5％へと引き上げるものとされた。ONDAMについては本書で触れることはできなかったが、そもそもは1996年のジュペ改革によって導入された医療保険給付費の目標（伸び率）を議会が決定する仕組みである。なかなか目標が遵守されなかったが、2010年代に入り実績値が目標を下回るようになり、高い目標が設定されるようになった。医療費の増加は49億ユーロと見込まれ、医療機関の施設やIT化のための投資が強化され、タバコ対策基金などによる予防関連の取り組み強化も盛り込まれている。

　このような措置を通じて、2019年には社会保障費の伸びが2.0％に抑えられる予定である。2018年には一般制度がついに黒字化し、ONDAMも前年に続き達成される見通しである。その他の社会保障制度改革も現在進行中であり、全体を評価するのは早計である。しかし、マクロン大統領の選挙公約と2018年度・2019年度予算を見る限り、2017年度後半の景気回復に助けられながら政府財政・社会保障財政とも健全化に向かった。その意味では出足は好調であったといえるかもしれない。財政健全化性を重視するマクロン政権が今後どのように社会保障を強化していくかが注目されていた。

　しかし、これらの改革路線に対して2018年12月には燃料税増税に反対するデモが激化する中、マクロン政権が増税の延期を決めた。デモの発端となったのは、ガソリン価格の高騰と温暖化対策としてマクロン政権が掲げた燃料税増税である。抗議デモはすでに燃料税の増税だけでなく、マクロン政権が進める社会保障の増税など幅広い政策に向けられており、デモの鎮静化は見通せない状況である。フランス全土に広がった「黄色いベスト」運動の要求は、マクロン大統領の辞任や、市民の発議による国民投票などへと発展し、

横のつながりも広がっている。

　マクロンは2017年5月に就任して以来、経済の立て直しに向けて企業活動の活性化を図ってきた。労働者保護が色濃いフランスの労働法を改正して従業員を解雇しやすくしたほか、海外企業の誘致に向けて法人税率を33％から25％に段階的に引き下げている。一方で、公務員の大幅削減を掲げるなど財政再建も目指している。

　失業率は9％台で高止まりしたままで、投資銀行出身のマクロンに対しては「金持ちを優遇する大統領だ」との批判が高まっている。当初、若いリーダーとして改革への期待を集めたマクロンだが、支持率は就任当初の62％から25％に落ち込んでいる。今回の燃料税増税の先送りは、支持層からも反発を招く恐れがあり、今後の政権運営は難しくなる可能性がある。

　さて、私が初めて渡仏した2005年11月27日のパリは、20年ぶりといわれる大雪であった。20cm以上も降り積もった雪の中で、飛行機が飛ぶのか心配しながら、視察調査を終えたことを思い出す。私は当時、デンマーク・コペンハーゲン、ドイツ・ミュンヘン、そしてフランス・パリへと移動しながら、3カ国の在宅看護の視察調査に参加した。20日に日本を出発して27日の視察最終日は、パリから日本への帰路であった。

　2016年10月のフランス・パリの高齢者ケア視察調査は、2005年調査以降の定点調査となった。到着早々、シャルルドゴール空港からパリ市内に向かう道路は大混雑であった。自動車道を公共交通機関に替えるとのことで、3車線の内1車線を車線規制していた。パリに入ると、2年前には気付かなかった真新しい路面電車が頻繁に走っていたのに驚いた。まるで2012年11月に訪問した、ドイツのフライブルクの街を見るかのようであった。私は2005年以降、2009年12月から2010年1月と、2014年8月から9月に、そして2016年12月から2017年1月に、所用で3度パリと南仏を訪問しており、今回の視察調査は5度目の渡仏であった。

　11年ぶりに奥田七峰子さん（日本医師会総合政策研究機構フランス駐在研究員）とも再会し、2005年当時の話で盛り上がり、懐かしさを共に感じた。今回の視察調査で驚いたことと新しい発見がいくつかあったので、序章で視察調査の概要と印象的な発見を述べておいた。

あとがき

　今回の視察では、フランスは2015年のテロの影響で観光客が減少しており、行く先々の視察施設から来仏にお礼を言われた。拳銃を所持した兵士も凱旋門などでは見られ、テロの影響がまったくないとはいえないが、パリには日常が戻るかに思われた。だが、2016年末から2017年1月に訪問したフランス（南仏とパリ）はそこかしこで厳重な警戒であった。地球上の人間の争いに悲しさを覚えずにはいられなかった。

　最後に、本書を閉じるにあたって、お世話になった方々にお礼申し上げたい。
　まず、本調査視察への国際出張を命じていただいた勤務先の日本文化厚生連に感謝申し上げる。視察調査として出張できたことは、1985年の入会以来最大の幸せであった。そして、調査結果を社会に還元しなければならないとの強い思いから、本書を出版する強い動機となったことを記しておきたい。そして、本書の第1章と第2章は、『文化連情報』誌に掲載した6本の論考が元になっている。編集部にお礼申し上げたい。
　次に、本視察調査を企画していただいた前旭川大学特任教授の山崎摩耶先生に感謝申し上げる。2005年のデンマーク・ドイツ・フランス視察調査以来、2015年のデンマーク・イギリス視察、2016年のフランス視察、そして2017年のドイツ視察といった海外視察調査をご一緒する中で、多くの知見を得ることができたことに改めて感謝申し上げたい。
　3つめに、本書の初出一覧を見るとわかるように、6章の内4章は『非営利・協同総合研究所いのちとくらし研究所報』に掲載された論文である。論文掲載の機会をいただけたことを、研究所理事長の中川雄一郎明治大学名誉教授をはじめ、校閲・校正をしていただいた研究所主任研究員の石塚秀雄先生と理事・事務局長の竹野ユキ子さんにお礼申し上げたい。
　最後に、本書の出版に際しては、日本評論社の齋藤千佳氏に大変お世話になったことに感謝申し上げる。

著　者

初出一覧

序　章　研究の背景と課題の整理、本書の概要
　書き下ろし

第1章　フランスの医療保険制度と病院に関する研究
　　　　――CROIX-ROUGE FRANÇAISE HÔPITAL HENRY DUNANT
　　　　　Centre de Gérontologie の事例
第1節　医療保険制度の変容
　書き下ろし
第2節　医療保険制度と病院
　（原題）「フランス赤十字社アンリ・デュナン病院老年科センター　CROIX-ROUGE FRANCAISE HÔPITAL HENRY DUNANT Centre de Gérontologie（1）医療保険制度と病院」『文化連情報』No.482、日本文化厚生農業協同組合連合会、2018年5月、pp.70-73。
第3節　フランス赤十字社アンリ・デュナン病院老年学センター
　（原題）「フランス赤十字社アンリ・デュナン病院老年科センター　CROIX-ROUGE FRANCAISE HÔPITAL HENRY DUNANT Centre de Gérontologie（2）パリの病院」『文化連情報』No.483、2018年6月、pp.74-78。
第4節　フランスの医療保険制度と病院に関する研究のまとめ
　（原題）「フランス赤十字社アンリ・デュナン病院老年科センター　CROIX-ROUGE FRANCAISE HÔPITAL HENRY DUNANT Centre de Gérontologie（3）日本への示唆」『文化連情報』No.484、2018年7月、pp.72-75。

第2章　フランスの訪問看護に関する事例研究――開業看護師による在宅看護の実際
第1節　フランスの訪問看護・第2節　訪問看護制度の概要と課題の設定
　（原題）「フランスの訪問看護（1）制度の概要」『文化連情報』No.479、2018年2月、pp.52-56。
第3節　開業看護師による在宅看護の実際
　（原題）「フランスの訪問看護（2）開業看護師による訪問看護師の実際」『文化連情報』No.480、2018年3月、pp.58-62。
第4節　フランスの訪問看護に関する事例研究のまとめ
　（原題）「フランスの訪問看護（3）活動と課題」『文化連情報』No.481、2018年4月、pp.77-83。

第 3 章　フランスの在宅入院制度に関する研究
　　　　――在宅入院全国連盟（FNEHAD）の活動と課題
（原題）「フランスの在宅入院制度に関する研究――在宅入院全国連盟の活動と課題――」『特定非営利活動法人　非営利・協同総合研究所いのちとくらし研究所報』No.59、2017 年 6 月、pp.46-71。（Akira KOISO., "Perspective of Domestic Hospitalization System in France" in Review of Nonprofit Health Care Cooperation (Inoch-to-Kurashi) No.59, June 2017, 46-71.）

第 4 章　フランスの在宅入院の事例研究――サンテ・セルヴィスの実践と戦略
（原題）「フランスの在宅入院の事例研究――サンテ・セルヴィスの実践と戦略――」『特定非営利活動法人　非営利・協同総合研究所いのちとくらし研究所報』No.60、2017 年 9 月、pp.54-84。（"Domestic Hospitalization in France-The Case of Sante Service" in Review of Nonprofit Health Care Cooperation (Inoch-to-Kurashi) No.60, September 2017, 54-84.）

第 5 章　自立と包括的ケアのためのネットワーク（MAIA）
　　　　――パリ西地区の MAIA、CLIC、Réseaux の活動
（原題）「自立と包括的ケアのためのネットワーク（MAIA）――パリ西地区の MAIA, CLIC, Reseaux の活動――」『特定非営利活動法人　非営利・協同総合研究所いのちとくらし研究所報』No.62、2018 年 3 月、pp.16-30。（"Network for Integrated Care and Independent in Paris, The Case of MAIA" in Review of Nonprofit Health Care Cooperation (Inoch-to-Kurashi) No.62, March 2018, 16-30.）

第 6 章　フランスの高齢者をめぐる住環境と高齢者住宅
　　　　――Abbaye - Bords de Marne - Cité Verte Domicile & Services の事例
（原題）「フランスの高齢者をめぐる住環境と高齢者住宅――Abbaye-Bords de Marne-Cité Verte Domicile & Services の事例――」『特定非営利活動法人　非営利・協同総合研究所いのちとくらし研究所報』No.63、pp.8-24。（"Condition of Habitant and Aged Person Residence in France" in Review of Nonprofit Health Care Cooperation (Inoch-to-Kurashi) No.63, July 2018, 8-24.）

事項索引

●数字・アルファベット

1901 年 7 月 1 日法（1901 法）　20
1970 年 12 月 31 日病院法　65
1986 年 5 月 12 日保健省通達　66
1987 年 7 月 23 日法（メセナ振興法）　21
1991 年病院改正法　117
2000 年 5 月 30 日の雇用連帯省通達　66
2004 年 2 月 4 日通達　66
2004 年 8 月 13 日法第 56 条　82, 175
2005 年 2 月 11 日法　217
2007 年 2 月 22 日制定デクレ　100
2007 年 3 月 16 日省令　100
2007 年 10 月 5 日通達　100
ABCD（→ Résidence-Services pour personnes âgées, ABCD）
AIDE À DOMICILE（エイド・ア・ドミシーユ）　213
Aide Sociale（社会福祉手当、社会扶助）　108, 203, 204, 215, 217
ALD（→長期慢性疾患）
ALS（筋萎縮性側索硬化症）　118, 120, 121
ANAES（全国医療評価機構）　82
APA（→個別化自律手当）
ARH（地方病院庁）　108
ARS（地方健康庁、地方圏保健庁）　3, 16, 43, 67, 82, 108, 119, 178, 180, 192, 195
ASH　218
carte Vitale（→ビタルカード）
Centre d'Animation Naturel Tiré d'Occupations Utiles（CANTOU）　204
CLIC（→地域インフォメーション・コーディネートセンター）
Clinique（短期入院施設）　18
CMS-DRG　110
Credit Agricole Assurances　18
CROIX-ROUGE FRANÇAISE HÔPITAL HENRY DUNANT Centre de Gérontologie（フランス赤十字社アンリ・デュナン病院老年学センター）　2, 5, 6, 13, 23, 122

234

事項索引

CT（コンピュータ断層撮影法）　23, 33, 119, 168
Domicile & Services（ドミシーユ・サービス）　199, 213
DPC　121
DRG　121, 168
EHPAD（要介護高齢者滞在施設）　41, 43, 221
Famille d'Accueil（受け入れ家庭）　204
FEDOSAD（Fédération Dijonnaise des Œuvres de Soutien à Domicile）　73, 74
FNEHAD（→在宅入院全国連盟）
Foyer-Logement（寮‐住宅）　203
Générale de Santé　18
Gestion de Cas　3
Gestionnaire de Cas（ケースマネジャー）　189
GHM（Groupe Homogène de Malades）　91
HAD（→在宅入院制度）
HAD FEDOSAD 21 事業体　74
HAS（高等保健機構）　82, 83, 98, 119
HCFA-DRG（連邦病院財政庁 DRG）　91, 110
HCH　65
HID（ハンディキャップ‐障害‐依存）　201
HITH　65
Hotellerie du Grand-Age（高齢者ホテル）　204
HPST 法　33
ICA-BMR（多剤耐性菌指標）　85
ICALIN（院内感染症対策指標）　84, 85
ICA-LISO（手術室感染対策指標）　84, 85
ICATAB（抗生剤使用指標）　85
ICSHA（ハイドロアルコール生成物消費指標）　84-86
ICU（集中治療室）　46, 62
IC カード式の保険証（→ビタルカード）
Infirmière coordinatrice（調整看護師、管理看護師、コーディネート・ナース）　7, 69, 70, 120, 130, 134, 178, 214
L'Abbaye（アビイ）　199, 207
La Cité Verte（緑のまち）　199, 207
Les Bords de Marne（マルヌのほとり）　199, 207
MAIA（→自立と包括的ケアのためのネットワーク）
Maison d'Accueil pour Personnes Agées Autonomes et Dépendantes（MAPAD, 自立・非自立老人ホーム）　204
Maison d'Accueil Rurale pour Personnes Agées（MARPA, 地方老人ホーム）　203
maison de retraite（高齢者ホーム）　224
MBA（経営学修士）　133

235

Médecin coordonnateur（調整担当医師）（→コーディネート・ドクター）
MRI（核磁気共鳴画像法）　23, 119, 168
NICE（National Institute for Health and Clinical Excellence）　82
PCA 法（→ポンプモルヒネ）
Persona âgées dépendance　215
Pilote（パイロット）　187, 192, 194
PRISMA モデル　173, 174
Ramsay Health Care　18
Réseaux（レゾー、ネットワーク）　2, 3, 9, 10, 128, 135, 139, 140, 168, 173, 176-184, 188, 191, 192, 195
Residences-Service（サービス・レジデンス）　203, 204
Résidence-Services pour personnes âgées, ABCD　2, 10, 207, 208, 210-214, 219-222
SAMU（サミュー、院外救急医療支援組織）　60
SARM（ブドウ状菌抵抗指標）　85
SSAD（家事支援）　213
SSIAD（シアッド、在宅看護・介護支援事業所）　2, 6, 41-44, 130, 139, 188, 213
T2A　31, 35, 89, 91
Unite de soin de Longue Duree（長期滞在型入院施設）　204

●あ行

アキテーヌ地方（Aquitaine）　81, 109
亜急性期病棟　24-28
アソシアシオン（association）　20, 21
アルザス（Alsace）　81
アルツハイマー病棟　27
依存（dépendance）　215
一般社会拠出金（CSG）　41
一般制度（régimes général）　13-15
移動距離に応じて変動する交通費（IK）　42
医療・看護技術（行為）（AMI）　40, 42-44
医療系介護士（DEAS）　43, 45
医療系看護師（Aide soignant）　45
イル・ド・フランス（Île-de-France）　123
胃瘻　25, 34
インフュージョン・システム（infusion system）　50
ウエイティングリスト　215
受け入れ家庭制度　203
エア・リキード社（AIR LIQUIDE）　78
営利組織（secteur privé commercial）　75

営利病院　18, 20
エラスチン（Elastin）　153, 169
オーディット・ヴァリエーション（Audit variations）　31
オーファン・ドラッグ　157, 169
オレンジプラン　192, 194

●か行

カードル・スーペリウール・ド・サンテ（cadre supérieur de santé）　133, 135
カードル・ド・サンテ（cadre de santé）　130, 131, 133, 135
開業看護師による在宅看護（Soins à domicile par les infirmiers libéraux）　41
カルノフスキー指数（Indice de Karnofsky）　91, 92, 110, 122
カルバペネム系抗生物質　169
看護ケア過程（DSI）　42
看護小規模多機能型居宅介護　106
看護・生活技術（AIS）　40, 42-45
患者の権利と生の終焉に関する2005年4月22日の法律（終末期にある者のための新しい権利を創設する法律、クレス・レオネッティ法）　54, 169
患者の諸権利および保健衛生制度の質に関する法律（kouchner法）　63
感染症病棟　25
癌センター（Centres anticancéreux）　17
癌対策連盟　123
緩和ケアを受ける権利に関する法律（Loi No. 99-47）　63
寄附（endowment）　21, 22
キプロス島　109
ギュイヤンヌ（Guyane）　81, 109
急性期一般病棟　24
急性期病床（病棟）　24, 26, 29, 30, 31
救命救急車　60
ギュスターヴ・ルシー（Gustave Roussy）研究所　96, 123
協同組合（coopérative）　20
起立性低血圧（orthostatic hypotension）　27, 34
金庫（Caisse）　15
グアドループ（Guadeloupe）　81
クオリティ・アシュアランス（Quality Assurance, 品質保証）　6, 31
クロワ・サン・シモン（Croix Saint-Simon）　81, 115
訓練及び社会生活支援者　221
ケア・クオリティ・ディレクター（Directeur des soins de qualité）　9, 132, 133
経管栄養法　25, 34
ケモテラピー（chemotherapy, 化学療法）　50, 118, 142-147, 151-156, 158, 165, 167

237

県（département）　41, 58
検査後在宅入院（HAD a posteriori）　71
検査前在宅入院（HAD a priori）　71
コーディネート・ドクター　7-9, 68, 69, 119, 120, 127, 130, 140, 144, 146-149, 151, 153, 154, 156, 158, 166, 214
公益認定アソシアシオン（associations reconnues d'utilité publique）　20-22
公役務的任務（mission de service public）　33
抗菌薬（antibacterial drugs）　169
公衆衛生法典（Code de la santé publique）　13, 30, 68
硬膜外ブロック注射　23
公立病院（Hôpital public）　16, 17, 20, 33, 128, 129
公立病院協会　75
高齢化社会適用法　72
高齢者自助手当（APA）（→個別化自律手当）
高齢者と障害者のための連帯法　40
国務院（Conseil d'État）　21
互助団体（mutual societies）　20
骨密度測定装置　23
個別化自律手当（高齢者自助手当）（APA）　4, 40, 41, 44, 70, 71, 108, 167, 175, 184, 191, 213, 217, 218, 220
雇用連帯省　69
コルシカ（Corse）　81, 109

●さ行

在宅援助資格証明書　45
在宅入院（制度、機関）（HAD）　2-9, 26, 41, 44, 52, 65-108, 110, 115-124, 126, 130-133, 138-140, 142, 144-146, 149-156, 158, 160, 163, 165-167, 177, 188, 213
在宅入院全国連盟（FNEHAD）　2, 3, 7, 67, 75, 76, 82, 92-100, 107, 124, 177
財団（foundations）　16, 17, 20, 95
最低食券義務額　203, 224
サノフィ社（Sanofi S.A.）　162, 169
サルデーニャ島　109
サンテ・セルヴィス（Foundation Santé-Service）　2-4, 8, 9, 67, 81, 95, 108, 115-117, 120-131, 133, 134, 136-138, 143, 152, 153, 159, 160, 161, 165, 167, 168, 177
サン・ルイ病院（Hôpital Saint-Louis）　163, 170
自営業者を対象とする制度（régimes non salariés）　13
施設個別自律手当（施設 APA）　108
施設 0 階（rez-de-chaussée, 地階）　5, 23
事前指示書（advance directives, アドバンス・ディレクティブ）　54

事項索引

シチリア島　109
社会生活介護士（Auxiliaire de Vie Sociale）　45
社会保障法典（Code de la sécurité sociale）　13, 82
社団（associations）　20
ジュペプラン　82, 109
障害補償給付（PCH）　217
小規模多機能型居宅介護　106
自立と包括的ケアのためのネットワーク（MAIA）　2-4, 9, 10, 173-178, 181, 182, 187-192, 194, 195
自律連帯拠出金（CSA）　41
私立非営利病院協会　75
私立病院協会　75
神経性疾患に関する国家計画 2014-2019　194
診断群分類（GHPC）　92
赤十字社（Criox-rouge）　17, 32
全国自律連帯金庫（CNSA）　3, 43
全国被用者医療保険金庫（CNAMTS）　98
全国被用者疾病金庫医療職者台帳　42
総合病院（centres hospitaliers）　17
ソーシャルワーカー（Social Worker）　26, 34

●た行

ターミナルケア　26, 27, 52, 53, 122, 135, 140, 144, 146, 148, 155, 156, 158, 159, 168, 214, 222
第三次アルツハイマー・プラン　3
地域インフォメーション・コーディネートセンター（CLIC）　2, 3, 9, 10, 173, 175-178, 181-184, 188, 191, 192, 195
地域救急医（Médicine de ville）　128
地域圏保健庁（地方圏保健庁）（→ ARS）
地域中央病院（centres hospitaliers régionaux）　17
地域包括ケアシステム　3, 7, 107
地域包括ケア病棟　106
地方医療計画（SROS）　71
中期療養施設　17
長期慢性疾患（ALD）　89, 118
長期療養施設　17
長期療養病床（棟）　26-28, 30, 32
腸瘻　25, 34
デイサージェリー（day surgery, 外来手術）　117

239

ディジョン（Dijion）　73, 108
デイホスピタル（day hospital）　117, 121
デクレ（décret）　21, 58
同一入院群（groupe homogèn de séjour, GHS）　92
特定介護給付（PSD）　215
特別制度（régimes spéciaux）　13
届出アソシアシオン（associations dèclarèes）　20, 21
届出非営利アソシアシオン　22

●な行

入院定額給付金　68
ネットワーク（→ Réseaux）
農業従事者を対象とする制度（régimes agricoles）　13

●は行

ハーセプチン（HERCEPTIN）　153, 169
バクスター（Baxter International Inc.）　50, 63
働き方改革実現会議　63
パブリック（secteur public）　75
パラトルモン（parathormone）　23, 33
パリ公立病院（連合）協会（APHP）　17, 66, 81, 89, 96, 115, 128
ヒアルロン酸注射　23
ビタルカード（carte Vitale）　1, 6, 14, 24, 48, 52
非届出アソシアシオン（associations non-dèclarèes）　20
ヒューマンリソース（Human Resources）　29
病院公役務　33
病床回転率　28
病床稼働率　28, 34
ファミリープラクティス　149
副甲状腺ホルモン（PTH）　23, 33
普遍的医療ガバレッジ（給付）制度（普遍的医療保障制度）（CMU）　1, 5, 14, 15
プライベートNPO（secteur privé à but non lucratif（don't espic））　75
プラン・アルツハイマー 2008-2012　194
フランス医師組合連合会（CSMF）　17
フランス一般医組合（Fédération française des médecins généralistes, MG France）　17
フランス国有鉄道（SNCF）　15
フランス民法第 203 〜 214 条　203
プロフェッショナルカード　48, 52

訪問ごとに請求可能な固定の交通費（IFD）　42
ホームヘルプサービス（service d'aides a dimicille）　41
保健医療システム現代化法　33
保健師助産師看護師法（保助看法）　107
ポストアキュート期（亜急性期）　165
ホスピタリゼーション・ア・ドミシーユ　142
ホスピタルケア・ドミシーユ（Hospitalcare domicile）　142
補足医療保険　1, 5, 14
ポンプモルヒネ（PCA, 自己調節鎮痛法）　61, 63, 79

●ま行

マタニティブルー　145
マテリアル提供者（Prestataires, プレスタテー＝プロバイダー）　139
マルティニーク（Martinique）　81, 108
マルヌ県　207
慢性閉塞性肺疾患（COPD）　101, 110
マンモグラフィー（mammography）　23, 33
民間営利病院　16, 18, 20
民間非営利病院　16, 17, 20, 33
民間病院（Hôpital privé）　128
メモリーテスト（認知機能テスト）　24
メモリーユニット　173
モバイルチーム　100, 214

●や行

有リスク産後管理　143
有リスク新生児　145
ユマニチュード　4, 9, 137, 137, 169

●ら行

リビングウィル　9, 53, 156, 157
臨床心理士（CP）　24
労働組合（Syndicat）　20

人名索引

● あ行

アンリ 4 世（Henri IV）　170
猪口雄二　110
奥田七峰子　66
オランド（フランソワ・ジェラール・ジョルジュ・ニコラ・オランド, François Gérard
　　Georges Nicolas Hollande）　29

● か行

加藤智明　109
カルモン，ミッシェル（CALMON, Michel）　116, 117
ガンドリーユ，ニコラ（GANDRILLE, Nicolas）　116, 117, 138, 146-149, 158
ギオ，セレン（Guiot, Céline）　116, 159
クロプフェンシュタイン，フレディ（Klopfenstein, Freddy）　169
ケスレール，ドゥニ（Kessler, Denis）　34
ケメニー，ジム（Kemeny, Jim）　220

● さ行

サルコジ（ニコラ・ポール・ステファヌ・サルコジ・ド・ナジ＝ボクサ, Nicolas Paul
　　Stéphane Sarközy de Nagy-Bocsa）　29, 194
シカー（Sicrd）　27-31
ジネスト，イブ（Gineste, Yves）　137, 138
ジュペ，アラン（アラン・マリー・ジュペ, Alain Marie Juppé）　109
ジョリー，マチュー（JOLY, Matthieu）　187
セゼール，エメ（Césaire, Aimé）　169

● た行

ダリエーヌ，シルビー（Dhalleine, Sylvie）　182
チー（Tir）　24, 27, 29-32

ディディエ，ミシェル（Didier, Michel）　34

●な行

ノアレ，ニコラ（Noiriel, Nicolas）　2, 3, 7, 67, 74, 97

●は行

フォレット，フランソワーズ（Forette, Françoise）　206

●ま行

マシュー，シルベーヌ（MATHIEU, Sylvaine）　116, 117, 130
松田晋哉　109
マレスコッティ，ロゼット（Marescotti, Rosette）　137

●ら行

ラヴァヤール，ブノワ（Lavallart, Benoît）　174
ラセール，クリストフ（Lasser, Christophe）　6, 46-48, 50-57, 59-62
リマバヤ（Limabaya）　159
ルイ9世（Louis IX）　170

●著者業績…………………

〈単著〉
『地域と高齢者医療福祉』日本博士論文登録機構、雄松堂出版、2008年8月。
『地域と高齢者の医療福祉』御茶の水書房、2009年1月。
『医療機能分化と連携』御茶の水書房、2013年4月。
『「論文を書く」ということ』御茶の水書房、2014年9月。
『ドイツのエネルギー協同組合』同時代社、2015年4月。
『イタリアの社会的協同組合』同時代社、2015年10月。
『高齢者医療と介護看護』御茶の水書房、2016年6月。
『イギリスの認知症国家戦略』同時代社、2017年1月。

〈共著〉
法政大学大原社会問題研究所編『社会労働大事典』旬報社、2011年2月。
平岡公一ほか監修・須田木綿子ほか編『研究道：学的探求の道案内』東信堂、2013年4月。
由井文江編『ダイバシティ経営処方箋』全国労働基準関係団体連合会、2014年1月。
法政大学大原社会問題研究所・相田利雄編『大原社会問題研究所叢書：サステイナブルな地域と経済の構想──岡山県倉敷市を中心に』御茶の水書房、2016年2月。
高橋巌編『農協──協同のセーフティネットを創る』コモンズ、2017年12月。
日本文化厚生連年史編纂委員会編『日本文化厚生連七十年史』2018年9月。

〈論文〉
「急性期入院加算取得病院と地域特性調査による医療連携の分析」日本遠隔医療学会『日本遠隔医療学会雑誌』第2巻第2号、2006年。
「小規模・高齢化集落の高齢者と地域福祉」福祉社会学会『福祉社会学研究』第8号、2011年。
「地域福祉は住民のもの──協同組合・非営利組織の視点から」日本地域福祉学会『日本の地域福祉』第31巻、2018年。ほか多数。

小磯　明（こいそ　あきら）

1960年生まれ
2008年3月　法政大学大学院政策科学研究科博士後期課程修了
政策科学博士（法政大学）、専門社会調査士（社会調査協会）、医療メディエーター（日本医療メディエーター協会）
〈現在〉
日本文化厚生農業協同組合連合会『文化連情報』編集部編集長
法政大学現代福祉学部兼任講師（医療政策論、関係行政論）
法政大学大学院公共政策研究科兼任講師（社会調査法1、5、公共政策論文技法1）
法政大学大学院政策科学研究所特任研究員
法政大学地域研究センター客員研究員
法政大学大原社会問題研究所嘱託研究員
日本医療メディエーター協会首都圏支部理事
非営利・協同総合研究所いのちとくらし理事、ほか

フランスの医療福祉改革

●………2019年4月25日　第1版第1刷発行

著者………小磯　明
発行所……株式会社　日本評論社
　　　　　〒170-8474　東京都豊島区南大塚3-12-4
　　　　　電話　03-3987-8621（販売）　振替　00100-3-16
　　　　　https://www.nippyo.co.jp/
装幀………神田程史
印刷所……平文社
製本所……松岳社

Ⓒ KOISO, Akira　2019
ISBN978-4-535-58737-3

JCOPY　〈(社)出版者著作権管理機構委託出版物〉
本書の無断複写は著作権法上での例外を除き禁じられています。複写される場合は、そのつど事前に、(社)出版者著作権管理機構（電話03-5244-5088、FAX03-5244-5089、e-mail: info@jcopy.or.jp）の許諾を得てください。また、本書を代行業者等の第三者に依頼してスキャニング等の行為によりデジタル化することは、個人の家庭内の利用であっても、一切認められておりません。